【二十五史新編】

李國章 趙昌平 主編

汪受寬 新撰

史記

中華書局

□責任編輯：張利方
□裝幀設計：光光
□排版：張盛
□校對：余國
□印務：林佳年

二十五史新編
史記

□
主編
李國章　趙昌平

□
新撰
汪受寬

□
出版
中華書局（香港）有限公司
香港北角英皇道 499 號北角工業大廈一樓 B
電話：（852）2137 2338　傳真：（852）2713 8202
電子郵件：info@chunghwabook.com.hk
網址：http://www.chunghwabook.com.hk

□
發行
香港聯合書刊物流有限公司
香港新界大埔汀麗路 36 號
中華商務印刷大廈 3 字樓
電話：（852）2150 2100　傳真：（852）2407 3062
電子郵件：info@suplogistics.com.hk

□
印刷
美雅印刷製本有限公司
香港觀塘榮業街 6 號 海濱工業大廈 4 樓 A 室

□
版次
2015 年 7 月初版
2016 年 7 月第 2 次印刷

□
規格
32 開（210 mm × 153 mm）

□
ISBN：978-988-8340-79-8

編委會名單

序

西漢武帝時，傑出史學家司馬遷完成了他的傑出史著《史記》，下迄二十世紀二十年代的《清史稿》，二千年來延續不絕，出現了二十五部同屬「紀傳體」的史書，這就是「二十五史」。從中華民族始祖的黃帝，到最末一個王朝的末代皇帝，「二十五史」反映了中國各個時代的政治、經濟、軍事、文化狀況與歷史。這是中國史學史上的豐碑，可以巋然屹立於世界史學之林。

將這類所謂「正史」匯集為一的，明末汲古閣刊刻過《十七史》，明代南、北監刊刻過《二十一史》，清代宮廷武英殿刊刻的《二十四史》是最為著名的。至於「二十五史」，則是在《史記》、《漢書》、《後漢書》、《三國志》、《晉書》、《宋書》、《南齊書》、《梁書》、《陳書》、《魏書》、《北齊書》、《周書》、《隋書》、《南史》、《北史》、《舊唐書》、《新唐書》、《舊五代史》、《新五代史》、《宋史》、《遼史》、《金史》、《元史》、《明史》二十四史之外，增加《新元史》一書，三十年代上海開明書店出版的《二十五史》即是如此。但是，《新元史》並不是一部理想的史書，僅北洋政府將其列入「正史」而已。一九四九年以來，顧頡剛先生總其成的點校本《二十四史》，另附《清史稿》一書，雖無「二十五史」之名，卻有「二十五史」之實，《清史稿》固然也不夠理想，但我們從此有了一套貫通上下五千年的完整的「紀傳體」史書。

儘管「二十五史」是中國史學的寶貴財富，但無庸諱言，它是一九四九年前二千年來陸續完成的，從思想到語言都不是現代的。對廣大讀者來說，如何接受這筆遺產，將是一個十分困難的問題，即使加以「今注」、「今譯」，也不可能完全解決。我時常在想，是不是應該有一套新修的為人們所樂於接受的「二十五史」呢？

曾經有過這樣的設想，新修的「二十五史」，首先還是「紀傳體」的，仍以歷史人物為中心，不能改變「二十五史」的傳統，當然也不排除變通和創新；其次，應該以現代史學的眼光看待歷史人物和歷史事件，並據新發現的大量史料，文獻的和考古的，以補其不足，或糾正其錯誤；再次則是，語言也應該是現代的，不必用古奧的文言。我這個設想，《二十五史新編》不但實現，還進一步發展和深化了。

第一，保留了「二十五史」各史的原名，如《史記》、《漢書》、《三國志》；第二，將原來的《晉書》分為《西晉書》、《東晉書》，《宋史》分為《北宋史》、《南宋史》，《清史》則分為《清史（一八四〇年前）》和《晚清史》，這樣將更符合歷史實際；第三，將原書的「表」、「志」等加以變通或創新，如「紀事」近於「本紀」，但不以帝王為中心，而是為這個歷史時代作出粗線條的勾勒，「表」、「志」同樣如此。

最為值得一提的是，《二十五史新編》增加了《西夏史》。西夏是党項拓跋氏所建立的多民族的王朝，與北宋、南宋、遼、金先後鼎立，早期「東盡黃河，西界玉門，南極蕭關，北控大漠」，此後疆域更有所擴大。西夏經濟發展，文化尤為突出，並創製有自己的文字，曾用以撰寫文學、歷史、醫學等書籍，並譯有大量佛經。稱為「河西字」的西夏文，元代仍在這一地區流行。但是，「二十五史」卻沒有「西夏史」，僅《宋史・夏國傳》保留了簡單的西夏史實。近代西夏文物有所發現，一九四九年以來更大量出土，這為新編西夏史創造了有利條件。《二十五史新編》新修《西夏史》，這是一個值得稱道的創舉。

《二十五史新編》的各史，是傳統「二十五史」的創新，既沒有新舊《唐書》、《五代史》之分，更沒有通史性的《南史》、《北史》，但合起來仍舊是「二十五史」，這不能不說是巧合。至於作者，都是對某一斷代研究有素的專家，不必我來多說。以創始之初曾稍參末議，現樂觀厥成，因為之序。

方詩銘

史記

目錄

志

表

紀事

中國是世界上人類起源最早的地區之一，元謀猿人就是距今一百七十萬年的人類。在中國各地發現的數以萬計的舊石器和新石器文化遺址，在人類文化史上有突出的位置。

公元前三十世紀至前二十一世紀，是中國文明初起的時代，有三皇五帝的傳說。三皇說法不一，一般認為是伏羲、女媧、神農。傳說伏羲氏教民結網，從事漁獵畜牧，制嫁娶，以儷皮為禮，畫八卦，造書契，以代結繩之政。而考古發現中國最古老的文字，就在約五千年前，因此，伏羲氏確實應該看成中國文明最早的一位代表。女媧氏在伏羲以後為天下共主，她作笙簧，可以看作是音樂的開始；而她煉石補天的傳說，實際上是改革前代政治的曲折反映；她聚蘆灰以止滔水的傳說，則是一次制服洪水的記錄。神農氏（炎帝）繼女媧之後為天下共主，傳說他是農耕和醫藥的發明者，又創造了五弦瑟，開始蜡祭和市易。看來，自他以後，我們的先民開始進入農耕社會。

五帝指黃帝、顓頊、帝嚳、堯和舜。黃帝是公元前二十六世紀中原地區一位大部落聯盟首領，傳說他和他的大臣們發明了曆法、舟車、姓氏、蠶絲、冠冕、弓矢，創造出比較複雜的文字，又制服了其他部落聯盟，被尊為天子，有了雛型的政權組織。炎帝、黃帝被稱為中華民族的始祖。顓頊將溝通神人的占卜從民間收歸天子，設置了較為完全的政權機構，制定了比較正規的曆法。帝嚳儉樸無私，品德高尚，以仁愛治民，以樂和政，被稱為仁愛之主。帝堯最突出的特點是不僅經常徵求四嶽的意見，而且設謗木，讓平民都可以對國事發表意見，設立多級政權組織，要求薦舉賢人，加以任用，最後將天子之位禪讓給舜，是一個典型的上古民主制君主。帝舜以孝道聞名，他善於識別人才，任用賢人，放逐惡人，佈教天下，反映出他的時代，各方面的矛盾鬥爭已非常激烈。

公元前二十一世紀至公元前十六世紀，是夏王朝時期。禹治水成功，被禪位為天子，成為夏王朝的建立者。他規劃九州，實行貢納制度，說明當時已有了明確的行政區域劃分。禹死後，他的兒子啟破壞禪讓的傳統，自立為王，從此，王位傳子不傳賢，實行世襲制度，開始了古人所說的「家天下」。夏朝總共傳了十四代，十七個王，延續近五百年。夏啟的兒子太康耽於遊樂田獵，不理政事，被有窮氏首領后羿所逐。太康死後，后羿立太康之弟仲康為夏王，實權操縱於后羿之手。仲康死後，其子相立，寒浞殺后羿，又殺相自立，最後，相子少康立為王，重建夏朝，史稱為「少康中興」。少康之子予在位時擁有一支比較強大的武裝，徹底肅清了寒浞的勢力，並征伐東夷，使夏王朝發展到鼎盛。其後的五代六王，社會比較穩定，經濟持續發展。夏朝的統治，東至東海，西連西河，北及燕山，南逾江淮。當時已經能冶煉較好的青銅，生產了不少青銅生產工具和生活用具，商品交換也有所發展。有了比較進步的陰陽合曆和干支記日的方法。第十五代夏王孔甲，好方術鬼神，淫亂，引起諸侯的反叛，夏朝逐漸衰敗。夏桀是歷史上有名的暴君，他不務修德，奢侈無度，殺人無數，四處用兵，勞民傷財，以致民眾反抗，諸侯叛離，終於被商湯所滅。

商人據傳說是帝嚳之子契的後裔，契佐助夏禹治水有功，被封於商，開始興起。經過近五百年的發展，到成湯時，已經成為以亳為都城的強大方國。在伊尹的輔佐下，成湯首先爭取眾多方國的支持，征討不歸順的方國，最後興兵伐夏，鳴條一戰，夏桀兵敗逃至南巢而死，商朝建立。商朝傳十七代三十王，享世五六百年。第三代商王太甲不遵循成湯的法度治民，被伊尹放逐。悔過以後，恢復王位，勤儉愛民，諸侯親附，社會安定，被稱為守成之主太宗。此後，一直到第九位天子太戊，是王朝鞏固和發展的時期。在第八代商王雍己時，曾發生過有的諸侯不朝的情況，太戊繼位，在伊陟和巫咸的輔佐下，殷道復興，諸侯歸附，太戊被稱為中宗。

從第十位天子中丁開始，商王室出現混亂。其後五代九王，多次發生廢除嫡子而另立弟弟或庶子，以及弟弟、兒子爭奪王位的權力鬥爭，並且多次遷都。先是帝中丁遷都於嚻，繼而是帝河亶甲遷都於相，然後是帝祖乙遷都於邢。「九世之亂」，造成了嚴重的社會問題，國力衰敗，諸侯不朝，各種矛盾交錯，危機四伏。盤庚為了挽救王朝的危機，將都城由邢邑遷至殷，並進行改革，推行成湯的政治，革除奢侈惡習，關心百姓，使局勢得以安定，政治、經濟、文化開始迅速發展，史稱「盤庚遷殷」。第二十二代商王武丁自幼在鄉間長大，了解民間疾苦和稼穡艱難。他從夯築奴隸中擢拔傅說為相，任人唯賢，大力改革政治，使貴族和平民都沒有怨言，並多次出兵平定了土方、𢀛方、芍方、鬼方等遊牧部族的侵擾，大規模地對荊楚用兵，商王朝的勢力遠及四方，發展到鼎盛。

商王朝建立了複雜的政權機構、龐大的軍隊和比較完備的刑法。有專門的巫職機構和許多巫卜人員，神事籠罩了一切，大小事都要進行占卜，以定其吉凶，人祭人殉相當普遍。商朝以班爵制度規定了貴族的等級，明確了方國的地位，方國有定期向王朝朝貢、提供力役、隨從出征的義務。商王朝時，農業生產已經發展到較高的水平，普遍使用耒耜等農具，實行集體耕作的劦田法，灌溉和排水技術也有了一定的發展。青銅冶煉技術和鑄造工藝達到純熟和美奐的境界，傳世的商代青銅器種類繁多，造型精美，紋飾瑰麗，令人歎為觀止。商貿活動規模擴大，貨幣的使用增多。商代有比較豐富的文獻典籍，有達到相當水平的樂器，並開始設置閏月，以調整朔望月和回歸年的長度。

自二十四代王祖甲以後，社會矛盾加劇，殷王朝逐漸出現衰亂的景象。第二十七代王武乙無道，以革囊盛血，仰而射之，名為射天。後來他在河渭間打獵時，遭雷電擊死。到第三十代王紂時，王權與貴族權勢的鬥爭發展到頂點。紂王自恃聰明，剛愎自用，文過飾非，淫虐無比，奢侈無度，醉生夢死，以酒為池，懸肉為林，作長夜之飲。紂王設炮烙之刑，大肆殺戮王公貴族。濫施酷刑，加重聚斂，使得諸侯、貴族和小民都相與反叛。紂王在危機日益深重時，還大規模地對周邊部族用兵，平定了東夷，耗費了巨大的人力物力，更加速了他的滅亡。西方的周人乘機發展起來，終於滅了殷商。

周人的始祖傳說是帝嚳元妃姜嫄的兒子棄。棄在帝舜時擔任農師，號稱后稷，教民耕稼有功，分封於邰。商朝初年，他的後代公劉率族人遷到豳。到古公亶父時，又遷到岐山南邊的周原（今陝西岐山縣）定居下來，逐漸發展成一個新興的西部勢力，自稱為周。古公的幼子季歷繼位後，修行道義，發展生產，驅逐夷狄，力量更為強大，與商發生矛盾。商王文丁派人將季歷殺死，季歷的兒子昌繼位。昌號稱西伯，仁慈愛民，禮賢下士，天下士人都來投奔。周的發展，使商紂感到威脅，於是將西伯昌囚禁於羑里七年。周人以珍寶和美女將西伯贖出，此後，在呂尚的輔佐下，西伯昌表面上耽於遊樂，對殷紂十分馴服，實際上卻更為積善修德，和悅百姓，大力發展生產，使更多的諸侯前來歸附，進而征討不馴服的諸侯和商的盟國，終於三分天下有其二，成為所謂的受命之主，而自稱王，即周文王，並將都城遷到豐邑（今陝西西安西南灃水西岸）。九年，周文王逝世。其子發繼位，稱武王。他以呂尚為師，周公旦為輔，召公、畢公等人為主要助手，繼續文王未盡的事業。將都城擴至灃水以東的鎬京（今陝西西安縣境），積極作滅商的準備。兩年後，武王在盟津召集八百諸侯會師盟誓。文王受命第十一年十二月，武王兵出潼關，聯合各方國諸侯，揮師東向，於次年二月甲子日在牧野打敗商朝的軍隊，殺死殷紂王，史稱武王滅商，建立了中國歷史上最長的一個朝代——周朝。周朝經歷了三十七代天子，八百多年，到公元前二五六年，才被秦國滅掉。公元前七七〇年，平王遷都洛邑（今河南洛陽）。豐鎬二京在西，洛邑在東，習慣上稱公元前七七〇年以前的周朝為西周，以後的為東周。

武王建周後，大封功臣謀士，如將呂尚封於齊，周公旦封於魯，召公奭封於燕，叔鮮封於管，叔度封於蔡。據說，周初總計分封了七十一個諸侯國，其中兄弟之國十五，同姓之國四十。封邦建國的目的，是加強對各地的統治，並作為周王室的屏藩。諸侯再在自己的封地裏分封卿大夫，卿大夫又在自己的封地裏分封士，這樣自上而下統治人民。武王死後，其子誦繼位，為成王。成王年少，天下初定，周公旦恐怕諸侯不服，以王叔攝政。管叔、蔡叔不服，與殷紂之子武庚，帶領淮夷，發動叛亂。周公毅然率兵東征，平定了叛亂，誅殺了武庚和管叔，放逐了蔡叔，收伏了殷的餘民。為了加強對東方的統治，周公奉成王之命負責營建洛邑的工作。洛邑建成後，成王親自來到洛邑王城，大會天下諸侯和四夷君長，並將跟隨武庚叛亂的殷遺民遷進成周，以便控制。周公還制禮作樂，建立了周朝的各項典章制度，確立了以宗法制度為中心的政治體制。成王曾親自討伐東夷，使東部得以安定。成王死後，繼位的康王繼承先王的事業，勤於政事，平易近民，刑罰幾十年不用，社會更加安定。

武、成、康三代，政治清明，是周的黃金時代。但到第四代天子昭王時，就出現了危機。當時，王道微缺，周昭王貴為天子，南巡漢水時，卻被船夫用特製的膠船暗算，葬身於魚腹之中。周穆王繼位後，為了恢復周王朝的威望，新設太僕一職，作為太御眾僕之長，以加強王朝的中樞管理。他制定刑律，減輕刑罰，以加強對臣民的控制，施善政於天下。他西征犬戎，南攝夷人，對邊遠民族的侵擾進行積極的防禦，制止了掠奪。穆王又曾東平徐偃王所率徐夷諸部的反叛，南討楚國，大會諸侯於塗山。

穆王以後，周朝逐漸衰微，共王、懿王、孝王、夷王四代，由於周圍戎狄的不斷侵擾，王朝陷入長期的戰爭之中，國力消耗很大，不得不加重對民眾的剝削，國內矛盾日益尖銳。有的貴族也開始破產，而表現出對現實的憤懣。

長期的矛盾逐漸積累，使王朝產生了深刻的危機。在這種情況下繼位的周厲王，不僅不採取安撫民眾、發展民生的措施，反而任用佞臣，大肆揮霍，連年對外征戰，變本加厲地剝奪，壟斷山澤之利，引起民眾的不滿和議論。他就派巫師監視，殺死議論的人，使矛盾更為尖銳。三年以後，憤怒的鎬京居民終於發起暴動，將厲王流放到彘，由周公和召公共同執掌政權，歷史上稱為周召共和。共和元年即公元前八四一年，中國歷史從這一年開始有了明確而且連續不斷的紀年。周厲王死後，他的兒子宣王整頓朝政，曾經使周王朝有所復興。但到第十二代天子周幽王時，王朝的危機更為嚴重。關中地區發生地震、山崩和河水枯竭等嚴重自然災害，周幽王不僅不撫恤災民，反而更加奢侈腐化，貪得無厭。為了博得寵妃褒姒一笑，幽王舉烽火欺騙諸侯前來勤王。最嚴重的問題是，幽王決定廢去王后申氏，殺掉太子宜臼，另立褒姒為王后，立褒姒的兒子伯服為太子。申后的父親申侯於是聯合西方部族犬戎，舉兵攻打周幽王，在驪山下殺死幽王，擄走褒姒。幽王的兒子宜臼即位時，關中遭受兵火洗劫，殘破不堪，犬戎又不時前來騷擾。周平王宜臼只得將都城遷到洛邑，史稱平王東遷，東周開始。

本來，周王朝政治上強大，經濟上發達，各諸侯國都認真地奉周王室為天下共主。平王東遷以後，一些諸侯國經過長期休養生息發展了起來，而王室的力量卻逐步衰微，漸漸喪失控制諸侯的能力。強大了的諸侯，不再對周王室唯命是從了，他們有的蠶食周的土地，有的攻伐別的諸侯國。周桓王十二年（前七〇八），周桓王帶了軍隊去討伐桀驁不馴的鄭國，鄭伯不僅敢於領兵抗拒，而且打敗了王師，一箭射中了周王的肩膀。這說明，這時周王的地位已經嚴重下降，只是還保存着天下共主的虛名罷了。孔子將魯隱公元年（前七二二）到魯哀公十四年（前四八一）的歷史修成了一部史書——《春秋》，後人就把這一段歷史稱為春秋時期。

春秋時期，見於史書的諸侯國名有一百二十八個，但比較重要的不過十幾個，它們主要是位於今天山東的齊、魯，位於今天河南的衞、宋、鄭、陳、蔡，位於今天山西的晉，位於今天北京及其周圍地區的燕，位於今天陝西的秦，位於今天河南、安徽南部和兩湖的楚，位於今天江蘇中南部的吳和位於今天浙江一帶的越。這些比較大的諸侯國憑藉其實力，用戰爭來擴充領土，迫使弱小國家聽從其號令，並互相爭奪，形成了諸侯爭霸的局面。霸，又寫作伯，就是諸侯中的老大的意思。

最早稱霸的是齊桓公。齊是太公呂尚的封國，其歷代君主致力於整頓政治，發揮濱海魚鹽的優勢，提倡家庭紡織業，發展商業和手工業，使其國力逐漸發展起來。齊桓公（前六八五－前六四三在位）繼位後，以管仲為相，整頓國政，廢除公田制，按土地的肥瘠，確定賦稅，設鹽、鐵官和鑄錢，增加財政收入，寓兵於農，將基層行政組織和軍事組織合為一體，增加了兵源和作戰能力，迅速成為華夏各國中最富強的國家。然後就打起了「尊王攘夷」的口號，多次大會諸侯，幫助或干涉其他國家，抗擊夷狄的侵擾，終於在周僖王三年（前六七九）成為霸主。周惠王二十一年（前六五六），齊桓公帶領八個諸侯國的聯軍，以優勢兵力迫使楚國服從他，訂立了召陵（今河南郾城）之盟，其霸業發展到頂峰。

齊桓公死後，齊國出現爭奪君權的內亂，力量削弱。楚國乘機發展勢力，先後滅了它北邊的幾個小國，重新把矛頭指向中原。宋襄公（前六五〇－前六三七在位）以抵制楚人北侵為號召，企圖充當中原的霸主。但無論從國力還是業績看，宋襄公都夠不上稱霸。周襄王十五年（前六三八），楚宋兩國的軍隊在泓水相遇，宋軍大敗，連宋襄公都被射傷了腿，不久死去。

正當楚國稱雄中原的時候，西部的晉國發展了起來。晉文公重耳（前六三六—前六二八在位）曾因「驪姬之亂」，在外流亡十九年，飽嘗艱辛。即君位後，他改革政治，發展經濟，整軍經武，取信於民，安定王室，友好秦國，在諸侯中威信很高。周襄王二十年（前六三三），楚軍包圍宋國都城商丘。次年初，晉文公率兵救宋，在城濮大敗楚軍，成為霸主。

晉文公死後，秦穆公謀求向東方發展，被晉所阻。崤地一戰，秦全軍覆沒，轉而向西，吞併了一些戎狄部族，稱霸西戎。

楚國在城濮戰後，向東發展，滅了許多小國，勢力南到今雲南，北達黃河，經濟文化獲得發展。楚莊王（前六一三—前五九一在位）改革內政，平息暴亂，興修水利，國力更為強大，竟向周定王的使者詢問周鼎的大小輕重。周定王十年（前五九七），楚與晉會戰於泌（今河南武陟東南），大勝。不久，又進兵圍宋，晉人不敢去救，於是中原各小國紛紛歸向於楚，楚人稱霸中原。

連續不斷的戰爭給人民帶來巨大的災難，也引起中小國家的厭倦，加以晉楚兩大國勢均力敵，誰都無法吃掉對方，於是由宋發起，於周簡王七年（前五七九）和周靈王二十六年（前五四六），舉行了兩次弭兵會盟，從此，戰爭大大減少。

當中原諸侯爭霸接近尾聲時，地處江浙的吳、越開始發展。周敬王十四年（前五〇六），吳王闔閭以伍員為大將，統兵伐楚，攻進楚都郢。周敬王二十四年（前四九六）又揮師南進伐越。越王句踐率兵迎戰，越大夫靈姑浮一戈擊中闔閭，闔閭因傷逝世。周敬王二十六年（前四九四），吳王夫差為父報仇，興兵敗越，越王句踐求和，送給吳王珍寶美女，自己親自為夫差牽馬。吳王乘勝向北進擊，大敗齊軍，成為小霸。越王句踐臥薪嘗膽，十年生聚，十年生息，終於在周元王三年（前四七三）消滅吳國，夫差羞憤自殺。句踐北上與齊晉會盟於徐，成為最後一個霸主。

據史書記載，春秋二百四十二年間，有三十六名君主被殺，五十二個諸侯國被滅，有大小戰事四百八十多起，諸侯的朝聘和盟會四百五十餘次。

隨着生產力的發展，水利的興修，鐵器的使用和牛耕的推廣，春秋中後期，各諸侯國的經濟得到不同程度的發展，政治形勢也產生了相應的變化。最重要的是諸侯國內部卿大夫的勢力逐漸發展起來，著名的如魯國的三桓、齊國的田氏、晉國的六卿。他們利用自己的經濟實力，控制和瓜分公室，並互相爭鬥，以擴充領地。晉國的六卿爭鬥到最後，剩下韓、魏、趙三家。周威烈王二十三年（前四〇三），周王正式承認三家為諸侯。周安王十一年（前三九一），田氏廢除了齊康公，自立為國君，也得到周王的承認。三晉和田氏的勝利，宣佈了強者生存、弱者淘汰的殘酷政治法則。於是，以魏國的李悝改革為起點，各國爭相進行以富國強兵為目標的變法運動。變法的核心是將勞動者固着到土地上，以增加國家的賦稅收入。社會文明程度的加深，使統治者對物質享受的貪欲急劇膨脹。增加剝削量的最直接的辦法，是掠奪更多的土地，而掠奪土地的最便捷的途徑是戰爭。所以，這個時期，戰爭愈來愈多，愈打愈大。據統計，從周元王元年（前四七五）至秦王政二十六年（前二二一）的二百五十五年中，有大小戰爭二百三十次。戰爭打起來，雙方動輒出動幾萬至幾十萬人。西漢末年的劉向，將有關這段歷史的各種資料編成一本書，取名《戰國策》，從此，人們都將這一歷史階段稱為戰國時期。

戰國時期最有實力的是齊、楚、燕、秦、韓、趙、魏，人稱「戰國七雄」。魏文侯（前四四五—前三九六在位）任用李悝進行改革，盡地力之教，建立武卒，重用吳起、西門豹等人治理地方，發展經濟，成為戰國初期第一個強國。魏武侯時，吳起受魏相公叔排擠，離魏至楚。周安王二十年（前三八二），楚悼王任用吳起進行變法，裁減冗官，廢除貴族的世卿世祿，明法審令，禁止私門請託，也日益強盛起來。但楚國舊勢力太強，楚悼王剛死，吳起就被亂箭射死。魏惠王將國都遷至大梁，招徠士人，發展水利，對外用兵，圖謀吞併以濮陽為都城的衞國，引起周圍國家的不滿。這時，齊威王任用鄒忌等人進行改革，大力整頓政治，鼓勵臣民進諫，制定法律，招撫流亡，經濟迅速發展，成為實力僅次於魏的大國。周顯王十六年（前三五三）的桂陵之戰和周顯王二十八年（前三四一）的馬陵之戰，齊國以田忌為將軍、孫臏為軍師，用奇計打敗了魏軍，從此，齊國成為中原最強的國家。為了滿足對人才的需求，齊宣王擴建位於齊都臨淄的稷下學宮，對前來稷下的學者，給予上大夫的優厚俸祿和舒適的生活待遇，讓他們專心學術，培養弟子，促進了學術的進步和繁榮。

周顯王十三年（前三五六）和十九年（前三五〇），秦孝公任用商鞅進行的變法最為徹底。商鞅變法鼓勵人口增殖，重農抑商，廢除世卿世祿制度，獎勵軍功，編制戶口，實行連坐之法，使秦國成為戰國中期以後最為強大的國家。雖然後來商鞅被車裂而死，新法卻並未廢止。齊國和秦國東西對峙，展開了爭取其他諸侯國、孤立對方的鬥爭，而韓、魏、趙、楚、燕等國，則在聯秦抗齊和聯齊抗秦中搖擺。這時，出現了兩個著名的政治家——張儀和公孫衍，他們分別連橫和合縱，導演了一幕生動悲壯的活劇。

強大起來的秦國，不斷地向東方擴張領土。周顯王四十年（前三二九），魏人張儀來到秦國，向惠文君上連橫之策，建議與魏、楚相親善，接着在魏、楚的配合下，進攻韓國的新城和宜陽，將軍隊開到洛陽，挾天子以令諸侯，最後再回過頭來攻取魏、楚的領土，迫使天下諸侯都西面事秦，完成稱王的大業。這一策略正中惠文君下懷，遂以張儀為客卿。張儀一再鼓動秦軍攻打魏國，又將所奪土地還魏，迫使魏國首先事秦，納上郡十五縣予秦，對其他東方國家形成很大的威脅，張儀被任命為秦的國相。周顯王四十六年（前三二三），魏將公孫衍行合縱之策，促使魏、韓、趙、燕、中山五國互相承認對方君主為王，以聯合抗秦。但不久，楚國就派兵伐魏，公孫衍的策略受到挫折。魏相惠施聯合齊、楚的活動也遭到失敗，被驅逐。魏惠王受到齊楚的打擊，不得不於周顯王四十七年（前三二二）任用張儀為魏相，想聯合秦、韓之兵以伐齊、楚。但張儀的真正意圖，是要魏國首先事秦，而讓其他諸侯國仿效。魏惠王沒有聽從張儀的意見，在齊、楚、燕、趙、韓等國的支持下，於周慎靚王二年（前三一九），趕走張儀，以公孫衍為魏相。次年，公孫衍發動魏、楚、燕、趙、韓五國第一次合縱攻秦，以楚懷王為縱長，被秦擊潰。

此後，秦不斷進擊三晉，又利用巴蜀互攻的機會，出兵佔領了巴蜀全境，獲得了一個富庶的後方基地。周慎靚王五年（前三一六），燕王噲將王位讓給國相子之。子之為王三年，國內大亂，將軍市被與太子平結黨進攻子之，百姓反攻，殺太子平和市被，死者數萬。齊宣王乘機派兵伐燕，五十餘日，就攻取燕國全境。由於齊軍大量殺戮平民，燕人起而反抗，齊軍被迫撤退。但此事證明，齊國的力量仍相當強大。同時，齊與楚結盟，更加強了齊與秦抗衡的力量。

為了破壞楚、齊聯盟，周赧王二年（前三一三）張儀出使楚國，使楚與齊絕交。當楚懷王察覺受騙，又發兵攻秦。秦軍在丹陽打敗楚軍，攻取楚國的漢中地六百里。張儀又說服韓、趙、燕與秦連橫。周赧王十四年（前三〇一），齊、韓、魏聯合攻楚，殺楚將唐昧。周赧王十六年（前二九九），楚懷王受騙往秦，被扣留，最後死於秦國。從此，楚國一蹶不振。

周赧王八年（前三〇七），趙武靈王實行胡服騎射，改傳統的甲兵為騎兵，改車戰為運動戰，使趙國的軍事實力大為增強，成為秦國向東發展的新障礙。秦昭王為了打擊趙國，派穰侯魏冉到齊，約齊閔王與秦昭王同時稱帝，聯合五國攻趙。游說家蘇秦識破了秦的陰謀，勸告齊閔王放棄帝號，發動合縱，會合燕、韓、魏、趙等五國軍隊，於周赧王二十八年（前二八七）聯合攻秦，秦被迫割地給魏、趙以求和。此後，趙將趙奢、廉頗，趙相藺相如一再粉碎秦人的軍事進攻和外交重壓，捍衛了趙的尊嚴和國土。

齊軍從燕國撤退後，繼位的燕昭王奮發圖強，卑身事賢，以圖雪恥復仇。周人蘇秦和魏人樂毅受到重用。樂毅幫助燕昭王進行政治改革，使燕國迅速得到恢復和發展。蘇秦則作為間諜出使齊國，勸說齊閔王伐宋、攻楚，以削弱齊的力量。二人並與趙、魏、楚等國約定，聯合伐齊。周赧王三十一年（前二八四），燕將樂毅率燕、趙、秦、魏、楚五國之兵，聯合攻齊，一直攻破齊都臨淄，奪其大部分疆土，雖然後來齊將田單收復了失地，但齊國從此再也沒有與秦抗衡的力量。

周赧王三十七年（前二七八），秦將白起攻破楚都郢城，揭開了秦國統一戰爭的序幕。楚國避秦軍威勢，遷都於陳，愛國詩人屈原痛感國家淪亡，投汨羅江自盡。周赧王四十四年（前二七一），客卿范雎向秦昭王獻「遠交近攻」之策，就是與遠方國家結盟，集中力量先打敗鄰近的國家，再逐步兼併其他各國。秦昭王納范雎之策，於周赧王五十年（前二六五）出兵伐韓，切斷上黨郡與韓都城新鄭的聯繫，迫使韓國將上黨獻給秦。上黨軍民向趙求救，趙派老將廉頗率軍駐守長平，聲援上黨。周赧王五十四年（前二六〇），秦派大將王齕奪取上黨，與廉頗軍在長平對峙。廉頗加固壁壘，以守為攻，打破了秦兵速戰速決的計劃，雙方僵持達四月之久。秦用反間計，使趙國以年輕氣盛且只會紙上談兵的趙括代替廉頗為長平趙軍統帥。秦國同時秘密地換來大將白起。趙括一到前線就主動出擊，白起派出奇兵分割趙軍，並將趙括包圍起來。趙軍被圍斷糧四十六天，殺人以食，軍心大亂。趙括冒險突圍，當場喪命，全軍大敗。白起將趙軍四十萬降卒全部活埋。長平之戰是秦國與其在中原最後一個強手的決戰，也是戰國最後一次大戰。至此，東方六國都已不再是秦國的對手。

長平之戰前，東方出現了著名的戰國四公子，即齊國孟嘗君田文、趙國平原君趙勝、魏國信陵君無忌、楚國春申君黃歇。他們禮賢下士，廣招賓客，關心國事，謀取權勢，採取各種公開的秘密的、光明的卑鄙的手段對付秦國的入侵和挽救本國的滅亡。長平戰後，秦軍乘勢包圍趙都邯鄲。秦軍的殘殺，激起了趙人的義憤和別國的恐懼，在危急存亡面前，楚春申君、魏信陵君率軍與趙軍內外夾攻，大敗秦軍。燕太子丹甚至派遣荊軻去刺殺秦王政。然而，歷史的大潮已無法扭轉，六國終於未能擺脫亡國的命運。

戰國時，周王室連名義上的共主地位也沒有了，但仍在洛陽一帶勉強維持。西周初年營建洛邑時，共修建了兩座城。西邊的方十七里，叫王城；東邊的小些，叫成周。戰國時，由於王室內部爭權和分封，先後出現了居於王城的西周公和以鞏邑（今河南鞏縣）為都城的東周公，而真正天子的周赧王卻不得不把王廷從成周徙至王城，寄居於西周公治下。周赧王五十九年（前二五六），秦軍攻取韓國的陽城（今河南登封東南）、負黍（今登封西南）二地，斬首四萬。西周君聯合諸侯軍隊出伊闕（今河南洛陽南）攻秦，以隔斷秦與陽城的通道。秦昭王於是發兵攻西周，西周君不得不將其三十六邑全部獻給秦，西周滅亡。同年，周赧王死去，作為天子之國的周朝不復存在。秦莊襄王元年（前二四九），秦相呂不韋帶兵滅東周公。

秦自孝公時商鞅變法，中經秦惠王、武王、昭王，一百餘年間，建立了比較鞏固的中央集權的統治，注重水利和農業生產，獎勵軍功，軍隊裝備優良，又充分利用客卿為秦謀劃作戰，在諸侯國中越戰越強，終於打敗了東方各個強大的敵手，成為天下第一的強國。秦孝文王立一年（前二五〇）而卒，秦莊襄王繼位，商人出身的呂不韋為丞相，第二年就率兵滅東周，取韓之成皋、滎陽，建三川郡。次年，秦軍擊趙，伐韓，在上黨設太原郡。莊襄王三年（前二四七）死，十三歲的秦王政繼位，他就是後來的秦始皇。秦王政五年（前二四二），秦軍攻魏，奪其酸棗等二十城，設東郡，又於秦王政六年（前二四一）粉碎了楚、趙、魏、韓等國第四次，也是最後一次合縱對秦的軍事進攻，還用反間計除掉了反秦最激烈的魏信陵君。至此，在疆土廣大兵強馬壯的秦國面前，東方六國君主形同秦的郡縣長官。

秦王政九年（前二三八），平嫪毐之亂，嬴政親自執掌政權，隨即出動大軍，以摧枯拉朽之勢，橫掃六國舊勢力，史稱秦滅六國。於十七年（前二三〇）滅韓，二十二年（前二二五）滅魏，二十四年（前二二三）滅楚，二十五年（前二二二）滅燕、滅趙，二十六年（前二二一）滅齊，終於建立了中國歷史上第一個統一的多民族的中央集權的國家，歷史翻開了新的一頁。

春秋戰國是一個有着燦爛文化的時代。平王東遷以後，隨着王室的衰微，過去由王室壟斷的學術文化走向民間，私人治學和向弟子傳授學問開始出現。春秋後期，老子和孔子成為一代學術的代表。老子講「道」和無為，孔子講「仁」和「禮」。孔子還對前代學術文化進行全面總結，編定了《詩經》、《尚書》、《易經》、《禮經》、《春秋》和《樂經》，奠定了儒家文化的基礎。戰國時代，社會的劇烈變革對學術文化提出了一系列要求，加上士階層的形成和統治者的提倡，使得許多學派紛紛出現，形成了百家爭鳴的局面。當時，最有影響的，是以孟軻、荀卿為代表的儒家，以莊周為代表的道家，以墨翟為代表的墨家，以韓非為代表的法家，以鄒衍為代表的陰陽家，以公孫龍子為代表的名家，以孫臏為代表的兵家，以許行為代表的農家，以張儀、公孫衍、蘇秦為代表的縱橫家，以呂不韋為代表的雜家。各派各家都著書立說，廣授弟子，參與政治，互相批判，又互相滲透，學術思想極為繁榮，促進了社會的前進和學術的發展，奠定了中國傳統文化的思想基礎。在文學上，出現了上古詩歌的總集《詩經》，愛國主義詩人屈原和以他為代表的楚辭，以及諸子的散文。在史學上，創造了編年史體，出現了《左傳》、《國語》、《世本》、《竹書紀年》、《國策》等不朽著作。在科學技術上，有在當時世界上最為先進的天文觀察紀錄和陰陽合曆的曆法，有齊人甘德和魏人石申著作合編的《甘石星經》，有扁鵲等精通各科的名醫，有先秦醫學經驗結晶的《黃帝內經》。這些都是令人自豪的。

秦王政統一六國以後，着手建立和健全專制主義中央集權的國家機器。他首先確立了至高無上的皇權，稱專制政權的最高統治者為皇帝，在皇帝之下，設三公九卿的中央官制，一切大事由皇帝裁決。廢除分封制，實行郡縣制，郡縣長官由皇帝任免，不許世襲。在基層實行鄉、亭、里的行政組織和伍什連坐制度，有效地加強了統治，奠定了以後歷代王朝政治制度的基本模式。同時建立了龐大的軍隊，制定了完整嚴酷的法律。他還在全國推行重農抑商政策，確認土地私有，統一文字，統一度量衡，統一車軌，統一貨幣，修築直道和馳道，收繳民間兵器鑄成巨型的帝王編鐘宮縣，焚書坑儒實行愚民政策，加強思想統治，實施了一系列鞏固統治的措施。為了顯揚威德，統一政教習俗，秦始皇五次巡遊天下，到處刻石頌德。派兵北擊匈奴，南征百越，謫民戍邊，修築長城，促進了各地經濟文化的交流，奠定了多民族國家的基礎，促進了中華民族共同體的形成和發展。

秦始皇不惜民力、財力，進行了一系列浩大的工程。還在滅六國的過程中，他就仿照各國宮室，在渭水北岸修建了大片宮闕。統一以後，不僅到處建離宮別館，還修建了規模極為宏大的阿房宮。他徵發七十萬刑徒修築龐大的驪山陵，裝飾豪侈，耗資無數。他貫徹法家主張，實行嚴刑峻法，使人們動輒得咎，沒有伸屈之地。秦始皇三十六年（前二一一），僅因為有人在隕石上刻了「始皇帝死而地分」幾個字，就將附近的居民全部處死。他喜怒無常，疑神疑鬼，隨意殺戮，使大小官吏為了保官保命而畏懼欺謾。他殘酷地剝削，大大超過了人民的負擔能力，使男子力耕不足糧餉，女子紡織不足衣服。為了求得長壽，他迷信方士，耗費巨資尋求長生不死之藥。到最後，仙藥沒有找到，他自己也成了一個閉目塞聽、不知世情的獨夫。

秦始皇三十七年（前二一〇）七月，秦始皇在巡遊至沙丘時病死，中車府令趙高和丞相李斯偽造秦始皇詔書，賜令公子扶蘇自盡，扶植次子胡亥繼位為秦二世。秦二世在趙高、李斯策劃和慫恿下，恣意享樂，變本加厲地推行暴政。在安葬秦始皇時，將後宮無子女的嬪妃全部殉葬，把修陵工匠盡數活埋。他徵發五萬材士屯衛咸陽，豢養無數狗馬禽獸，弄得關中地區發生嚴重糧荒。同時，大殺文臣武將和公子公主，牽連而死者不知其數。各種矛盾尖銳到極點，自君卿以下至於小民，人人自危。

秦二世元年（前二〇九）九月，在蘄縣大澤鄉，陳勝、吳廣率領徵發戍守的九百貧苦農民揭竿為旗，斬木為兵，發動反秦起事，在陳縣建大楚稱王。各郡縣民眾聽到消息，紛紛殺了地方官，起事響應。陳勝派出隊伍分路進擊各地。周文率領的起事軍打進函谷關，進至距咸陽僅數十里的戲。武臣軍攻至邯鄲，自立為趙王。韓廣軍至燕，自立為燕王。狄人田單殺狄令，自立為齊王。周市率軍至魏，立魏王後裔咎為魏王。沛人劉邦在沛，下相人項梁、項羽在吳都起兵歸附陳勝，轉戰各地。秦王朝陷入風起雲湧的農民起事之中。秦二世將驪山刑徒武裝起來，由少府章邯率領，鎮壓農民起事，周市兵敗自殺。起事將領田臧殺死不懂軍事的吳廣，率軍迎戰，亦兵敗而死。章邯兵進陳縣，陳勝退至下城父，於二世二年（前二〇八）十二月被車夫莊賈殺死。

項梁立楚王後代熊心為楚懷王，自號武信君，在連連作戰獲勝後驕傲輕敵，被章邯偷襲戰死。秦軍包圍守衛鉅鹿的趙王歇。項羽殺死畏懼秦軍的大將軍宋義，率大軍在鉅鹿之野與秦軍決戰，凡經九戰，於二世三年（前二〇七）十二月消滅秦軍主力，秦將章邯投降，項羽被推為諸侯上將軍。八月，秦中丞相趙高逼秦二世自盡，繼立的秦王子嬰殺死趙高。漢王元年（前二〇六）十月，劉邦進軍霸上，子嬰投降，秦朝滅亡。

十二月，項羽率大軍入關，殺秦王子嬰，焚燒秦宮室，分封各路諸侯將領，封劉邦為漢王，自稱西楚霸王，都彭城（今江蘇徐州）。漢王二年（前二〇五）十月，項羽殺死義帝熊心。三月，劉邦出關，以替義帝復仇為號召，率領諸侯討伐項羽，攻克彭城。項羽由山東回師，大敗漢軍，劉邦退守滎陽。楚、漢軍隊在滎陽一帶長期相持，漢軍屢敗。漢將韓信在後方作戰，破趙，定齊，連連獲勝。漢王四年（前二〇三）八月，由於糧道被漢軍切斷，項羽不得不與劉邦言和，約定平分天下，率兵東撤，劉邦率軍在後緊追。漢王五年（前二〇二）十二月，項羽退至垓下（今安徽靈壁東南），被韓信擊敗。漢軍將楚軍包圍，夜裏唱起了楚地民歌。項羽知大勢已去，乘夜率八百精騎突圍。漢騎在後追擊。項羽退至烏江亭，無顏見江東父老，自刎而死。二月，劉邦在洛陽稱帝，建立漢朝，詔令逃至海上的齊王田橫來見。田橫行至洛陽東邊三十里的屍鄉驛持劍自盡，滯留海島的五百部眾聞訊全部自殺。

傳記

【傳記　第一】

黃帝

黃帝是上古傳說時代的一位聖主。一說姓公孫，一說姓姬，這兩個姓，都打着周代的烙印。名軒轅，少典之子。據傳他出生幾十天就會說話，少年時思維敏捷，青年時敦厚能幹，成年後聰明堅毅，在今河南新鄭建立有熊國。

當時，發明農耕和醫藥的天下共主炎帝神農氏已經衰落，酋長們互相攻伐，戰亂不已，生靈塗炭，神農氏也無可奈何。黃帝毅然擔負起安定天下的重任。他用戰爭的手段，征討抗命不從的部落，諸部落紛紛前來歸附，最終形成黃帝、炎帝、蚩尤三大勢力。黃帝居中原。炎帝在西方，居太行山以西。蚩尤是九黎君主，居東方，並向西發展。炎帝與蚩尤爭奪黃河下游地區，炎帝失敗，向北逃竄，居於涿鹿（今河北涿鹿東南），向黃帝求救，並結為聯盟。蚩尤用銅製造兵器，勇猛無比。黃帝在三年中與蚩尤打了九仗，都未能獲勝。於是以德行治理百姓，整兵振武，發展黍稷菽麥稻等糧食作物的生產，團結歸附的各個部落。又調集各部落的軍隊，排成不同的方陣，每個方陣分別打出熊、羆、貔、貅、貙、虎等圖像的旗幟，統一號令，在涿鹿的原野上與蚩尤決戰。雙方的士卒都英勇無畏，戰鬥十分激烈。黃帝在大將風后、力牧的輔佐下，終於擒殺了蚩尤，獲得勝利。

戰後，黃帝率兵進入九黎地區，隨即在泰山之巔，會合天下諸部落酋長，舉行了隆重的封禪儀式，告祭天地，宣告成功。據說，當時天顯現大螾大螻，色尚黃，人們說他以土德為帝，故自稱為黃帝。

不久，天下又出現騷亂。黃帝知道蚩尤的聲威猶在，於是畫了蚩尤的像到處懸掛。天下人都以為蚩尤未死，只是被黃帝降服，更多的部落都來歸附。後來，蚩尤被尊為戰神。

炎帝雖被蚩尤打敗，實力尚存。他不滿黃帝成為天下共主，企圖奪回失去的地位，終於起兵反抗。炎、黃二帝發生火併，決戰在阪泉之野進行。經過三場惡戰，黃帝得勝。從此，黃帝天下共主的地位最終確立，號令天下，凡是不順從的部落，他就以天子的身份去加以討伐。

黃帝奠定天下，定都於涿鹿，得到了國家重器寶鼎，設置了以雲為名的中央職官，管宗族事務的稱青雲，管軍事的稱縉雲，管治安的稱白雲，管營造的稱黑雲，管中央事務的稱黃雲。還設置了左右大監，負責監督天下諸部落。風后、力牧、常先、大鴻被任命為治民的大臣。為了安和鬼神，他經常親自參加封祭山川鬼神的儀式。他以神蓍推算和制定了曆法。為了加強全國的聯繫，到處劈山開路，並定期巡視各地，問民疾苦，勸民農桑。他東到大海，登上凡山和泰山；西至崆峒，登上雞頭山；南達大江，登上熊山和湘山；北逐葷粥（匈奴人的遠祖），在釜山大會諸部落酋長，合符盟誓。

當時，不少人民仍過着茹毛飲血的原始生活。黃帝教人民生火做飯，吃熟食，又創製紡織技術，用以製作衣服冠冕，禦寒護體。他的大臣也各有技能和創造：羲和與常儀分別負責觀測太陽和月亮，臾區觀測行星，伶倫創製律呂，大撓創立甲子，隸首發明算數，容成綜合以上六術，製作樂律和律曆。黃帝還讓伶倫和垂製造樂器磬和鐘，沮誦和蒼頡造字，史皇作圖，雍父造舂和杵臼，夷牟造矢，揮造弓，共鼓和貨狄作舟。

黃帝有四妃十嬪。正妃為西陵氏，名嫘祖，她親自栽桑養蠶，教民紡織，人稱她為先蠶。次妃為方雷氏，名女節。又次妃為彤魚氏。最次妃名嫫母，長相醜陋，但德行高尚，深受黃帝敬重。黃帝共有二十五個兒子，其中十四人被分封得姓。這十四人共得到十二個姓，它們是：姬、酉、祁、己、滕、葴、任、荀、僖、姞、儇、衣。

據說黃帝活了一百一十歲，死後安葬於橋山（今陝西黃陵）。

評：每個民族都有自己的傳說時代，那些半人半神的英雄們，呼風喚雨無所不能。黃帝就是中國傳說時代的一位代表人物，人們在他身上集中了古人的各種優點、諸多創造，似乎一切先民從野蠻向文明過渡中的製作都出自其手，從而將他奉為人文始祖。根據研究，黃帝很可能實有其人，是父系氏族時期中原地區的一位部落聯盟長。他通過戰爭，使中原各部落實現了聯合，並做了許多好事，因而在古人的口傳歷史中佔有重要位置。至於將他說成中華民族的始祖，顯然是前人千古一系願望的反映，有以偏概全之嫌。因為，儘管古人把夏、商、周、秦、漢、安息、鮮卑、匈奴、羌、蠻、狄等的始祖都追溯到黃帝，但炎帝、蚩尤的後裔總不能也說成是黃帝的子孫吧！比如南方的苗族，就自稱是蚩尤的後代。當然，對此也不必過於認真，因為我們今天已將黃帝看成華夏民族由野蠻過渡到文明的一個象徵。

【傳記 第二】

帝顓頊

帝顓頊，是五帝中的第二位天子，黃帝的孫子。其父昌意是黃帝正妃嫘祖的次子，封於若水，娶蜀山氏之女昌僕為妻，生子顓頊。顓頊從小性格深沉而有謀略，德行高尚。十五歲時就輔佐少昊，治理九黎地區，成績卓著，封於高陽（今河南杞縣東），人稱其為高陽氏。黃帝死後，因顓頊有聖德，立為帝，時年二十歲。

帝顓頊所居玄宮為北方之宮，北方色黑，五行屬水，因此古人說他是以水德為帝，又稱玄帝。帝顓頊以帝丘（今河南濮陽）為都城，設木正、金正、火正、水正、土正五官，以句芒、蓐收、祝融、玄冥、句龍分任其職。他認為：「最根本的規律（道）不能改變，最正確的行為（義）不可更動，天下才能得到治理。」因此，他即位後，嚴格遵循黃帝的政策行事，並加以發展。大臣們凡是行黃帝之道的，都給予表彰賞賜，使社會安定太平。黃帝晚年，九黎亂德，崇尚鬼神而廢棄人事，一切都靠占卜來決定，真正有能力的大臣得不到重用，有才華的士人都遠避於野外，家家都有人當巫史搞占卜，人們不再誠敬地祭祀上天，也不安心於農業生產，而是紛紛離鄉背井，到外地去碰運氣，軍隊喪失戰鬥力。顓頊認為：「上世人和神各有專司，所以天順人和，不出現災禍，人們有吃有穿。」為了從根本上解決這一社會問題，顓頊親自淨心誠敬地祭祀天地祖宗，為萬民作出榜樣。又任命南正重負責祭天，以和洽神靈。任命北正黎負責民政，以撫慰萬民，勸導百姓遵循自然變化的規律去辦事和從事農業生產，鼓勵人們更多地開墾田地播種作物，以充分發揮土地的潛力。禁斷民間以占卜通人神的活動，使社會恢復正常秩序。

顓頊為帝後仍酷愛學習，他知識淵博，通達事理，很注重了解下情，以化解怨恨。他依照前人的經驗制定法則，治理四時五行之氣以教化萬民。他根據天象的變化，修定了曆法，規定一年為十三個月，以日月直艮維、五星會於天曆之時為一年之始。冰開始分離、蟄蟲開始活動、雞啼叫三聲，就是春天到了。這時天為作時，地為作昌，人為作樂，鳥獸萬物都予以應和。為此，古人稱顓頊為「曆宗」。他還讓飛龍氏根據八種風的聲音製作音樂，叫作《承雲樂》，用來祭祀上帝。他親自巡視各地，北邊到達幽陵（今遼寧境），南邊到達交阯（今兩廣境），西邊到達流沙（中國西北的沙漠地區），東邊到達蟠木（日出之處）。他的統治取得了成功，天地間所有的生物，各地的大小神靈君主，只要是日月照到的地方，沒有不馴服和歸附的。

顓頊生子窮蟬，是舜的高祖。他在位七十八年，活到九十八歲逝世，葬於濮陽。他的九個嬪妃安葬在陵園北邊。

評：顓頊也是一位半人半神的英雄。先秦典籍《國語》說他將星與日辰的位置安排於北維，看來他既是人間的帝王，又是天上的主宰，所以才能有這麼大的能耐。作為守成之主，他傾全力安定社會，禁止迷信泛濫，又誠心祭祀天帝，反映了當時人事與神事混雜，統治者左右為難的境況。他將通鬼神的巫卜之事從民間收回帝室，要求百姓專心從事生產，和洽人際關係，可以看成是中國歷史上第一次意識形態的專制，而這在當時不僅是十分必要的，也取得了積極成效。

【傳記　第三】

帝嚳

帝嚳，高辛氏，是五帝中的第三位天子，黃帝的曾孫。他的祖父玄囂，是黃帝正妃嫘祖的大兒子，他的父親名叫蟜極。他生而神靈，一落地就自稱其名。他從小德行高尚，聰明能幹。十五歲時，被帝顓頊選為助手，有功。帝顓頊死後，他繼承帝位，時年三十歲。

帝嚳以亳（今河南偃師）為都城，以木德為帝。他繼續設五官，以重為木正，黎為火正，該為金正，修及熙為水正，句龍為土正，管理各項國事。當時，共工氏實力強大，對嚳繼帝位極為不滿，憤怒得用頭撞擊不周山，使天柱折斷，人地斜向東南，並進而發動反叛。帝嚳下令火正黎帶兵平定共工之亂，卻未能奏效。帝嚳於庚申日處死了不勝任的黎，以其弟吳回繼任火正，終於平定了叛亂，誅殺了共工氏。也有的古書上，把共工寫為與顓頊爭帝，這是傳聞的不同。

帝嚳以仁愛治國，他說：「最好的德行是廣泛地愛人，最佳的政治是廣博地有利於人。所以為政最重要的是講信譽，治理最重要的是仁愛。我為帝，就是要審慎地做好這兩點罷了。」他生活非常儉樸，穿着素潔的衣衫，住的宮室，以白木和泥土建成，未加任何修飾。他平常神色莊重靜穆，品德崇高如山。他的恩惠施及萬物，唯獨不顧及自身，他仁愛而有威望，說話講究信譽。他了解民間的疾苦，急百姓之所急，行百姓之所願，撫慰萬民，引導人們增加生產，節儉費用。他治民就好像以水灌溉田地，對天下人都一律平等，而且中正不偏，深受百姓的敬服和愛戴。他舉止適時，絕不違背自然規律。他恭敬地祭祀天地鬼神，祈求神靈降福萬民。在他的治理下，社會富足，人民安居樂業。人們互相關心愛護，生活困難就有人送來飲食，家裏有事鄰居就來幫忙，生了病就有人來看護，耕種時缺乏農具可以向別家借，男女老少各有規矩，兒童受到教養，成年人得以發揮能力，老年人能安度晚年。百姓只要向天子交納很少的貢物，其餘都留以自用，所以人們活的時候不缺吃穿，死了以後不愁收斂。商人們販運來本地缺少的物品，價格合理；運出本地的出產，使其得以流通。可以說，這是中國最早的太平盛世。

帝嚳的政治這麼開明，也得益於他能虛心地聽取士人的意見和大膽提拔任用人才。羿的射箭技術天下無雙，帝嚳選拔他擔任射官，賜給他彤弓和蒿矢。羿也不負帝嚳深望，當白難反叛時，他親自出征，一舉將其平定。咸黑、柞卜長於音樂和製作樂器，帝嚳就安排他倆合適的職位，終於創作出《九招》之樂和鼙鼓、竽、管、塤、箎等新樂器，以樂和政，促進了天下的安定。

帝嚳有四妃。正妃有邰氏名姜嫄，生子棄，是周人的始祖。次妃有娀氏名簡狄，生子契，是商人的始祖。次妃陳豐氏名慶都，生子放勛，就是後來的帝堯。次妃娵訾氏名常儀，生摯。帝嚳活了一百零五歲（一說九十三歲），死後安葬於濮陽頓丘城南臺陰野中。

評：傳說中的帝嚳是一位治國有方的仁愛之主。他生活儉樸，以「博愛人」和「博利人」作為國策，採取了一系列有效的措施，使社會得到治理，人民安居樂業，互親互愛，生產發展。這種太平盛世，成為儒家仁政主張的根據，並為歷代政治家所頌揚和仿效。自然，帝嚳的政績中有很多後代儒家增益的成分。

【傳記 第四】

帝堯

帝堯，名放勛，陶唐氏，世稱唐堯，是五帝中第四位天子。堯幼年寄養於伊長孺家。帝嚳死後，以其年齡最大的兒子摯繼承帝位，為帝摯。堯好學深思，聰明能幹，足智多謀，十三歲時就受命輔佐帝摯。帝摯能力平庸，政治敗亂。而堯仁慈愛民，明於察人，治理有方，盛德聞名天下。於是天下諸侯紛紛背離帝摯，而歸附於堯。帝摯也自覺不如堯之聖明，終於在繼位九年以後，將帝位禪讓於堯。

堯繼帝位時二十一歲（一說十六歲），以平陽（今山西臨汾）為都城，以火德為帝，人稱赤帝。他像天一樣仁慈，智慧玄妙莫測。接近他就像太陽一樣溫暖，遠望他如雲霞一樣燦爛。他富有天下卻不驕橫，貴為天子卻不傲慢。他勤於政事，無暇休息。禮儀簡單，絕不靡費。他生活儉樸，沒有任何奇巧珍貴的用品，也沒有一件繡花的衣服。經常戴着黃色的帽子，穿着黑色的葛布衣衫，冬天再加上鹿皮的外套，衣冠鞋襪破爛不堪了才做新的。吃的是用陶簋盛的粗飯淡湯，只求能飽；乘的是白馬拉的紅色車子，極其普通。他制定法度，禁止欺詐。他設置諫鼓，讓普通人都能對國事發表意見。他樹立謗木，鼓勵百姓批評自己的過失。他說：「如果有一個人挨餓，就是我餓了他；如果有一個人受凍，就是我凍了他；如果有一個人獲罪，就是我害了他。」堯無微不至地關心百姓，撫恤窮人，輕徭薄賦，為民謀利。百姓愛戴他就像愛戴日月和父母一樣，不求獎賞就主動做事，不用刑罰社會就得到治理。他大力提倡道德與和順，使眾多族親和睦相處，再影響天下百姓，融洽關係，從而使大下萬國和諧一致。

帝堯任命羲、和掌管天文，制定曆法，授民農時。分派羲仲住在東方郁夷，羲叔住在南方交阯，和仲住在西方昧谷，和叔住在北方幽都，負責觀察日月星辰萬物生靈，以通報天時冷暖，及時耕種收穫。當時的曆法規定一年三百六十六天，用置閏的辦法調節四季時令的誤差，保證了農業生產和百姓的生活起居合於自然規律。

帝堯年老以後，就繼承人問題徵詢四嶽的意見。放齊說：「你的大兒子丹朱通達明理。」帝堯說：「他這個人不遵禮義，喜歡爭鬥，不可大用。」驩兜說：「共工執行各項公務，很有成效。」帝堯說：「共工很會講話，但用心不正，連天都敢欺騙，不可重用。」帝堯換個話題，問道：「噢，四嶽們，現在到處洪水泛濫，居住於山下平地的百姓十分憂愁。有誰可以派去治理水患？」四嶽都說：「鯀行。」帝堯說：「鯀違背教命，敗壞宗族，不行。」四嶽說：「看法不同啊！讓他試試，不成再說。」帝堯聽從了四嶽的意見，讓鯀治水，鯀花了九年時間，還沒有成功。

下一次，帝堯正式與四嶽討論繼承人問題。帝堯說：「嗳！四嶽，我在位已經七十年了，您們中間有誰能承天命、繼帝位呢？」四嶽齊聲回答：「我等鄙陋無德，不能辱沒神聖的帝位。」帝堯說：「那麼，把近親貴戚和隱匿民間的大德大才的人都推薦上來吧！」大家一致推舉道：「有個民間的鰥夫，叫虞舜。」帝堯說：「噢，我聽說過。這個人究竟怎樣？」四嶽說：「他是一個瞎子的兒子。父親固執，母親放肆，弟弟傲慢，他卻能以孝道使得家庭和睦，不至於出亂子。」帝堯說：「那就讓他試試吧！」

於是帝堯將兩個女兒嫁給舜，來觀察他的德性。舜讓二妃回嬀汭家中，去侍奉公婆，盡行婦道。帝堯很滿意，又讓九個兒子跟隨舜，來觀察他處理社會事務的能力。帝堯派舜負責協調民間父義、母慈、兄友、弟恭、子孝這五種人倫關係，取得成績，連帝堯的九個兒子也受到教育，變得更加淳厚謹敬。帝堯又派舜輪流到幾個官府任職。舜都盡職盡責，制定制度，使各官府的行政走上了正軌。帝堯又派舜接待四方朝見的諸侯和使者，舜態度嚴肅和睦，處事得當，諸侯使者都很敬仰中朝。帝堯派舜到山林川澤中去，在暴風雷雨交加中，舜都沒有迷路。帝堯知道自己的兒子丹朱不行，不能將天下交給他，又通過考察發現舜很聖明，終於決定將權力交給舜。他知道，權力傳給舜，天下人會受益，卻不利於丹朱；如果將權力傳給丹朱，就會使丹朱得益，而不利於天下人。他想：「我總不能讓天下人受害而只對一個人有好處！」於是他召見舜，說：「你謀劃事情詳盡周到，言論意見都獲得了實效，試用三年了，你就登上帝位吧！」舜推辭道：「我的德行不夠，總覺得還不能穩妥地擔當大任。」

正月初一舉行隆重的儀式，舜接受了堯的禪讓，登上帝位，正式代行天子的職權。堯讓位後，繼續關注國事，經常巡視天下，做了許多利國利民的事。堯有一后三妃，帝后散宜氏，名女皇，生丹朱。另有庶子九人。禪位二十八年以後，堯以一百一十八歲（有說一百一十六或一百一十七歲）的高齡逝世，安葬於濟陰城陽（今山東鄄城縣南）。百姓們聽到堯逝世的消息，無不悲痛萬分，如喪父母。在此後的三年中，人們自動停止了各種娛樂活動，以表達對堯的哀思。三年喪期結束，舜提出讓位給丹朱，自己避居於南河以南的荒野。人們都不買丹朱的賬，諸侯還是向舜朝覲，百姓照樣謳歌舜的盛德。舜說：「這是天意啊！」於是重新回到國都，正式登上天子之位。

評：堯舜禪讓，是歷史研究的一個永恆論題。儒家將其視為最佳政治的楷模，疑古者堅決否定其真實性。現在看來，兩種意見都不恰當。因為，在人類早期確實有過民主政治階段，領導人只有為大眾謀利益的義務，而沒有特權。因此，帝堯想將帝位讓給許由，許由就拚命逃避這個苦差。在這種情況下，其職務傳賢不傳子就是很正常的了。對禪讓制的過分吹捧，反而是後人以私有制的眼光揣度古史的結果，或者是明白人寄託其賢人政治理想的一種方法。堯處於從公有制向私有制過渡的初期，其禪讓本屬公有制政治的遺留，平常至極。

【傳記 第五】

帝舜

帝舜，姚姓，名重華，有虞氏，世稱虞舜，是五帝中的最末一帝。他是冀州人，帝顓頊的六世孫，自五世祖窮蟬起，幾代都是平民。他的父親瞽叟是個盲人。瞽叟的妻子握登在姚墟生下了舜。舜兩眼都是雙瞳仁，故名重華。

舜自幼喪母，父親續娶後妻，生子名象。舜很小就參加勞動，耕種於歷山（今山東濟南東南），打漁於雷澤（今山東荷澤東北），在黃河邊上製陶器，在壽丘（今山東曲阜東北）做各種生活用品，然後運到負夏（今山東兗州北）去出售，以維持全家的生活。他的父親性格頑固，寵愛後妻和幼子，三人都想殺死舜。舜平常孝順父母，關心幼弟，一有空閒，就侍候在父母身邊。如果自己有小過錯，就甘願受罰；如果父母和弟弟要殺死他，他就躲得叫他們找不到。二十歲時，舜就以孝道聞名於天下。

舜三十歲時，被四嶽推薦為帝堯的接班人。帝堯與舜談話，問舜：「我想使天下太平，你說該怎麼做？」舜回答道：「要公平待人不偏不倚，對小事也不馬虎，更要講究信譽說話算數，那樣天下人會自動擁護你。」堯又問：「什麼事最重要？」舜答：「祭祀上天。」又問：「什麼官職最重要？」「管理土地。」又問：「什麼是首先要做的？」「關心百姓。」帝堯十分滿意，賜給他細葛布的衣服和琴，給他家牛羊，為他家建築糧倉，為他和自己的兩個女兒修建宮室，並用各種方法，對舜進行考驗。舜都成績卓著，受到廣泛的好評。就這樣，瞽叟還想殺死舜。有一次，舜到糧倉頂上塗泥，瞽叟從下邊放火燒糧倉，舜雙手舉着斗笠，像鳥兒一般降落下來，逃走了。不久，瞽叟又讓舜掏井，舜在井裏挖了個偏洞，與鄰井相通。一天，舜下井以後，瞽叟和象一起挖土將井填實，舜從偏洞逃走。瞽叟和象都以為舜死了，非常高興。象說：「這個主意是我出的，舜的妻妾和琴歸我，牛羊和糧倉歸二老。」象於是搬到舜的宮室住下，彈起舜的琴。舜回到家中，象先是十分驚愕，後又很不自在，說：「我正十分難過地思念你呢！」舜回答道：「是嗎？你這個好弟弟！」以後，舜仍然十分孝敬父親，愛護弟弟，辛勤勞動。

舜特別善於識別和使用人才。高陽氏有八個有才能的子孫，為社會做了大量好事，人稱其為「八愷」。高辛氏也有八個有才能的子孫，善良能幹寬和慈愛，人稱其為「八元」。這十六個人美名遠揚，帝堯卻沒有舉用他們。舜當了帝堯的臣子以後，推舉八愷擔任管理土地的職務，他們規劃農事，沒有一件不適宜，大地和上天都平靜無事。舜推舉八元到四方之國宣揚五種教化，他們使父親有道義，母親慈善，兄長友愛，弟弟恭敬，兒子孝順，裏裏外外都和睦相處，融洽有序。當時，帝鴻氏有個不成器的子孫，他毀棄道義，陰險狠毒，盡幹壞事，人稱他為「混沌」。少皞氏有個不成器的子孫，不講信譽，廢棄忠誠，喜聽讒言，慣於花言巧語，人稱他為「窮奇」。顓頊氏有個不成器的子孫，沒法教訓，不知道好歹，人稱他為「檮杌」。這三個家族造成了社會的災難，帝堯卻沒能趕走他們。縉雲氏有個不成器的子孫，喜歡吃喝，貪求財寶賄賂，天下人對他十分憎惡，稱他為「饕餮」，把他與前邊三個惡棍相比。舜打開城門，把這四家都流放到四方邊遠地區，讓他們去抵禦四方精怪。壞人趕跑了，社會也安定了。

經過二十年的考察，堯正式禪位於舜，讓舜代行天子的職權，以觀天意。舜首先觀察天象，以擺正日月五星的位置；進而祭祀上帝、名山大川和各種神祇；又選擇吉日，接見四嶽和各方首領。這年的二月，舜到東方巡視；五月，舜到南方巡視；八月，舜到西方巡視；十一月，舜到北方巡視。以後，舜每五年巡視天下一次，其餘時間，讓各地君長到京城朝見。舜將天下劃為并、冀、幽、營、兗、青、徐、荊、揚、豫、梁、雍十二州，以河道確定各州的邊界。

驩兜推薦共工，帝堯認為不行，但還是讓他試任主管百工的工師。共工果然放肆地幹壞事。四嶽推薦鯀治理洪水，帝堯認為不行，在四嶽的要求下，讓他試試，九年都沒成功。三苗居住於江淮和荊州，一再反叛。舜向帝堯建議，將共工流放到幽陵，使其變化北狄；將驩兜流放到崇山，使其變化南蠻；將三苗流放到三危，使其變化西戎；將鯀處死於羽山，以改變東夷的風氣。這四個人懲處以後，天下人都信服了舜。

帝堯逝世後，三年喪期結束，舜曾讓位給堯的兒子丹朱，但天下人心不服。舜知道是天意所歸，於是正式登上天子的位置。他要求十二州的長官們發揚堯的美德，以仁義治民，排斥用花言巧語獻媚的小人，使蠻夷都來歸附。帝舜問四嶽：「你們看有誰能擔當中朝的重任？」四嶽都說：「如果讓禹擔任司空，一定能做出成績。」帝舜說：「好！禹啊，你就擔任司空，負責治水，好好努力吧！」禹磕頭辭讓，推薦稷、契或皋陶擔任。帝舜說：「這些人都很有才幹，但這件事還是你去做吧！」接下來，帝舜指着棄說：「棄，百姓已開始缺糧，你就擔任農官（后稷），督促人們按節令播種穀物。」又對契說：「契，現在百姓還不夠親近，人倫關係也沒有理順，你就擔任司徒，去誠敬地推行五教，使父子有親，君臣有義，男女有別，長幼有序，朋友有信。辦事一定要寬厚呀！」又對皋陶說：「皋陶，現在蠻夷侵擾華夏，壞人為非作歹，你就擔任司法官（士），處刑要讓人信服，流放罪分為不同等級，而遠近不同。只有公正明允，才能取得民眾的信任。」帝舜接着逐個徵求大臣們的意見，任命垂擔任管理百工的共工，任命益擔任管理山林川澤的朕虞，任命朱虎、熊羆為益的副手，任命伯夷擔任主持宗廟祭祀的秩宗，任命夔擔任管理詩歌音樂的典樂，任命龍擔任負責內外傳達的納言，並分別對每個人提出了具體的希望要求。最後，帝舜對十二牧、四嶽和新任命的六位主官說：「喂！你們二十二人要各自嚴守其職，審慎地順從天意行事。」帝舜對官員們三年進行一次考核，三次考核決定升降和處罰。大小官員都努力建功立業，其中禹的功勞最大。他劈開很多山嶺，引導洪水流入大海；確定九州的劃分，令其各自按規定前來朝貢。在五千里的範圍內，無論是南邊的交阯，西邊的戎、析枝、渠廋、氐、羌，北邊的山戎、北發、息慎，還是東邊的長、鳥夷，都受到安撫，天下人全都感戴帝舜的功德。於是，羣臣高奏《九招》的樂曲，招來各種吉祥之物，鳳凰也在空中快樂地飛舞。

帝舜以堯的兩個女兒娥皇和女英為帝妃，娥皇無子，女英生子商均，另有庶子八人。帝舜知道自己的弟弟象和兒子商均都不成器，於是向上天薦告以禹繼承帝位，實行禪讓。十七年後，帝舜在南巡途中逝世，安葬於蒼梧山（今湖南寧遠縣境的九嶷山）南側，終年一百零一歲。

評：舜最為後人稱道的，是他的孝道。在儒學體系中，孝是百行之首，是一切道德的根本，是為人天經地義的綱紀。孝的內容，主要是尊親、養親。從這一點看，孝確實是我們應該發揚的傳統美德。但儒家講孝，還有「父為子綱」，「父母在，不遠遊」等基本內容，這些就必須摒棄。明明父母是錯的，難道也要盲從？明明國家或民族需要，難道也要以父母在為由予以拒絕？所以，講傳統不能良莠不分，一概讚頌，一律提倡。

【傳記　第六】

夏禹

夏禹，姒姓，名文命，夏后氏，帝顓頊的曾孫。他的父親名鯀，母親為有莘氏女修己。禹性情仁義和善，勤勞敏捷，行為規矩。他不僅有淵博的知識，而且特別謙虛好學，據說他每當經過有十家以上的村邑，就進邑求教，聽到有益的話就拜謝。

帝堯時，中原洪水為災，百姓愁苦不堪。鯀受命治水，用了九年時間，洪水未平。舜巡視天下，發現鯀用堵的辦法治水無功，在羽山將其處死。又推舉鯀的兒子禹繼任治水之職，並叮囑他：「你去治水，可一定要抓緊時間啊！」禹接受任務以後，不敢有絲毫懈怠，立即與益和后稷一起，召集諸侯百姓前來服役。他改革治水方法，變堵截為疏導，親自翻山越嶺，蹚河過川，左手拿着準繩，右手拿着規矩，從西向東，一路測度地形的高低，樹立標杆，規劃水道。他帶領治水的民工，走遍九州各地，根據標杆，逢山開山，遇洼築堤，以疏通水道，引洪水入海。禹為了治水，費盡腦筋，不怕勞苦，從來不敢休息。他與塗山氏女名女嬌的新婚四天，就離開嬌妻，重又踏上治水的道路。後來，他路過家門口，聽到妻子生產，兒子呱呱墜地的聲音，都咬着牙沒有進家門。禹說：「人沒有吃的就不能幹活，對老百姓沒有好處的事他們就不願意幹。這些民工之所以勞而無怨，是因為治水對他們有好處。」禹很關心百姓的疾苦。有一次，看見一個人窮得把孩子賣了，禹就用歷山的銅鑄成錢，將孩子贖了回來。見有的百姓沒有吃的，他就讓后稷勻出少得可憐的口糧，接濟百姓。禹自己卻穿着破爛的衣服，吃着粗劣的食物，住着簡陋的席篷，每天親自手持耒鍤，帶頭幹最苦最髒的活。幾年下來，他的腿上和胳膊上的汗毛都磨光了，手掌和腳掌結了厚厚的老繭，軀體乾枯，臉龐黧黑。經過十三年的努力，他們開闢了無數的山，疏浚了無數的河，修築了無數的堤壩，使天下的河川都流向大海，終於治水成功，根除了水患。剛退去洪水的土地過於潮濕，禹讓益發給民眾稻種，教他們種水稻。

在長期的治水過程中，禹走遍天下，對各處的地形疆域、人文戶口、習俗物產，都了如指掌。根據實際情況，禹重新將天下規劃為九個州，並制定了各州的貢物品種。禹規定：黃河從壺口到碣石的周圍地區為冀州，這裏的土壤白色，田地肥沃程度中等，賦稅為上上等，少數為中等。濟水和黃河之間是兗州，土色黑而疏鬆，草木茂盛，宜於桑蠶，田地中下等，開發十三年才可徵賦，貢品為漆、絲和綿綺。東海和泰山之間是青州，土色白而疏鬆，海邊是潮濕的鹽鹼地，田地上下等，賦稅中上等，貢品為鹽、絺和各種海產，泰山出產的絲、麻、鉛、松、怪石，萊夷出產的柞蠶絲，也是貢品。東海、泰山和淮水之間是徐州，土壤赤色且黏，草木逐漸增多，田地上中等，賦稅中中等，貢品是五色土、羽山的雉、嶧山之南的孤桐、泗水邊的浮磬、淮夷的蠙珠和𩵦魚以及黑色的細縞。淮水和大海之間是揚州，土壤濕潤，草長樹高，田地下下等，賦稅下上等，少數中下等，貢品是金銀銅，瑤、琨，竹箭，齒、革、羽、旄，島夷的卉服、貝綿、包橘和柚則不常貢。荊山至衡山一帶是荊州，土壤濕潤，田地下中等，賦稅上下等，貢品是羽、旄、齒、革、金銀銅、杶、栝、栝、柏、礪、砥、石矢、丹、箭竹桿、纏結的青茅，黑色大紅色的絲綬，九江的大龜。荊山和黃河之間是豫州，土地鬆軟，田地中上等，賦稅有上等、有中等，貢品是漆、絲、絺、紵、細綿，玉磬則不常貢。華山以南、黑水以東是梁州，土色青黑，田地下上等，賦稅下中等上下，貢品是璆、鐵、銀、鏤、石矢、磬，熊、羆、狐、貍、織皮。黑水以東、黃河以西是雍州，土壤黃色，田地上上等，賦稅中下等，貢品是璆、琳、琅玕。住在昆侖、析枝、渠庾、西戎的穿毛布衣服的人都來歸附。從此，九州各處都有民居，九州名山都有通道，九州大川都順暢地流淌，九州的沼澤都有陂障，四海之內都會同一致，金、木、水、火、土、穀各種物產正常開發，各處土壤得到墾種，各地進貢地方特產，按三等九類交納賦稅。天子給各諸侯賜予土地和姓氏，大家都敬悅天子，服從天子的政令和教誨。

禹還規定：天子帝畿以外五百里的地區叫甸服，再外五百里叫侯服，再外五百里叫綏服，再外五百里叫要服，最外五百里叫荒服。甸、侯、綏三服，進納不同的物品或負擔不同的勞務。要服，不納物服役，只要求接受管教、遵守法制政令。荒服，則根據其習俗進行管理，不強制推行中朝政教。

由於禹的長期艱苦奮鬥、耐心教誨和行動感召，治水成功了，使中朝的聲譽和政教遍及東到大海、西到流沙、北逾碣石、南過衡山的廣袤大地。在隆重的祭祀儀式上，帝舜將一塊黑色的玉圭賜給禹，以表彰他的功績，並向天地萬民宣告成功和天下大治。不久，又封禹為伯，以夏（今河南禹縣）為其封國。禹在天下的威望達到頂點。萬民稱頌說：「如果沒有禹，我們早就變成魚和鱉了。」帝舜稱讚禹，說：「禹啊禹！你是我的胳膊、大腿、耳朵和眼睛。我想為民造福，你輔佐我。我想觀天象、知日月星辰、作文繡服飾，你諫明我。我想聽六律五聲八音來治亂，宣揚五德，你幫助我。你從來不當面阿諛背後誹謗我。你以自己的真誠、德行和榜樣，使朝中清正無邪。你發揚了我的聖德，功勞太大了！」

當帝舜在位三十三年時，正式將禹推薦給上天，把帝位禪讓給禹。十七年以後，舜在南巡中逝世。三年治喪結束，禹避居陽城，將帝位讓給舜的兒子商均。但天下的諸侯都離開商均去朝見禹。在諸侯的擁戴下，禹正式即天子位，以安邑（今山西夏縣）為都城，國號夏。分封丹朱於唐，分封商均於虞。改定曆日，以建寅之月為正月。又收取天下的銅，鑄成了九尊寶鼎，象徵九州大同，天下一尊。

當了天子的禹更加勤奮地為萬民謀利，誠懇地招攬士人，廣泛地聽取民眾的意見。他說：「我不怕四海之士在路上逗留，只怕他們在門外等我。」他曾經在一餐中間三次放下飯碗，一次洗頭中間三次提起濕髮，隨時接見來訪的士人、申冤的民眾或處理緊急政務。有一次，他出門看見一個罪人，竟下車問候並哭了起來。隨從說：「罪人幹了壞事，您何必可憐他！」帝禹說：「堯舜的時候，人們都和堯舜同心同德。現在我當天子，人心卻各不相同，我怎能不痛心？」儀狄造了些酒，帝禹喝了以後感到味道很醇美，就給儀狄下命令，要他停止造酒，說：「後代一定會有因為酒而亡國的。」

禹繼帝位不久，就推舉皋陶當繼承人，並讓他全權處理政務。在皋陶不幸逝世以後又推舉皋陶的兒子為繼承人，負責政務。

帝禹在位第十年南巡。過江時，一條黃龍游來，拱起大船，船上的人很害怕。帝禹仰天歎息道：「我受命於天。活着靠上天的佐助，死了要回到天上去。你們何必為這一條龍擔憂？」龍聽到這一席話，搖搖尾巴，低下頭就不見了。帝禹到塗山，在那裏大會天下諸侯，獻上玉帛前來朝見的諸侯竟達萬名之眾。

帝禹在位十五年後逝世，葬於會稽（今浙江紹興），終年一百歲。臨逝世前，將帝位傳給伯益。由於伯益施政時間短，威望不足，諸侯們都離開伯益，去朝見啟，說：「我們的君主是帝禹的兒子啟。」

啟於是繼天子位，為夏王。從此，夏王的位置，都是傳給兒子或弟弟，歷史上把這種情況稱為「家天下」。夏朝從禹開始，傳了十四代、十七個王，經過了四百多年，最後被商湯所滅。

評：夏禹是婦孺皆知的歷史人物。人們崇敬他，是因為他為了給天下人解除水災的威脅，全心全意，忘卻自我，竟三過家門而不入。人們懷念他，是因為他儘管貴為天子，還保持本色，親近民眾，為民謀利。作為最後一位傳説時代的領袖人物，禹的事跡有一些誇張的成分，但他的那些優秀品德，無疑是專制制度下人們理想君主的典範。

【傳記 第七】

商湯 伊尹

商湯，子姓，名履，又名天乙，世稱成湯，號武王，商王朝的建立者。他的十四世祖是帝嚳的庶子契。相傳，帝嚳的次妃簡狄和另外二人在河裏洗澡，看見一隻大燕子在河邊下了一隻蛋，簡狄搶來就吞了下去，因此懷孕生下了契。契佐助禹治水有功，分封於商（今陝西商洛一帶），賜姓為子。契是殷商的始祖，所以史稱契為「殷契」。契以後，殷人曾七次遷徙，到湯的時候，定居於亳（河南偃師一帶）。

伊尹，名摯，是有莘氏女在桑樹林裏拾到的棄兒，因其養母住在伊水邊上，所以以水為氏。伊尹身材矮小，面龐黝黑，鬚髯繁密，聲音低沉，但足智多謀，聰明異常，志向遠大。當時，夏王桀暴虐殘忍，濫用民力，奢侈無度，田地荒蕪，民不堪命。伊尹看出夏朝氣數已盡，有心輔佐商湯，成就大事，救民於水火。但他卻沒有機會接近商湯，於是就以自己高超的烹調手藝，給商湯的愛妃有莘氏當陪嫁奴隸。伊尹做的湯菜味道鮮美，商湯十分愛吃。伊尹對商湯說：「還有味道更好的菜。」商湯要他做來。伊尹說：「你的國家太小了，那些原料找不到。只有當了天子，才能嘗遍天下美味。」商湯看出他並非等閒之輩，馬上向他請教成就王業的方法。伊尹說：「天子不可強為，必須先要知道天道。天道在人，只要自己成就聖德，就能當上天子。當上天子，天下的美味就會任你品嘗。」商湯十分高興，恨與伊尹相見太晚，當即任命伊尹擔任阿衡，主持國政。

商湯作為夏朝的一方諸侯，有征伐不服政令諸侯的特權。鄰近的葛（今河南郾城北）伯行為放肆，不祭祀上天。湯派人去詢問原因，葛伯回答：「沒有祭祀用的犧牲和粢盛。」湯就讓人送去了牛羊，又讓一些亳人帶了口糧，去幫助葛人種地，葛伯竟將這些人殺死，搶走他們的口糧。商湯說：「我曾經說過，人在水面上可以照出自己的臉面，一個國家看其民眾就可以知道治理得如何。」伊尹說：「太英明了！能夠聽進不同意見，君道就有長進。當好國君，管好國民，全在於王朝大臣進善。要努力啊！」商湯說：「葛伯不敬奉天道，我要嚴厲地懲處他。」於是，商湯出兵，一舉滅了葛國。

為了探聽夏朝的情況，商湯以獻賢為名，將伊尹送給夏王。夏桀並不任用伊尹，卻讓他和羣臣一起喝酒。大臣們喝醉酒，藉着酒勁，唱起心中鬱積已久的歌：「江水那麼浩瀚，船兒卻破爛不堪。我們的君王不行了，我們到哪裏去呢？到哪裏去呢？亳也算是大國吧！」伊尹和唱道：「好啊，好啊！四匹駿馬多麼矯健，六根繮繩多麼粗壯！清醒了，就比較吧，天命是不可抗拒的！離開暴君，去歸附聖主，那是多麼快樂呀！」伊尹當即趕回商都，從北門進城，就遇見逃來的夏朝賢臣女鳩和女房。伊尹進宮告訴商湯：「夏桀被妺喜迷惑，被諛臣包圍，殘殺忠臣，國內上下離心，都說，上天不可憐我們，夏朝就要亡了。」不久，夏臣關龍逢拿了黃圖進諫夏桀，說：「古代的君主都愛民節用，所以立國長久。如今大王奢侈無度，殺人無數，馬上就要亡國了。」夏桀說：「你又在胡說八道！我有人民，就像天上有太陽一樣。太陽能滅亡嗎？要是太陽滅亡，我才會滅亡。」說完，就燒了黃圖，處死了關龍逢，人們更加痛恨夏桀了。商湯聽到關龍逢冤死的消息，派人前去弔唁。夏桀很生氣，召來商湯，把他囚禁於夏臺，一年後才放了他。

商湯回亳地以後，滅夏的決心更大了。他與伊尹經常分析情況，商量對策，注意德行的提高，更關心民眾的生活和生產的發展，實力日益壯大。有一次，商湯外出，在野外見到有人張開捕禽獸的大網，並禱告道：「但願天下四方的禽獸都進我的網。」商湯笑了，說：「嘿！你這樣不是把天下的禽獸都捕盡了嗎？」於是幫這人將大網解開三面，只留一面，並禱告道：「想往左的往左，想往右的往右，只有不聽話的，進我的網吧！」這件事很快傳了出去，諸侯們感歎道：「商湯連禽獸都關心，他的德行太高尚了！」三十六國諸侯都來歸附商湯。

經過長期的準備，商湯感到力量已經不小，就想出兵討伐夏桀。伊尹建議商湯暫停給夏桀進貢，看他如何動作。夏桀果然非常氣憤，徵調九夷的兵力，要來伐商。伊尹當即對商湯說：「夏桀還能調動九夷的軍隊，我們討伐他的時機還不成熟。」於是商湯重又向夏桀進獻貢物。夏桀更殘暴了，太史終古拿了史書和法物，哭着向夏桀進諫，夏桀仍然不聽。終古見夏已無可救藥，只得逃到亳。商湯向諸侯們正式發佈文告，宣稱：「夏桀無道，暴虐其民，窮其父兄，棄其忠良，連他保管法物的太史也逃到我商國來了。」於是再一次停止給夏朝進貢。夏桀又一次徵調九夷軍隊，卻沒有軍隊前來。伊尹高興地說：「可以了。」

當時，昆吾（今河南濮陽東）聯合韋（今河南滑縣）、顧（今河南范縣）二國，依仗夏桀的支持，為亂天下。商湯以平亂為號召，徵調諸侯的軍隊在景亳集中。商湯親自手持黃鉞，伊尹隨侍其後，大軍所到之處，民眾歡呼擁戴，很快就將三國平定。隨後，又踏上了伐夏的征程。商湯向從征將士發表誓師辭道：「大家對夏桀的罪行早已忍無可忍，民謠說：『這當今的太陽什麼時候完蛋呢？我們情願與他同歸於盡。』夏朝的德行已經完全喪失，我們必須去執行上天對他的懲罰！」

商湯以費昌擔任自己兵車的馭手，身先士卒，與夏桀的軍隊在鳴條（今山西運城安邑鎮北）會戰。夏軍大敗，夏桀對人說：「我真後悔當初在夏臺沒有殺掉商湯，落得今天的下場。」夏桀逃到三朡（今山東定陶），繼續負隅頑抗。商湯揮師追來，滅了三朡，將夏桀流放南巢（今安徽巢縣西南）而死。並用收繳的三朡的寶玉，由義伯和仲伯製成國之寶器。

伊尹將滅夏的消息遍告天下諸侯。諸侯們全都趕來三朡，向商湯祝賀，一致擁戴商湯為王。商湯不敢登天子寶座，說：「我怕後人以我為口實，以臣伐君，用武力奪取天下。」大臣仲虺作誥，論證商湯是以有道伐無道，受到百姓的廣泛擁護，是合乎天道的一次革命。只要商湯堅持為民謀利，以仁義治國，一定能夠永保江山。

商湯終於正式登上天子寶座，建立商朝，自稱武王。改定曆法，以建丑之月為正月，服色以白為上，任命伊尹和仲虺為國相。回到亳城以後，就向諸侯們發佈文告，說：「你們一定要以大禹、皋陶和后稷為榜樣，努力於國事，給民眾謀福利。否則，不要怪我不客氣。」又對伊尹說：「我總以為諸侯們從老遠來進貢方物太艱難。你是不是可以制定制度，讓他們用當地的土產，以不大的花費來進貢？」伊尹於是在都城附近開闢了苑囿，裏面放養了許多珍禽異獸，以便用作祭祀時的犧牲，減輕了諸侯進貢的負擔。商湯還精簡軍隊，對留下的軍隊進行駕車射箭的訓練，以防備突然事變的發生。有的窮人沒有吃的，商湯下令，將莊山的銅開採出來，鑄成錢，買糧賑濟。建國七年，中原大旱，太史氏說：「要用活人祭祀。」商湯說：「祈雨是為了民眾。如果要用人祭祀，就讓我來吧！」於是，商湯吃齋、剪髮、剪去指甲，乘上白馬拉的素車，來到桑林之社，手持三足鼎，向山川之神祈禱道：「不要因為我一個人的過失，降災於天下萬民。」並自責說：「我的政治還不開明，我為民眾興利不多，我的宮室還嫌大了，我的妻室穿得太好了，我收過別人的財禮，我的跟前還有讒人。」話還沒有說完，方圓幾千里內，下起了大雨，旱象解除。商湯又讓伊尹製作新樂，以陶冶人心，讓人們聽到宮聲就更加溫良寬厚，聽到商聲就更加方廉好義，聽到角聲就更加仁愛而有惻隱之心，聽到徵聲就更加孝順好施，聽到羽聲就更加恭謹好禮。

商湯登帝位十三年後逝世，終年一百歲，葬於亳城東郭。太子太丁未立而卒，於是立太丁的弟弟外丙為商王，稱帝外丙。三年後，帝外丙逝世，外丙的弟弟中壬繼為商王，稱帝中壬。帝中壬即位四年逝世，伊尹於是立太丁的嫡長子太甲為商王，稱帝太甲。伊尹專門作《伊訓》、《肆命》、《徂后》等文，教育帝太甲要以商湯為榜樣，當個好帝王。但是，帝太甲辜負了阿衡伊尹的厚望，不按商湯的法度治民，暴虐亂德。三年以後，伊尹將帝太甲放逐到桐宮，親自攝政，接受諸侯的朝拜。帝太甲在桐宮住了三年，悔過自責，改惡從善。這年的十二月一日，伊尹帶了冕服，親自去將帝太甲接了回來，把政權交給他，作《太甲訓》三篇，教訓他，然後自己告老還鄉。帝太甲從此發揚商湯的聖德，勤儉愛民，諸侯歸附，社會安寧。逝世後，廟號太宗。其子沃丁繼位。沃丁八年，伊尹在家鄉以百餘歲高齡逝世，沃丁下令，將伊尹的靈柩運來都城亳，以天子的禮節，隆重安葬在商湯墓冢的西邊，並親自以太牢大禮奠祭伊尹的亡靈。

評：古代將帝王說成天子，意謂他是上天派來统治人間的，因而他無論多麼壞，臣民也只能忍受，不能反抗，更不可奪權。商湯是第一位用武力奪得天子之位的諸侯。雖然，儒家為商湯的奪權尋找了許多冠冕堂皇的理由，並且以虛無飄緲的所謂「天命」予以解釋，但它給後人的啟示是，只要在位天子太壞，就可以反抗他，奪他的位子。這在歷史上產生了極為重要的影響，可以看作是政權觀上的第一次解放。從此，天子絕對聖明的迷信被衝擊，改朝換代成了古老中國社會蕩滌其肢體污垢、獲得新的前進動力的最佳手段。後人將商湯看成聖君，將伊尹看成賢相，最重要的理由，是他倆的合作，開創了一個生氣勃勃的新王朝。而不好明言的，當是因為他倆成功地滅了舊天子，開此風氣之先。

【傳記 第八】

盤庚

盤庚是商朝第十九位天子。他的父親是商王祖丁。長兄帝陽甲逝世後，盤庚以弟繼兄繼承了王位。

商王朝由成湯創立，其後，一直到第九位天子太戊，是王朝鞏固和發展的時期。從第十位天子中丁開始，王室出現混亂。其後五代九王，多次發生廢除嫡子而另立弟弟或庶子，以及弟弟、兒子爭奪王位的權力鬥爭，並且多次遷都。先是帝中丁遷都於囂（今河南滎陽北敖山南），繼而是帝河亶甲遷都於相（今河南內黃東南），然後是帝祖乙遷都於邢（今河南溫縣東）。「九世之亂」造成了嚴重的社會問題。國力衰敗，諸侯不朝，各種矛盾交錯，危機四伏。帝都邢邑，南臨黃河，背依大山，土地有限，且多鹼鹵，又屢遭水災的威脅。由於為都年久，王室宮觀越建越多，高大奢侈，佔地甚廣。豪富之家也爭相攀比，生活腐化，室宇櫛次鱗比，侵奪民居。小民耕地太少，生活艱難，居室狹隘，怨聲載道。都城的不當，已成為王朝發展的嚴重障礙。

還在帝陽甲時，盤庚作為大臣，面對錯綜複雜的社會問題，就提出過遷都的設想；他繼位以後，更決心以遷都為契機，挽救王朝的政治危機，使社會重新走上發展的軌道。他選定殷邑（今河南安陽小屯村）作為新都，但無論貴族還是平民都反對遷都，紛紛對盤庚表示強烈的不滿。貴族反對，是因為以遷都為前導的政治改革，必將影響他們的既得利益；平民反對，是擔心遷都要砸爛鐔鐔罐罐，安土重遷的思想在作怪。

面對人們的非難，盤庚進行了艱苦耐心的說服動員。他將民眾召來王庭，對他們說：「以前，我們的先王由於舊都狹隘，為了民眾的利益，曾多次遷都。每次遷都，都要進行占卜，卦兆為吉，方才動遷，可見天命如此，可遷則遷，不能總是住在一個地方。遷都是為了避害趨利，有益於大家。大家住得那麼擁擠，還常常受洪水的威脅，難以生存。這就好像一棵倒了的大樹，要使它重現生機，必須培土澆水，讓它發出新芽。遷都就是學習先王，救民苦難，使王朝重新煥發青春的好辦法。古代賢人遲任說過：『人是舊的好，器物是新的好。』你們一向都遵守法度、聽從王命，現在再別糊塗了。」盤庚知道，民眾的不滿有公卿在背後支持。於是，他將王朝公卿大臣召來訓話，說：「當年，你們的先人追隨先王，同心同德，為王朝建立了功勛。如今，你們中間有的人不去和諭百姓，反而胡言亂語，蠱惑人心，簡直是在玩火。要知道，火燒得再旺都可以撲滅，而人若自取滅亡，則無可挽救。就好像農民種地必須遵循節令一般，王朝的公卿也必須愛民積德，一心發揚王朝的聖德。你們現在不顧王朝的長遠利益，只看着眼前的蠅頭小利，就不服從我的命令。我可要警告你們，一定要永遠聽我的話，別再胡說八道，否則，我將嚴懲不貸！你們能不能保住自身和子孫的富貴榮祿，就看遷都中的態度了。」這軟硬兼施的一席話，使多數公卿轉變立場，自願或不自願地站到支持遷都的一邊。

經過一年的準備，盤庚終於在其繼位第十四年，率領國人將都城遷到殷邑。在新建的王庭，盤庚專門召來那些曾經反對遷都的公卿，向他們指出：「你們以前責備我不該興師動眾，遷徙國都，現在的事實證明，遷都是除去舊都凶德，立善功於國的嘉績。我要你們放心，絕不追究你們反對遷都的罪責。從今以後，希望你們一心一意事君為民，增進德行，建功立業，不許貪贓枉法。我只任用那些不貪財貨、為利於國、為善於民的人。」此後，盤庚全力推行商湯的政治措施，革除奢侈惡習，關心百姓，使局勢逐漸穩定，社會安定，經濟和文化發展，王朝復興，天下諸侯重又來朝。

盤庚在位二十八年逝世。

評：盤庚遷殷，是商朝歷史上的一件大事。在此以後的二百七十三年間，作為都城的殷邑一直是全國政治、經濟和文化的中心，而沒有再遷徙。所以，史書上將遷殷以後的商朝稱為殷朝。一項措施能數百年不變，說明了盤庚的決策是正確的。在貴族公卿甚至平民都反對的情況下，盤庚能排除干擾，耐心教育，實施遷都，不愧是一位有魄力、有主見的中興之主。

【傳記　第九】

武丁　傅說

武丁，廟號高宗，商朝第二十二位天子。帝小乙之子、帝盤庚的姪子。武丁從小在鄉間長大，對社會的實情、民眾的疾苦和稼穡的艱難有所了解。做太子後，以賢人甘盤為師，不僅學到了知識，還懂得了為人不管多麼尊貴都要謹慎收斂、注意德行的道理。

傅說本是一個夯築奴隸。當時的傅巖（今山西平陸東）是交通要衝，道路卻常被澗水沖垮，傅說就是在這裏用木板圍邊以土夯補路面的奴隸。後來，他被武丁提拔為國相，輔佐其改革政治，取得成功，人稱賢相。

商朝自盤庚遷殷以後，政治、經濟、文化都有所發展，但社會仍然存在深刻的矛盾。武丁繼位後，以甘盤為冢宰，希望他能輔佐自己，改革政治，復興王朝。但甘盤年事已高，精力有限，魄力不足，只是一位守成之相，武丁很想得到一位理想的大臣，卻未能如願。於是，他將政事全部交給甘盤處理，自己不發一言，只是到全國巡遊，以觀民風，訪賢人。大臣們上書勸諫道：「天子是國家的主宰，百官要按照大王的指令執行。現在大王不說話，叫我們怎麼去做？」武丁答道：「我覺得自己德行還不足，所以不敢要求天下人照我的話去做。還是讓我訪察民風，培養德行。國家的事，就由你們處理吧！」

武丁不拘一格，與各種人廣泛接觸，尋覓人才。最後終於在傅巖見到傅說，經過深入交談，大喜過望，決定聘以重任。傅說作為奴隸，沒有姓氏，武丁就以其居地賜姓傅。據說，連傅說的名「說」，也是武丁起的。「說」就是喜悅，表達了武丁覺得這位賢人能使天下人喜悅的意思。但是，在等級森嚴的商代，世卿世祿，要把一個奴隸從最下層提到萬人之上一人之下的位置，簡直比登天還難。武丁知道人們迷信天意，因而設計了一個巧妙的主意。這天早晨起牀，他破例上殿，接受羣臣朝見。對羣臣說：「我夜裏做了一個夢，夢見上帝給我送來一位賢良的輔佐，名為說，幫助我管理國家。」說完，就讓大臣們一個個走上前來，看誰是上帝派來的輔相，卻都不是。武丁於是讓畫師將他夢見的人畫成多幅畫像，派使者到民間廣為搜尋。使者在傅巖找到奴隸傅說，用傳車送到京城殷邑。武丁立即接見，仔細端詳以後說：「他就是我夢中見到的上帝派來的聖人！」羣臣見此，一齊跪拜在地，山呼：「萬歲！」恭賀大王喜得聖賢。

武丁當即任命傅說為國相，在自己左右，輔佐國政。武丁對傅說說：「你要統領百官，隨時向我提出諫言，來發展我的聖德。我好像是銅刀，你就是磨石；我好像過河的人，你就是渡船；我好像遇到大旱，你就是及時雨。你一定要像藥石一樣，開啟我的心扉，澆灌我的心田，使我永遠清醒。我要遵循先王之道，使萬民安康幸福。」傅說與同僚一起，以王朝治亂為己任，以歷史興亡為借鑑，官不及私，用人唯能唯賢，每實行一項新措施都要看是否與民有利，每採取一個新行動都要進行充分的準備，終於使王朝大治，國力發展到極盛。

有一次，武丁到宗廟祭祀成湯。第二天，有一隻野雞飛來，站在大祭鼎的鼎耳上鳴叫。武丁不知是什麼兆頭，感到很害怕。大臣祖己說：「大王不必憂慮，先要處理好政事，災禍自然會消除。大王的使命是治民，這就要敬慎民事，祭祀也要兼顧遠處的神靈。」武丁於是進一步修政行德，愛撫萬民，經過三年，不僅萬民擁戴，連極遠地方的六個民族，也靠着翻譯，前來朝貢。

當時，在黃土高原上有土方、𢀛方、芍方、鬼方等遊牧部落，經常侵擾商朝西部的小國和邊邑。武丁多次出兵，平定了鬼方，打擊了其他幾個部落，並且在西北建立了一些軍事據點，保證了西部邊境地區民眾生產和生命的安全。武丁還曾經大規模地對荊楚地區用兵，使商王朝的統治擴展到湘贛一帶。

武丁在位五十九年逝世。由於他使殷道復興，功德高尚，因此後人為他建廟祭祀，廟號高宗。傳說死後，葬於其故鄉、今山西平陸縣中條山南的馬跑泉上。

評：武丁和傅說是根植於民眾之中的聖君賢臣，他們的經歷和出身，使他倆具有一般君臣所缺少的品格。武丁要求傅說隨時進諫，傅說則把使君王保持清醒的頭腦當成自己的責任。

至於野雞在鼎耳上鳴叫的故事，其實還是隱喻君主耳不明，必須更多地聽取各方面的意見和要求。偽《尚書·說命上》中有一句傅說的話，說：「后從諫則聖。」看來，早在三千多年前，我們的先人已經總結出，保持政治清明的根本方法，在於最高統治者能虛心納諫。當然，這種認識在今天看來是太落後了，但在古代，這卻是非常寶貴的。

【傳記 第十】

殷紂王

殷紂王，亦稱帝辛，商王朝的末代天子。他的父親帝乙有三個兒子，長子微子啟，次子仲衍，幼子辛。三人皆同母所生，但該母本為嬪，立為正妃以後生辛，因此稱辛為嫡子。辛幼時，帝乙和正妃都想立賢哲的微子啟為太子，太史聞訊後，據宗法加以反對，說：「正妃有嫡子，就不能立嬪的兒子。」於是以辛為太子。

太子辛身材高大壯實，長相俊美，聰明過人，許多事一學就會、一看就懂，多才多藝，主意很多，巧言善辯。他力氣特大，曾經徒手與猛獸格鬥，將九頭牛拖着往後走。有一次，宮室的一根柱子壞了，他竟用手托着屋樑，讓人將壞柱子換掉了。

商王朝從第二十四位天子祖甲開始，逐漸出現衰敗的景象。此後，王權與貴族勢力的鬥爭日益激烈，貴族與奴隸的矛盾也不斷發展，統治危機日益加深。紂王自恃聰明，看不起羣臣，更以為天下人都不如自己，文過飾非，剛愎自用，淫虐無比。他嫌竹筷子不好，讓玉工做象牙筷子。他的叔父箕子從這件小事就看出他不好的苗頭，說：「他現在做象牙筷子，隨後肯定要做玉的杯子。有了象筷、玉杯，也就不會用陶土的粗簋盛普通的飯菜食用，不會穿短衣褐衫，不會住茅草矮房。他奢侈無度，國內的產品不能滿足，一定會到遠方去尋求珍奇寶物，從此將一發不可收拾。」果然，紂一繼位，就將殷都擴大到沫邑，稱為朝歌。建百里王宮，大修殿室臺觀、離宮別館。紂王征討有蘇氏，有蘇氏將其女兒妲己獻出。妲己長得太美了，紂王被她的姿色所迷，對她言聽計從。為了討妲己喜歡，紂讓樂師涓創作新的靡靡之音和名為「北里」的舞蹈，還在朝歌城裏，用七年時間建成了一座周三里、高千尺的臺觀，以玉石為門，瓊玉為室，取名鹿臺。並加徵賦稅，搜刮了無數的錢財放在鹿臺上。又修建了一座巨大的糧倉，名鉅橋，倉裏裝滿了搜刮來的糧食。還四處羅致珍奇寶物和名貴狗、馬，養滿了宮室。又擴大王室園囿沙丘，弄了許多飛禽走獸放在裏面，用活人餵養猛獸。紂王將沙丘中的一些宮殿佈置成市場，稱九市；在一座宮室裏掛了好多片豬羊肉，稱肉林；修了一個其大無比、可以行船的池子，裏面裝滿酒，稱酒池；用酒糟堆成一座座高大的山丘，稱糟丘。紂王、妲己和一些貴族朝臣，以一百二十天算作一夜，在那裏發狂地戲耍喝酒，叫作長夜之飲。無數男男女女脫光衣服在肉林中追逐打鬧。三千人一批，趴在酒池邊，像牛一樣到池裏喝酒。喝醉酒的人，有的趕着馬車繞着糟丘狂奔，有的騎在馬上燒肉吃，有的甚至用繩子拴住宮奴的脖子拖到酒池裏淹死。紂王醉生夢死，連日子都不知道了。問陪着玩的親貴，也說不上。又問箕子。箕子歎息，想道：「一個國家沒有了日子，天下也就危險了。你們都不知道日子，只有我知道，我也就危險了。」於是也裝着酒醉，說：「不知道！」

紂王等人奢侈糜爛的生活，耗費了無數的錢財，民眾無法忍受其沉重的剝削，紛紛造反或逃亡。一些諸侯國君因其政治腐敗而開始反叛。連朝中大臣貴族也怨聲載道，為王朝的前途擔憂。面對嚴重的政治危機，紂王不是改邪歸正，反而認為是刑威不夠，決定實行嚴刑酷法。紂王先是製造了熨斗，點了炭火去燙人。後來乾脆造了一個銅柱子，在上邊塗滿油，放在燒紅的炭火上，讓受刑的人在銅柱上走。看着人從滾燙油光的銅柱上滑下來，掉進炭火中，掙扎嚎叫，直至烤焦，紂王和妲己高興得手舞足蹈，稱這是炮烙之刑。當時，西伯昌、九侯和鄂侯是王朝的三公，九侯的女兒十分漂亮，被獻給紂王。這位女子很賢惠，看不慣宮中淫穢的生活，紂王竟將她殺死，並且連累其父，把九侯也剁成肉泥。鄂侯爭辯了幾句，紂王把鄂侯也殺了，將他的肉割成一條一條的，做成肉脯。西伯昌聽說此事，歎了一口氣。崇侯虎將此事密告紂王，紂王把西伯昌囚禁於羑里，提拔一貫阿諛奉承的費仲主持朝政。費仲貪贓好賄，民眾不服。紂王又改以惡來主持朝政。惡來最愛以讒言毀謗別人，一旦大權在手，人們更難逃避災禍了。因此，諸侯們更加疏遠紂王。

周人獻出美女、名馬和珍寶，將西伯昌贖出。西伯昌回國後，表面上耽於玩樂，暗地裏修德行善，力量逐漸強大，不少諸侯背叛商紂歸附西伯。王子比干見商王朝危機日益加重，勸諫紂王，紂王不聽。大臣祖伊告訴紂王，天下百姓都盼望大王完蛋。紂王自信地說：「我能活多久，自有天命。」祖伊見紂王不可勸諫，也反叛了。

紂王更加淫亂昏庸，微子啟多次勸諫不聽，歎息：「如今殷朝要滅亡了，就好像在汪洋大水中，沒有岸，也沒有渡船。」他想自殺，又想逃跑，拿不定主意，就與太師疵和少師彊商量。兩人回答說：「如果死能夠安定社稷有利國家，那麼死也無憾；如果死不能夠安定社稷有利國家，不如逃亡。」微子於是逃走了。箕子向紂王進諫，紂王不聽。王子比干以死強諫，紂王憤怒地說：「我聽說聖人的心臟有七個洞，今天我就要看一下。」活活地剖開比干的胸膛，取出心臟。箕子害怕了。有人勸他說：「還是逃吧！」箕子回答：「明明知道勸諫沒有用還要說，是不明智；以自己的死去彰揚君王的過失，是不忠；作為大臣去討好民眾，我又不忍心。」於是散開頭髮，撕破衣服，裝成瘋子，給人去當奴隸，只是有時彈琴來抒發內心的憂傷。就這樣，紂王還是把箕子囚禁了起來。不久，太師疵和少師彊帶了祭器逃到周。

這時，西伯昌已經在四十餘個諸侯擁戴下稱王七年後去世，他的兒子武王發在諸侯們的支持下，帶兵討伐殘暴的殷紂王。兩軍在牧野會戰，商朝的軍隊大敗，紂王逃到鹿臺，穿上他的寶琰玉衣，跳進大火裏自焚而死。

評：商朝從成湯建國，綿延十七世三十君五百餘年，終於在紂王時滅亡了。本來，從祖甲開始，王朝就逐漸衰敗；紂王的淫逸殘暴則加速了這一進程，使王朝迅速走到了盡頭。一個那麼聰明、那麼有力、那麼儀表堂堂的天子，竟成為亡國之君，教訓是相當深刻的。

【傳記 第十一】

伯夷 叔齊

伯夷名允，字公信；叔齊名智，字公達，二人是商、周之際孤竹國（今河北盧龍南）國君的兒子。

原來，大禹登上帝位，分封炎帝的後代於紹列山，稱為默胎氏。成湯建商元年三月丙寅日，將默胎的一支後裔析封於孤竹，成為一個小諸侯國。商朝後期，孤竹國君名初，字子朝，有三個兒子，伯夷為長，憑為次，叔齊最小。初臨死前，叮囑以他最喜愛的小兒子叔齊繼任國君。父親逝世後，叔齊卻要將國君的位置讓給大哥。伯夷說：「父親的話不能違背。」於是逃走了。叔齊堅決不肯當國君，隨後也逃走了。國人沒有辦法，只好將國君的二兒子憑立為新國君。

當時，殷紂王殘暴無道，而西伯昌有遵老愛幼、仁德慈愛的美名，伯夷、叔齊想自己年紀大了，總要有個安身立命之地，於是互相攙扶着向西跋涉，去投靠西伯昌。可惜，當他倆趕到周人聚居的岐山之南時，周文王已經逝世。兒子武王發正集結了部隊，隊前用專車放着木頭牌位，寫着「先考文王之位」，準備向東開拔，去消滅殷紂王。伯夷、叔齊拉住武王戰車驅馬的韁繩，磕頭勸阻道：「父親逝世了不好好安葬，卻拿了兵器去打仗，這難道叫作孝順嗎？作為一個臣子，卻去攻殺自己的君王，這難道叫作仁義嗎？」武王的手下人想要殺掉他倆，被呂尚攔住了，說：「這是仁人啊！」命人扶着他倆讓開了路。

武王滅了殷商，天下諸侯都擁戴周武王為天子。伯夷、叔齊說：「我們聽說古代的士人，在社會安定時不逃避自己的責任，在社會混亂時不苟且偷生。如今天下大亂，周人用暴力奪得天子之位，我們不能迎合他，玷污了我們的清白。」感到當周的臣民是莫大的恥辱，決心不吃周人的糧食，就隱居到首陽山（今山西永濟縣境），每天採集一種叫作薇的野豌豆充飢。倆人餓得快死的時候，作了一首詩，詩裏寫道：「登上那個西山（即首陽山）呀，採集一些薇菜。用暴力去替代暴力，竟然不以為非！神農、虞、夏的時代一下子都沒有了，可叫我倆到哪裏去呢？唉，就要死了，命運怎麼這樣衰薄呀！」伯夷、叔齊弟兄就這樣餓死在首陽山上。

評：歷史上很多名人對伯夷、叔齊發表過議論。孔子說：「伯夷、叔齊不記念過去的仇恨，別人對他們的怨恨也就少了。」還說：「他倆要求仁愛並且得到了仁愛，有什麼可怨恨的呢？」司馬遷寫《史記》，將《伯夷傳》作為《列傳》的首篇，並發表了大段的評論，指出：「人們常說，老天最公平，善人有好報。可是，伯夷、叔齊難道不是善人嗎？他倆的命運為什麼這樣悲慘！人世間有多少善人不得善終、惡人卻終身富貴安樂的事呀！我真弄不清楚，如果天道就是這樣，那麼，到底是對的，還是錯的呢？」唐人韓愈寫文章，讚揚伯夷在天下人都認為不對的時候，還堅持自己的主見，特立獨行，是千百年中唯一的聖人。毛澤東批評道：「唐朝的韓愈寫過《伯夷頌》，頌的是一個對自己國家的人民不負責任、開小差逃跑、又反對武王領導的當時的人民解放戰爭、頗有些『民主個人主義』思想的伯夷，那是頌錯了。」真是仁者見仁，智者見智。

伯夷、叔齊的事跡之所以引起這麼多的議論，最根本的在於他們的處世原則很特別，蘊藏有一種精神，就是堅持主見，不為世俗所左右。這種精神很不合時宜，在不同的時候可以產生根本不同的效果。比如他倆「恥食周粟」，說白了就是不與新政權合作，這就要看新政權是正義的還是非正義的。不與非正義的政權合作，當然是應該頌揚的；反之，不與正義的政權合作，則是應該批評的。古人是把伯夷、叔齊作為一種抽象精神的代表，因而不考慮武王伐紂的性質。

【傳記 第十二】

周文王 呂尚

周文王，姬姓，名昌，又稱西伯、岐侯、姬伯，商朝末年的著名諸侯，周武王的父親。周人的始祖是帝嚳正妃姜嫄的兒子棄。棄在帝舜時擔任農師，號稱后稷，教民耕稼有功，分封於邰（今陝西武功西南）。他的後代在夏、商一直是一個重要的方國，並多次北遷。商朝初年，公劉率族人遷到豳（今陝西旬邑西南）。到古公亶父時，又遷到岐山南邊的周原（今陝西岐山縣）定居下來，逐漸發展成一個新興的西部勢力，自稱為周。古公有三個兒子：長子太伯，次子虞仲，幼子季歷。季歷之妻太任生子昌。昌幼時即孝順父母，親愛弟弟，喜好學習，仁義慈善，古公亶父撫摸着孫子的頭，高興地說：「我家將在這個孩子的身上興旺起來。」太伯和虞仲見父親有立小弟季歷以便傳位給昌的意思，就一起躲避到荊蠻之地，而將君位讓給季歷。季歷繼位後，修行道義，發展生產，驅逐夷狄，周力量更為強大，與商發生了矛盾。商王文丁派人將季歷殺死，季歷的兒子昌繼位。

昌號稱西伯，繼承后稷、公劉的事業，遵行古公、季歷的法度，仁慈愛民，敬老愛幼，禮賢下士。為了接待士人，他往往顧不上吃飯，由此聲譽日隆，太顛、閎夭、散宜生、鬻子、辛甲大夫等許多名士都來投奔。鬻子名熊，投周時據說已經九十歲。西伯說：「先生年齡大了。」鬻子回答：「要去捕虎追鹿，我是嫌老了，但是坐着出謀劃策，我還年輕。」姬昌於是將他分封到楚。辛甲本是商朝大臣，多次勸諫紂王不聽，前來投奔。周臣召公與他交談以後，發現他很賢明，就向西伯推薦。西伯親自到賓館去迎接他，將他分封於長子（今山西上黨）。西伯處理政事十分審慎，經常向八位虞官諮詢，與弟弟虢仲、虢叔商量，請閎夭分析，南宮謀劃，蔡原出主意，辛甲提意見，再找召公、畢榮確定。所以，他不僅把周國治理得井然有序，擔任商王朝的三公，也很得人心。

殷紂王殘暴荒淫，連親信大臣也隨意殺戮，西伯為商王朝的前途歎息。崇侯虎密告給紂王，並且說：「西伯積善累德，仁而有謀，諸侯們都很擁護他。他的太子發勇敢而能用人，四兒子旦恭敬儉樸而且善於分析形勢。這些情況對大王你很不利。」紂王於是召來西伯，將他囚禁在羑里。在七年的監獄生活中，西伯曾作歌抒發憤懣的心情，吟道：「商朝政治混亂啊，已經無可救藥。君臣同流合污啊，沒法加以區分。迷亂於音樂美女啊，總是聽信讒言。無比的殘酷暴虐啊，連我都感到慚愧。囚禁我在監牢裏啊，只是由於話語。前來探訪我的諸侯們啊，都是那麼的擔憂。」他在獄中，悉心研究古易，將其演繹成六十四卦和三百八十四爻，人稱《周易》。其他諸侯對西伯被囚極為同情，勸說紂王無果，紛紛帶了臥具到獄中陪西伯坐牢。

周臣散宜生、閎夭為了營救西伯，找到了他們熟識的隱士呂尚。呂尚字牙，姜姓，據說是炎帝的後代。關於他如何成為周臣的，有幾種傳說。一種說法是：他學問淵博，曾經在紂王手下做事。紂無道，他就離開紂，向各諸侯游說，但無人聽他的，於是歸附了西伯。另一種說法是：他曾經在朝歌以宰牛為生，也曾在孟津賣飲漿，年老了，用釣魚的辦法來引起西伯的注意。西伯將要出去打獵，貞人為他占卜，說：「你這次打獵得到的將是霸王的輔佐。」西伯出獵，果然在渭水的北邊遇到正在釣魚的呂尚，與他交談，發現他見識非凡，非常興奮地說：「當初我的先君太公曾經說：『一定會有聖人到周地，周將靠他興盛起來。』你就是這位聖人嗎？吾家太公盼望你很久了！」於是稱他為「太公望」，將他帶回來，立為國師。第三種說法，就是由散宜生和閎夭招請他一起謀劃如何營救西伯。呂尚說：「我聽說西伯賢哲，而且喜歡贍養老年人，我當然要去。」他們三人商量以後，求來天下絕色的有莘氏之女，買來驪戎的文馬、有熊的九駟，以及許許多多的珍奇寶物，通過大臣費仲獻給紂王。紂王高興地說：「有這個女人就足夠贖出西伯了。」又開脫道：「是崇侯虎進讒言，我才把西伯關起來的。」於是將西伯昌釋放，還賜給他弓箭和斧鉞，允許他有討伐其他諸侯的權力，並將南方交其管轄，江、漢、汝、潁的諸侯都聽從他的命令。西伯乘機表示，願意獻出洛西的土地，請求王朝廢除炮烙之刑。紂王答應了。

西伯昌回到岐下，表面上修玉門，築靈臺，列侍女，撞鐘鼓，耽於遊樂。紂王聽到消息，說：「西伯改邪歸正，我沒有什麼憂慮了。」暗地裏，西伯昌卻更為積德行善，招徠士人，講究信譽，和悅百姓，在諸侯中聲望更高。諸侯間有矛盾，都找他處理。虞國（今山西平陸東北）和芮國（今山西芮城西）的田土之爭為時已久，兩國君主都到周來評理。入了周境以後，見農人們互讓田埂，行人互相讓道。進了周邑，見男人和女人各走一條路，老人沒有負重挑擔的。上了朝廷，見士人互讓大夫的位置，大夫互讓卿的位置。還沒有見到西伯，虞君和芮君慚愧地說道：「我們爭那一點土地，在周人看來是很可恥的事。我們都是些小人，怎麼好意思去登君子的大殿！」於是倆人馬上返回，商定將有爭議的田土作為閒田，誰也不種。諸侯們聽說這件事，都非常感動，說：「西伯真是一位受命之主呀！」一下子又有三十多個諸侯前來歸附。古人說西伯昌從此接受天命，這一年，他被諸侯擁戴為王，稱周文王。

為了進一步樹立威望、發展勢力，周文王決定對外征討。他首先挫敗了西方的犬戎。第二年問呂尚：「誰可以討伐？」回答是：「密須（今甘肅靈臺）可以討伐。」管叔說：「密須國君強健而且清醒，不能討伐。」呂太公說：「先王都是伐逆不伐順，伐難不伐易。」於是出兵密須，密須人將自己的君主捆綁起來向周人投降。第三年又打敗了黎國（今山西黎城）。殷朝大臣祖伊聽到這些情況，害怕了，告訴紂王。紂王說：「商是有天命的，他能幹什麼！」下一年，討伐了邘國（今河南沁陽）。最後，出兵去討伐商在西方最強的盟邦崇國（今陝西戶縣東）。周文王發佈宣言道：「崇侯虎欺侮父兄，不敬長老，不憐弱小，分財不均，小民受盡剝奪，無衣無食。我現在要討伐他。」在進攻崇國的時候，命令部隊：「不許傷害無辜百姓，不許損壞民房，不許填塞水井，不許砍伐樹木，不許搶掠禽畜。違犯命令的人，決不寬恕！」崇侯堅守國都，被圍三年，沒有投降。周文王退兵回國，修行政教，團結百姓，發展經濟。再來討伐，崇侯終於出壘投降。

周文王有一次出巡，見路邊有一具枯骨，就讓小吏收埋。小吏說：「這是無主的枯骨。」周文王說：「天子是天下的主人，國君是一國的主人，我就是這具枯骨的主人。」於是做了一具棺材，給枯骨穿上衣服，收埋了。天下人聽到這件事，都說：「西伯對枯骨都施以恩德，何況是人呢？」文王問呂太公：「怎麼才能得天下？」呂太公回答說：「王者之國，使人民富裕。霸者之國，使士人富裕。僅存之國，使大夫富裕。無道之國，國庫富裕，這叫作上溢而下漏。」文王說：「你說得太好了。」馬上讓打開倉庫，拿出錢糧賑濟窮人。周國的事業日益興盛，為了便於向東發展，文王將都城遷到豐邑（今陝西灃水西岸）。這時，周的勢力更加擴大，天下的土地已是三分有其二了，但文王表面上還裝着順從商朝，有時也率領那些反叛商的諸侯朝拜紂王。

文王娶有莘氏女大姒為妻。大姒號稱文母，文王治外，文母治內，文王的事業得到賢妻很大的幫助。

遷都豐邑的第二年，文王生了重病，在牀上躺了五天逝世，終年九十七歲。臨死前，對太子發說：「行善不可懈怠，機會來了不可猶豫，改正過錯不可害怕。這三點，是最要緊的。」

以後，呂尚輔佐武王發滅了殷紂王，被分封於齊地的營丘（今山東益都西北）。到齊地後，他打敗了萊夷，安定了地方，然後順應當地的習俗，簡化禮儀，鼓勵商業和手工業的發展，充分利用海濱魚鹽的資源，四方的人民紛紛前來歸附，齊國成為一個大國。

評：在殷紂王暴虐淫逸、喪盡百姓時，西伯昌以仁愛慈善、禮賢下士的面貌出現於西部，很快贏得了人民，獲得諸侯們的擁護，被稱為天下之主，進而對外征討，消滅敵對諸侯，取得華夏大地三分之二的控制權。至此，周人名義上雖仍是商的子民，實際上已基本完成了滅商的準備，奪取天下只是早晚的事情罷了。古人講聖君，言必稱三王。三王之一，就是周文王。周文王事業的成功和仁愛品德，是他贏得崇高讚譽的主要原因。但是，他在韜晦中求生存、求發展的權謀，實際上是他成功的秘密武器。他始終未對殷紂王講一個不字，被紂王釋放以後，也沒有公開扯出反商的大旗，卻在不動聲色之中，挖空了紂王的統治基礎，只等着發動總攻了。至少在他以前還沒有一個政治家，玩權術達到他這樣的水平和境界。周文王是中國權術政治的鼻祖。

【傳記 第十三】

周武王

周武王名發，周王朝的建立者。周文王兒子很多，其中僅文母大姒所生育的就有十人，長子伯邑考，次子發，三子管叔鮮，四子周公旦，五子蔡叔度，六子曹叔振鐸，七子郕叔武，八子霍叔處，九子康叔封，十子聃叔載。十人中，最賢能的是發和旦。他倆隨侍於文王周圍，謀劃征討，功勞甚大。所以文王捨棄伯邑考，立發為太子。

武王發繼位後，以呂尚為師（尊稱為師尚父），周公旦為輔，召公、畢公等人為主要助手，繼續文王未盡的事業。文王逝世，安葬於畢。兩年後，武王在畢進行了隆重的祭祀活動，隨即帶兵向東進發，召集諸侯會師，以便測驗自己的號召力。武王自稱太子發，用專車供奉了文王的牌位，聲言是奉先君的命令向東討伐，表示自己不敢擅作主張。在盟津，武王向全軍宣佈：「大家都要好好聽着！我是個無知的人，只是憑着祖先的聖德，才登上了這個位子。我制定了各種賞罰條例，以督促大家成就大業。」師尚父左手握緊懲罰用的黃銅大鉞，右手拿着白色旄旌，指揮大軍渡河。喊道：「整頓好你們的隊伍，按順序上船過河，延誤者斬！」武王的渡船到河中心時，一條白色的魚跳上該船，武王俯身拾起魚，用來祭河。在黃河邊上，天下竟有八百諸侯前來會師。大家都說：「可以去討伐紂王了。」武王說：「你們還不知道天命，怎麼可以去伐紂呢？」於是班師回豐邑。

武王派人去探聽商朝的消息。探子報告：「現在讒人勝過忠良。」武王說：「還不行。」不久，探子報告：「賢人開始逃亡。」武王說：「還不到時候。」下一次，探子報告：「殷民不敢說話了。」武王高興得笑了。就在這時，殷朝太師疵、少師彊抱着商的祭器和樂器投奔周人，其內史向摯也帶了商的圖冊和法器來周。武王問師尚父：「這些仁者和賢人都逃亡了，商朝可以討伐了吧！」回答是：「先謀劃後行事的人能昌盛，先行事後謀劃的人要敗亡。夏季的樹枝可以編筐，冬季的堅冰可以砸開，但時機卻難得而容易喪失。商朝的混亂已經到了極點，可以行動了。」於是，武王通報天下諸侯道：「殷有重罪，不能不討伐！」武王召集了三百輛戰車，三千名虎賁勇士，四萬五千名全副盔甲的士兵。在正式開拔前，進行占卜。龜甲灼焦了都沒有出現兆紋，蓍草立起來卻折斷了，筮的結果也不吉。突然間，暴風雨來臨，竟將黃蓋吹折，羣臣都很害怕。師尚父說：「乾枯的龜甲和朽敗的蓍草，怎麼能與人相比？」焚燒掉龜甲，丟棄了蓍草，就帶領親兵先行。武王隨後也向東開拔了。

周王受命第十一年十二月戊午日，周軍出潼關，渡過盟津，駐紮於黃河北岸。諸侯趕來助戰的兵車達四千輛。武王於是作《泰誓》，向全軍發佈道：

如今的商王紂只是聽婦人的話，自絕於天意，毀壞天地人三正，遠離自己的親族弟兄，用靡靡之音取代先祖的正樂。他沉湎於淫樂，生活奢侈，宮室臺榭陂池無數，殘暴無比，萬民受難，忠良被害，甚至剖開孕婦的腹部取出嬰兒。天神震怒，命我的父親執行天罰。我的父親沒有來得及完成，遺命於我小子發。各位長期觀察商朝政事，深知紂毫無悔改之心。

敵對雙方如果力量相同，就比較德行；德行相同，就比較仁義。他商王紂雖然有億萬臣民，卻是億萬條心；我雖然只有三千臣民，卻是一條心。商王惡貫滿盈，天命誅之。我如果不順從天命，罪惡就太大了。你們大家都要支持我，使人世間永享太平。

紂王聽到周兵出動的消息，派大臣膠鬲去見武王，問道：「西伯要到哪裏去？」武王回答：「要到殷都去。」膠鬲又問：「哪一天到？」武王說：「甲子日。」

二月甲子日清晨，大軍進至商都郊外的牧野（今河南淇縣南），發佈戰前誓辭。武王左手握着黃銅大鉞，右手拿着白色旄旗揮舞着，說：

真遠啊！我們這些西方來的人。喂！我的各個友邦的君主，各位司徒、司馬、司空，亞旅、師氏，千夫長、百夫長，以及庸、蜀、羌、髳、微、盧、彭、濮的人，舉起你們的大戈，排齊你們的盾牌，豎起你們的長矛，我們一起宣誓。

古人說過：「母雞不能叫鳴，母雞如果叫鳴，這一家就要敗盡。」如今這個商王紂，只聽婦人的話，不再祭祀天地祖宗，不任用同祖的弟兄。信用的都是罪犯和壞人，讓他們當大夫、卿士，去暴虐百姓，為害商邑。

現在，我恭敬地執行上天的懲罰。今天作戰，前進六步七步就停下來，對齊。大家要努力啊！擊刺四次五次六次七次，就停下來，對齊。努力啊大家！在商郊打仗，要像虎、豹一般勇猛，像熊、羆一般有力。不要擊殺投誠的敵人，讓他們為我們西人服務。努力啊大家！你們如果不努力，我可是要殺死你們的。

紂王集結了七十萬軍隊前來拒戰，雙方戰車在牧野擺開。武王派遣師尚父帶領一百名勇士，先行向敵軍發起衝擊。大軍隨即全線出動。紂王的軍隊雖多，卻都不願替暴君賣命，內心無不盼望武王趕快打過來。武王的兵車從中軍衝出，紂王的軍隊馬上倒轉戈矛，擊刺頑抗的商軍，為武王開路。紂王見全軍潰敗，立即掉轉兵車逃跑，登上鹿臺，自焚而死。戰鬥結束，武王手持大白旗指揮諸侯軍隊集合。諸侯們都走上前對武王跪拜，祝賀討伐殘暴天子取得完全勝利，武王也向大家作揖。諸侯大軍勝利進入商都，城中百姓全都到大路兩旁觀看。武王的手下向商民們宣告：「上天降給大家美好！」百姓都朝武王跪拜致禮，武王也向商民答拜。王車馳入鹿臺，來到紂王死的地方。武王親自持弓向紂王屍身連射三箭，下車後又抽出佩戴的輕劍，擊刺紂王，再以黃鉞砍下紂王的頭顱，掛在大白旗的頂端。來到紂王的兩個寵妃的住處，見兩人都已上吊自殺。武王又向二妃屍身各射了三箭，用劍擊刺，用鐵鉞砍下她倆的頭顱，掛到小白旗頂端。

武王回到軍營，並無喜色。他問師尚父：「怎麼對待商朝的士眾呢？」師尚父答道：「喜歡那個人，連那人屋上的烏鴉也喜歡；憎惡那個人，連那人的手下人也憎惡。把他們全部流放，一個也別留下！」武王說：「不行。」召公建議道：「有罪者誅，無罪者免。」武王說：「還不行。」周公發表意見說：「讓他們各自回家，種自家的田地。不管新人還是舊人，只要是仁者都與他親近。」武王說：「善哉！」

第二天，人們早早墊平了大道，整理了社廟和商王宮廷。一百名勇士手擎九旒雲旗，分乘兵車，威風凜凜，從軍營裏出來。叔振鐸奉陳常車，周公旦持大鉞，畢公握小鉞，夾護着武王隨後馳出大營。散宜生、太顛和閎夭都手持利劍，站立在各自的戰車上，前後警衛。到了社廟，武王立於廟南，諸侯、大臣、將領們排列其後，開始了祭祀。毛叔鄭奉上明水，衞康叔擺上祭器，召公奭佐助獻幣，師尚父牽着犧牲。尹佚手捧策書宣讀祝詞：「殷的末代孫子紂，廢棄其先王的聖明之德，侮慢神祇不予祭奠，殘害商國百姓，罪惡彰顯，連天皇上帝也震驚不已。」隨後，武王拜了兩拜叩頭說：「我承擔改朝換代的使命，革除了殷朝的天命，現在正式接受上天賦予的大命。」這樣，武王就正式登上了天子的寶座。然後，武王到成湯廟中朝拜。又來到牧室設奠，追封三代天子的後代，追尊古公為太王，季歷為王季。並改文王受命之十一年為武王元年，以建子之月為正月。

武王踐祚的第三天，師尚父向武王講述《丹書》中的話：「敬畏勝過怠惰的昌盛，怠惰勝過敬畏的滅亡。義氣勝過欲望的成功，欲望勝過義氣的遭殃。以仁愛獲得的，用仁愛保持，能維持百世。以仁愛獲得的，不用仁愛保持，能維持十世。用不仁愛獲得的，用不仁愛保持，必不長久。」武王將這些話，視為治國箴言，書寫於身邊的各個用器上，以便隨時提醒自己。微子啟帶了祭器，用繩子捆住自己，嘴裏銜了玉璧，後邊跟了棺材，到軍營門前投誠。武王親自為他解開繩索，取出玉璧用以祭奠，燒毀棺材，舉行儀式，宣佈恢復微子原來的官職。接着，將殷王畿劃出三分之一，分封給紂王的兒子祿父，以繼續商人祖宗的祭祀。同時任命管叔鮮、蔡叔度擔任祿父的相，監督和幫助他治理殷地。又派召公到獄中將箕子釋放。派畢公釋放所有被囚禁的百姓，並在賢人商容的閭里設置標誌。又派南宮括把鹿臺的錢財、鉅橋的粟米都拿出來，賑濟窮人，將宮室中的女人全部放出去。命南宮括和史佚展示九鼎和保玉（又作「寶玉」）。派閎夭整修比干的墓園。派宗祝到軍營祭祀死者，慰問傷病，犒勞士卒。商民大悅，說：「武王對死了的人都整修墓地，何況活着的人呢！對廢黜的賢人都標誌其閭里，何況留下的人呢！武王對於錢財，已經收在倉庫的都拿出散給窮人，還會再加收賦稅嗎？武王對於女色，已在宮中的都放走了，哪裏還會再搜求呢？」

安定商都以後，武王於四月回到豐邑，首先到周的宗廟祭祀。三天以後，又舉行柴祭，宣告武功大成。給太廟獻上俘虜、奉上斬獲的敵人耳朵。於是大封功臣謀士。以師尚父為首功，封於營丘，稱齊。封弟弟周公旦於曲阜（今山東曲阜），稱魯。封召公奭於燕（今河北易縣）。封弟弟叔鮮於管（今河南鄭州），弟弟叔度於蔡（今河南上蔡）。其他人也都根據功勞大小予以分封。總計分封七十一個諸侯國，其中兄弟之國十五人，同姓之國四十人。周的子孫只要不狂惑的，都得到分封。只有周公旦雖然被封，仍留於豐邑，佐助武王。

武王召集九州的君主，登上豳邑高處，遙望商都。回宮以後，整夜不睡。周公旦來到王所，問道：「為何不睡？」武王回答：「告訴你：上天就是不照顧殷朝，從我尚未出生到現在的六十年中，麋鹿在野外，飛蟲滿田地，災異不斷，才有了我大周的成功。如今並未確定上天對我王位的保佑，怎麼能睡着？」又說：「確定上天的保佑，要依天室。」於是決定在洛地營建新都王城。同時，將馴馬都放到南山上，將牛放到桃林舊墟，將盾牌武器收進倉庫，將士卒遣返回家，向天下人表示不再打仗了。

滅殷二年後，武王生病。當時，天下尚未完全安定，羣臣都很害怕。為了除去不祥，求得吉福，周公親自齋戒祭奠，表示要以自己的生命作為抵押，請求祖宗保佑武王的健康。占卜的結果，是個「吉」字。周公將祈禱辭收藏於金櫃之中。第二天，武王的病果然好了。武王將國都遷到鎬邑（今陝西西安縣西北）。四年以後，武王終於一病不起，與世長辭。

評：武王滅殷，建立了中國古代享國最久、長達八百多年的周王朝。為了鞏固統治，他實行了分封諸侯國的辦法。大部分為同姓諸侯。而異姓國中，最強大的是姜太公所封的齊國。這實際上是一種以姬、姜聯盟為主體的部落殖民制度。在社會還很落後，交通很不發達，民風極為淳樸的當時，這種相對獨立和鬆散的管理制度，是非常有效的。當然，隨着社會的發展，分封制度的消極面逐漸暴露出來，導致了諸侯割據，互相爭戰稱霸的局面。有人因此否定分封制度，這不是歷史唯物主義的正確觀點。因為，一定的上層建築，是在一定的經濟基礎上產生的。經濟基礎發生變化，上層建築必須隨之變化，不能因為後來經濟基礎變化，封國制度不適應，就歸咎於開始創立制度的人。

【傳記 第十四】

周公旦 周成王

周公旦是周文王的第四子，武王的弟弟。因其采邑在周，爵為上公，故稱周公。在文王時，他就很孝順、仁愛，與弟兄們不同。武王繼位後，他是其最主要的助手，在滅紂的過程中起了很大作用。武王論功行賞分封諸侯，將周公封於少昊之墟的曲阜（今山東曲阜），為魯公。周公沒有到封國去，而是留在王朝，輔佐武王，為周安定社會，建立制度，甚至要代武王去死，忠心耿耿。

武王逝世，年僅十幾歲的太子誦繼位，為成王。當時周朝新建，內外多患。周公怕成王年齡太小，諸侯反叛，於是自己以王叔攝政，暫行登上天子之位，主持國家事務。在接受諸侯朝見時，周公不敢在宗廟，而是在門窗之間立一屏風，在上邊畫了斧紋，自己朝南而立，以明堂的禮儀見諸侯。管叔和其他王弟對周公攝政頗多疑慮，他們散佈流言說：「周公將不利於今王。」周公只得坦誠地對太公望和召公奭說：「我之所以不避忌，而攝天子之位的原因，是恐怕天下諸侯反叛周朝，無法向我先王太王、王季、文王交代。三王憂勞天下那麼長的時間，到現在才獲得成功。武王死得早了一些，今王年紀太小，我這樣做是為了繼續我周朝的大業。」終於不顧流言而輔佐成王，讓自己的兒子伯禽到魯國去就封。臨行前，周公告誡伯禽道：「我是文王的兒子、武王的弟弟、今王的叔父，在全天下說來，我的地位已經不算低了。但是，我經常在洗頭的時候多次提起頭髮、在吃飯的時候多次吐出嘴裏的食物，匆忙地去接待士人，還怕失去了天下的賢才。你到了魯國以後，一定要謹慎，不要因為是國君就傲慢待人。」

周公無微不至地關懷年幼的成王。有一次，成王病得厲害，周公很焦急，就剪了自己的指甲沉到大河裏，對河神祈禱說：「今王年輕還不懂事，有什麼錯都是我的。如果要死，就讓我死吧！」將祈禱辭收藏於府中。成王果然病好了。

管叔、蔡叔和武庚終於帶領淮夷（居住於今徐州一帶的少數民族）發動了反叛。周公毅然決定興師東征，並以成王的名義作《大誥》，向天下宣佈以武力滅殷後人的理由。周公經過艱苦征戰，用了三年時間，終於打敗了反叛的三監，誅殺了管叔和武庚，將蔡叔流放，收服了殷的餘民。然後，將武王的幼弟康叔分封於朝歌，統率商朝周圍及殷民七族。並以成王的名義作《酒誥》，告誡康叔，以殷王為戒，不能沉湎於飲酒。又作《梓材》，以製作木器為喻，講述為政之道。同時將紂王的庶兄微子啟封於宋（今河南商丘），管理一部分殷的餘民，以繼續殷的祭祀。戰後，周公花了兩年時間來平定淮夷，努力使東方安寧。這時，分封於晉的唐叔發現了一枝兩個穗的嘉禾，視為祥瑞，獻給成王。成王命唐叔將嘉禾轉送給正在東方的周公，以表彰其安定王朝的功績。

平定東土以後，周公回到鎬京，寫了一首名為《鴟鴞》的詩，以鳥作比喻，說老鴟鴞「恩斯勤斯，鬻子之閔斯！」表明自己對成王關懷和培養的苦心。成王雖然不以為然，但也沒有說什麼。周公攝政七年後，成王已經成人，於是歸政於成王，自己回到大臣的位子。

當年，武王克商以後，將象徵天子權力的九鼎搬到洛邑（今河南洛陽），想建陪都於此，但未來得及實行。成王剛剛親政，對三監的反叛記憶猶新，而且淮夷等東方人仍未完全馴服，為了加強對全國的控制，不能不在中原建立一個政治、軍事基地，於是決定紹述武王的遺願，建都於洛邑。二月，他步行來到豐邑文王、武王之廟，向兩位先王的神靈祭告這一想法，並派遣太保召公先去洛地進行勘測。三月，召公從洛邑回鎬京，報告已經占卜得吉，並規劃好建城郭、郊廟和朝市的位置。周公親自前往洛邑，督察洛邑的營建，並且在郊外用太牢祭祀上天，進行祈禱，說道：「今王年齡雖小，卻是天子，一定能和於小民，成就美業。周臣們也將和睦共事，輔佐周王，獲得太平。我周朝不可不借鑑於夏朝，也不可不借鑑於殷朝，絕不過分地使用民力，也將審慎地施用刑罰，以德行為首，以常保我周朝的天命。」其後，周公再次對建都進行占卜，占卜的結果還是吉，周公說：「這裏居於天下之中，四方進貢的路程均衡。」於是正式決定以洛邑為都城。新建的洛邑南臨洛水，北靠郟山，分大、小二城。小城方一千七百二十丈，是王宮所在，稱王城；大城方七十里，為郭，又稱成周，即成就周道的意思，是居民住宅和軍隊屯守的地方。洛邑建成後，成王親自來到王城，召集天下諸侯和四方夷人君長來此大會，並下令將那些跟隨武庚反叛的殷遺民遷進成周，以便控制。周公以成王的名義對這些人發佈誥令，說明將他們遷移於此的原因，要求他們順從周的管教，安心於各人的職事，順應天命，否則將遭到嚴厲的懲罰！洛邑作為周的東都，駐有八師（每師二千五百人）軍隊，周成王多次駐蹕於此，主持各種重大的活動，成為周王朝控制東方的中心。

從洛邑出發，成王以召公為太保，以周公為太師，親自率大軍向東，去討伐仍不馴服的淮夷，滅了奄國（今山東曲阜附近），將其國君遷到薄姑（今山東博興境）。班師豐邑以後，各種職官制度還不健全，為此周公作《周官》，正式設官分職，用來管理王朝各項事務。又制禮作樂，確定制度。又作《立政》，以任人、准夫、牧作為天地人之三事，希望成王以文王和武王為榜樣，立政愛民，任用賢能，發揚武王的大業，使四方君長全部賓服。周公薦舉康叔為司寇，季載為司空，他們與周公同心輔佐成王，周朝社會得到治理，萬民和睦，天下太平，各種頌歌紛紛興起，連位於北方的息慎也來朝賀，成王讓榮伯作《賄息慎之命》，來記述此事。

後來，有人在成王面前進讒言，說周公的壞話，周公害怕了，就逃到楚地躲避。不久，成王翻閱府庫中收藏的文書，發現在自己生病時周公的禱辭，為周公忠心為國的品質感動得流下了眼淚，立即派人將周公迎請了回來。

周公回周以後，仍忠心耿耿為王朝操勞。他恐怕成王成年以後政事有所懈怠，作《毋逸》對成王進行規勸。文中說：「為人父母的，創業要花費很長的時間，但子孫卻驕傲奢侈，忘記先人創業的艱辛，以至於喪失其家，作為人子能不謹慎嗎！從前殷王中宗為人嚴謹恭順，敬畏天命，以法度治理民眾，小心謹慎，不敢荒廢自安，所以中宗當政長達七十五年。高宗武丁，長期居於民間，辛苦勞作，與庶民朝夕相處。即位以後，遂有三年不言的孝行，服喪結束，他一開口，天下皆喜。他治國時，不敢荒廢自安，致力於安定國家，使老老少少都沒有怨言，所以他當政長達五十五年。至於祖甲，覺得在其兄長祖庚之前立為殷王是不義的，因而逃到民間，長期生活於平民之中，知道平民所依靠的是什麼。為王以後，他能安撫眾民，不侮鰥寡，所以，他當政長達三十三年。」又作《多士》，說：「我周朝多賢士。文王勤勞於國政，往往到了中午還顧不上吃早飯，所以他當政長達五十年。」周公在豐邑生病，臨終之際，遺言說：「一定要將我安葬於成周，以明我不敢離開王。」周公死後，成王心懷謙讓，將周公安葬於畢原，與文王陵在一起，表明他成王不敢以周公為臣。還命令魯君可以參加周王的郊祀祭天，並可以祭祀文王，使魯國也保有天子的禮樂，以褒揚周公的德行。

成王在位第十七年的四月病重，臨死之前，恐怕太子釗不能勝任天子的重任，命令召公和畢公率領諸侯輔佐太子登位，他就是康王。康王繼承文王、武王的事業，勤於政事，平易近民，社會更加安定。古人說，成王和康王時，天下安寧太平，民眾遵守法紀，刑罰幾十年不用，是一個太平盛世。

評：周公輔佐武王、成王，為周王朝的建立和鞏固做出了重大貢獻。特別是他在受成王冤屈以後，仍忠心耿耿，為周王朝的發展嘔心瀝血，直至逝世。他的這種精神，受到以後為政者的高度評價。孔子創立儒家學派，其最高的人格典範，是周公；其最理想的政治，是周初的仁政；其終生倡導的，是周公制定的禮樂制度。所以，他在年老以後哀歎道：「甚矣吾衰也！久矣吾不復夢見周公！」可見周公在古代儒家文化中的位置是多麼崇高！

【傳記 第十五】

周穆王

周穆王名滿，是周昭王的兒子，周朝第五位天子。

西周初的武、成、康三代，政治清明，封建諸侯，是周的黃金時代。但到昭王時，就出現了危機，當時，王道微缺，周昭王貴為天子，南巡漢水時，卻被船夫用特製的膠船暗算，溺死於江中。周穆王繼位時已經五十歲（有人說為「十五歲」之誤），他決心繼承文王、武王的事業，恢復周王朝的威望，從多方面進行了努力。

為了加強王朝的中樞管理，穆王新設太僕一職，作為太御眾僕之長。任命伯冏為太僕正。太御眾僕，是天子左右負責侍奉、匡諫和傳達的官員，責任重大。他們要照料安排天子的出入起居，要對天子勤政與否進行干預，繩愆糾謬，制止其非分之心，而且要溝通上下、發號施令，使政令通暢、民情上達。從一定意義上說，僕臣正，天子就能正；僕臣諛，天子就會自以為是；天子的德行善惡都決定於僕臣。太僕正為中大夫，他要嚴格挑選屬員，對太御眾僕進行管理，要求他們能對天子的道德行為進行規勸，不許他們在天子面前巧言令色、諂媚阿諛，而是要充當耳目，引導天子去行善避邪。太僕正的設立，使國家政治走上了正軌。

其次，他制定了刑律，以加強對臣民的控制。穆王任命呂侯（又作甫侯）為三公，兼任治盜賊的司寇。本來周的刑法十分嚴厲，共有五種，包括用刀刻面的墨刑一千條，割鼻的劓刑一千條，割腳的剕刑五百條，割閉生殖器的宮刑三百條，殺頭的大辟刑二百條。呂侯建議仿照夏禹贖刑之法，減輕刑罰。穆王於是下令減輕五刑，以成剛柔正直之三德。從而公佈《呂刑》，宣佈允許以贖代刑，墨刑罰一百鍰，劓刑罰二百鍰，剕刑罰五百鍰，宮刑罰六百鍰，大辟刑罰一千鍰。要求典獄之官都按法辦事，務求中正，不徇私納賄，對庶民有憐憫之心，施善政於天下。

周穆王所做的最有影響的事是西征犬戎，南攝夷人，對邊遠民族的侵擾進行了積極的防禦，安定了居民，制止了掠奪。

西北地區的犬戎諸部，過去曾向周王朝貢。到昭王時，他們逐漸強大起來，不但不再向周王納貢，有時甚至侵擾到周的王畿附近。穆王決定親自率兵去討伐，以懲罰其不按時向王朝獻享的罪行。大臣祭公謀父勸阻道：「不能出兵！先王顯示德行，而不炫耀武力。兵力平時蓄積着，到了時機才可以出動，這樣出動了就有威懾力。反之，炫耀武力，就會輕易用兵，出兵就沒有威懾力。所以，周公作的頌詩說：『收起干戈，藏起弓箭，我要修得美好的德行，來向全華夏推行，一定能用王道保持天下。』先王對於民眾，勉勵他們發展德行、純厚性情，增加他們的財富，改善他們的用器，使他們知道趨利避害，並以文德陶冶他們，使他們感戴恩德畏懼刑罰，所以先王能夠世代保有天下而日益強大。武王之所以用兵伐紂，並不是他喜歡用武，而是因為他殷切地體恤民眾受商王紂毒害的疾苦，用武力去為民眾除害。先王的制度，將華夏分為甸服、侯服、賓服、要服、荒服，各有不同的要求。有人不盡其義務，先要從自身去檢查端正，完善德行。還不行，最後才使用刑罰和武力。尤其是對待荒服的戎狄民族，更不能隨意動員民眾勞苦遠征。況且，自從大畢、伯士歸順以後，犬戎一直按要求來向王朝朝貢，天子您卻要討伐他不享之罪，豈不是違背先王的教誨，破壞先王的制度嗎！我聽說，犬戎樹立了敦厚的風尚，始終遵循古老的德行，他們有能夠抗禦我們的辦法呀！」穆王沒有聽從祭公謀父的陳詞濫調，毅然率兵親征，打敗了犬戎，繳獲了四白狼、四白鹿回朝。所謂的狼、鹿，很可能是犬戎部族的頭領，而不是字面意義上的動物。

西征犬戎的勝利，打通了周人通往西部遠方的道路。穆王決定要到極遠的西方去看看。傳說他讓馭手造父，趕了由八匹可以日行千里的駿馬拉的車子，離開宗周，向北馳去。穆王乘車越漳水，出研山，到達犬戎地區，受到其歡迎。又向西行，過西隃，到河宗國，河宗國君獻給穆王束帛和玉璧，並親自擔任嚮導，將穆王一行送到昆侖山。從昆侖山，穆王轉向西北行，經過赤烏氏、曹奴氏、留骨氏、容成氏、剞閭氏、鄄韓氏等國，渡過洋水、黑水，瀏覽了各種奇異的風光、物產，欣賞了各種美妙動聽的音樂舞蹈，終於到達了這次旅行的目的地——西王母之國。

這時，傳來徐偃王叛逆的消息。原來，在穆王西征犬戎的時候，東南淮、泗地區的徐夷諸部乘機發動了反叛。他們的勢力發展很快，竟將九夷聯合起來，向宗周殺來，一直打到大河邊。穆王對反叛的夷人採取分化瓦解的安撫措施，將東部的諸侯交由居於潢池以東的姓嬴的徐子主之。徐子得到五百里封地以後，施行仁義，在陳、蔡之間開挖了一條運河，希望能從水路直達上國。挖河時，他得到朱弓、朱矢，認為是上天降給他的瑞兆，就野心大發，自稱偃王。不久，就有三十六個諸侯來朝見徐偃王。這對周朝的威脅太大了，王朝大臣急忙向出遊的天子報告。穆王得到報告，由造父駕着八駿，長驅而還。穆王派造父和王孫厲出使楚國，要求其與周南北夾攻，討伐徐偃王。王孫厲對楚君分析道：

「徐偃王好行仁義，志向是很大的。你如果不願意伐徐，就必須事徐。」楚君說：「徐偃王有道，不可伐！」王孫厲說：「我們以大伐小，以強伐弱，就好像以石投卵、老虎吃豬一樣，容易得很！」楚君於是出兵伐徐，徐偃王仁而無權謀，終於失敗，逃到彭城而死。

後來，穆王又出動王朝六師，南下九江，討伐楚國，最後大會諸侯於塗山。穆王在位五十五年而逝。

評：周穆王為了挽救王朝的危機，西伐犬戎，南征徐夷和楚國，擴大了王朝在邊遠地區的影響。他最為人們所津津樂道的，是西巡與西王母相會的故事。這一故事，最早見於西晉太康二年（二八一）汲冢墓出土的《穆天子傳》中，古人將其歸於小說類，不相信其真實性。但據近現代學者研究，周穆王西行的故事是可信的，其中的國名地名，都有跡象可尋。由此，可以肯定，周穆王是周王朝與西北少數民族友好交往的重要人物。周穆王西行的故事，說明早在三千年以前，今新疆、青海各民族人民就與中原地區有着一定的往來，周穆王就是那時溝通中原與西域交通的先驅者的化身。

【傳記　第十六】

周厲王　周幽王

周厲王（？—前八二八）名胡，周代第十位天子。

周穆王的遠遊，表明周王朝在政治、經濟上還有很強的實力。但在他以後，周朝便逐漸衰微，共王、懿王、孝王、夷王四代，由於周圍戎狄的不斷侵擾，王朝陷入長期的戰爭之中，國力消耗很大，不得不加重對民眾的剝削，國內矛盾日益尖銳。連屬於統治層的貴族有的也開始破產，而表現出對現實的憤懣。長期的矛盾逐漸積累，使王朝產生了深刻的危機。在這種情況下繼位的周厲王，不僅不採取安撫民眾、發展民生的措施，反而大肆揮霍，變本加厲地剝奪和壓制國民，使矛盾發展至更加尖銳的程度。

厲王一繼位，就以善於諂諛的榮夷公為王朝的卿士，並由其主持興建豪華的夷宮，耗費了大量錢財。不久，淮夷向宗周襲來，厲王派虢公長父前去鎮壓，竟大敗而回。然而，厲王仍不斷發動對外的征伐，使許多諸侯感到害怕。早在周夷王時，楚國君主熊渠見王室微弱，有的諸侯竟不去朝見而互相征伐，就乘機發展勢力，興兵討伐庸和楊粵，一直攻取到鄂（今湖北鄂城）。熊渠自認為是蠻夷，不願與中原的諸侯用一樣的名號，於是封自己的長子熊康為句亶王，二兒子熊紅為鄂王，小兒子熊執疵為越章王。周厲王即位後對諸侯的暴虐使熊渠十分畏懼，恐怕厲王因此伐楚，於是自己悄悄地將三個兒子的王號撤銷了。

生活奢侈和連年對外征戰，使王朝的財政更為緊張，榮夷公迎合厲王所好，建議王朝壟斷山澤的利益。本來，山澤地區允許民眾開闢耕種，而不納稅。民眾墾闢山澤得到私田，收益大增，從而在公田上的生產積極性削弱，使王室的收入減少。榮夷公的辦法，是對山澤開墾出的私田進行丈量，按畝數徵收租稅，以增加王朝的財政收入。這一做法，遭到王朝大臣的反對。芮良夫對厲王說：「王室大概要衰頹了！這個榮夷公感興趣於專山澤之利，卻不知道會給王朝造成大難。利是萬物所生天地所成，人人都可取用，王朝怎麼能壟斷呢！這樣做必然引起許多人的不滿，卻不加以防備。這樣來教王做事，王位能持久嗎？天子的責任，是疏通利源，上奉神祇，下養庶民，使神民對百物各得所需。就這樣，天子還要日日警懼，擔心民怨天譴。所以，《頌》中說：『遙想有文德的后稷，功德可以配享上天；他使萬民得以自立生存，沒有人比他的功勞更大的了！』《大雅》中也說：『普遍給民眾賜福，成就了周的大業。』這不就是在普施恩德的同時，先王也畏懼大難的來臨嗎？因此文王能創立周業，直至於今。如今，天子卻要壟斷山澤之利，能行得通嗎？普通人壟斷物利，人們都要稱他為盜，君王如果這樣做，擁戴的人就很少了。君王假如繼續重用榮夷公，周朝就要衰敗了！」厲王不聽芮良夫的勸阻，更加信任榮夷公，讓他全面負責國家事務，在都城周圍強制推行專山澤之利，按畝徵稅。

專山澤之利和厲王暴虐的統治，引起民眾的廣泛不滿，尤其是居住於鎬京一帶的國人，更是議論紛紛，指責厲王的不是。召公對厲王說：「民眾已經不能忍受你的政令了！」厲王感到憤怒，就找來衛國的巫師，讓他去監視議論的人，隨時告發，將其殺害。以後，議論的人少了，諸侯們也不來朝見了。厲王在位十二年時，對民眾的監視和殺戮更加嚴厲，國人們不敢講話，只能在路上用眼神示意，表示不滿。厲王高興地對召公說：「我能消除議論，民眾再也不敢講話了！」召公回答道：「你不過是堵住了民眾的嘴罷了。堵住民眾的嘴巴，比堵塞河流的後果還要嚴重。堵塞的河水決口，一定會傷害許多人，民眾也是這樣。所以，治水的人要疏通河道，使其通暢；治理民眾的人要開導他們，讓他們講話。由此，天子處理政務，讓公卿到士人進獻有勸誡作用的詩篇，讓瞽人進獻反映民意的歌曲，讓史官進獻有借鑑作用的史書，讓樂師進獻箴誡之文，讓盲人弦誦，讓百工勸諫，讓庶民能傳進意見，讓近臣盡其規勸的責任，讓親戚加以注意和補充，讓瞽史教誨，讓老臣匯集整理，最後由君王親自斟酌取捨，這樣做事就能不違背常理。民眾有嘴，就好像大地有山河，財富用度都從其中產出；就好像大地有平衍肥沃的田土，衣服食物都從其中生成。讓民眾說話，政事的好壞得失就能反映出來；好的加以推行，不好的加以防止，這是王朝增加財富、豐足民眾衣食的好辦法。民眾想在心裏，說在嘴上，成熟的意見加以推廣，怎麼可以堵塞呢？如果非要堵塞民眾的嘴巴，能有幾個人支持你呢？」厲王不聽從召公苦口婆心的勸諫，一意孤行，於是國人再也不說話了。

三年以後，國人們忍無可忍，串聯起來，進行暴動，襲擊厲王，厲王狼狽地逃出鎬京。聽說厲王的太子靜躲在召公家中，暴動的人們又將召公家包圍起來。召公說：「當初我多次勸諫君王，他都不聽，終於遭到了這樣的災難。現在要是王太子被殺了，君王會以為我是出自私怨的發洩！事奉君主的人，即使處在危險中也不能仇恨君主，即使受到責備也不能憤怒，何況是事奉天子呢！」於是他將自己的兒子送出去，冒充太子去死，使太子得以脫身。

國人暴動以後，厲王逃到彘（今山西霍縣），國政由召公和周公兩位相共同執掌，號稱「共和」。

共和元年，相當於公元前八四一年，中國的歷史從這一年開始，有了確切而且連續不斷的紀年。

共和十四年（前八二八），厲王在彘地死去，太子靜已經在召公家中長大成人，二相於是擁立其為天子，他就是周宣王。在兩位相的輔佐下，宣王整頓朝政，嚴格約束臣下，不許欺壓庶民，不許魚肉鰥寡，不許沉湎於酒。宣王放棄了一年一度的親耕籍田的活動，又抗禦犬戎的侵擾，諸侯們重新來鎬京朝貢，人稱「宣王中興」。宣王五年（前八二三），獫狁攻周，一直打到涇水北岸。宣王派尹吉甫率兵反攻，一直將獫狁趕到太原以外。宣王三十九年（前七八九），宣王親自率兵進擊對周王朝威脅很大的姜戎，千畝（今山西介休南）一戰兵敗，宣王本人都差點兒被俘。為了補充軍隊，宣王在太原清理民數，仲山甫進行勸阻，他也不聽。王朝的威望重又下降。

宣王在位四十六年死去，太子宮涅繼位，是為幽王（？—前七七一）。當時，天怒人怨，王朝的危機進一步加深。幽王二年（前七八〇），鎬京地區發生地震，涇、渭、洛三條河都震動，源塞流竭，岐山崩塌。太史伯陽甫認為，這是陰陽二氣失序、周朝即將亡國的徵兆。就這樣，幽王還派遣伯士去進攻六濟之戎，結果伯士兵敗而死。幽王三年（前七七九），幽王親自帶兵討伐褒國，褒人知道幽王是個好色的君王，於是將美女褒姒獻給幽王。褒姒很快得到幽王的寵愛，並且生了一個兒子，名伯服。褒姒與執掌王朝政事的卿士虢石父勾結起來，在幽王面前說申后和太子宜臼的壞話。大夫尹氏和祭公更誘導幽王胡作非為，朝政一片混亂。

褒姒不愛笑，幽王想盡了方法，褒姒還是不笑。幽王建築有烽火臺，設置了大鼓，有敵寇來時，就燃起烽火，擂響大鼓，讓諸侯們見到警報就帶兵來援。有一次，幽王命人點燃了烽火，諸侯們帶兵趕來，不見敵寇，沮喪萬分，褒姒見狀開心地笑了。此後，幽王為了博得褒姒一笑，竟多次點燃烽火。諸侯們上了幾次當，對烽火警報不再相信，逐漸不來勤王了。

虢石父善於諂佞，又好營利，很受幽王的信任，卻使國人深受其害。幽王寵愛褒姒，多次聽到褒姒和虢石父所進讒言，終於在幽王八年（前七七四）正式下令廢去申后和太子，另立褒姒為后、伯服為太子。太史伯陽甫歎息道：「大禍就要來了，有什麼辦法呢！」宜臼害怕被殺，逃到了母舅之國申國。

申后的父親申侯對幽王廢除王后、太子極為憤慨，於幽王十一年（前七七一）聯合繒國和犬戎的軍隊，進攻鎬京。幽王點燃烽火向諸侯報警，竟沒有人前來援救。犬戎將幽王殺死在驪山之下，擄走褒姒，大掠周王室的財寶，焚燒宮室民居。

秦襄公和衛武公帶兵前來救周，將犬戎趕出鎬京。他們到申國找到太子宜臼，將他立為天子，是為周平王。這時，鎬京受兵火洗劫，殘破不堪，犬戎的軍隊還在郊外，嚴重地威脅着王室的安全。平王元年（前七七〇），在晉文侯、鄭武公和秦襄公的護衛下，平王東遷至洛邑王城。洛邑在鎬京以東，歷史上將此後的周朝稱為東周。

評：厲王和幽王是周代兩個著名的暴君，他們胡作非為，不僅自己下場悲慘，還葬送了西周的基地，使平王不得不遷都洛邑。兩個暴君給後人的最大教訓，就是要讓民眾講話，而不是千方百計去堵民眾的嘴。所謂「防民之口，甚於防川」，就是這一教訓的總結。

【傳記　第十七】

鄭莊公

鄭莊公（前七五七—七〇一）名寤生，鄭國第三位國君。

周宣王二十二年（前八〇六），宣王分封其庶弟友於鄭（今陝西華縣），是為鄭桓公。鄭桓公治鄭三十多年，深受百姓愛戴。周幽王八年（前七七四），鄭桓公被任命為王朝的司徒，他努力於和集民眾，受到鎬京和河洛一帶民眾的歡迎。他看到幽王寵幸褒姒，朝政混亂，有的諸侯反叛，知道西周的統治不會長久，於是問太史伯有何辦法躲避這場災禍。太史伯建議他將財貨和人民都遷寄到東方的兩個小國——東虢（今河南滎陽東北）和鄶（今河南新鄭西），以便將來到那裏立足。鄭桓公與東虢、鄶二君商量，二君爽快地割了十邑之地給鄭桓公。幽王十一年（前七七一），鄭桓公與幽王一起被殺，鄭桓公的兒子掘突被立為國君，是為鄭武公。鄭武公護送平王東遷，就地滅了東虢和鄶，在二國之地建國，都新鄭（今河南新鄭）。鄭武公十年（前七六一），娶申侯的女兒武姜為夫人。武姜為鄭武公生了兩個孩子，大兒子胎位不正，腳先生出，把武姜痛得死去活來，所以不喜歡這個孩子。當時將逆生稱作牾生，於是給孩子按同音取名寤生。武公在位二十七年逝世，臨終前，夫人希望立二兒子段為太子，武公不答應。武公死後，其長子寤生繼位，是為鄭莊公。

鄭莊公元年（前七四三），武姜要求將段分封於制邑（今河南滎陽西），莊公說：「制是個地勢險要的地方，虢叔就死在那裏。別的城邑隨便你挑。」武姜於是選了京邑（今河南滎陽東南），莊公將段分封於京，稱其為「太叔」。大夫祭仲勸阻道：「京邑的城池比國都新鄭還大，你會受不了的。」莊公無可奈何地說：「武姜硬要，我有什麼辦法！」祭仲說：「姜氏是個貪得無厭的女人，你應該早作準備，別讓太叔發展起來，否則難以處置。」莊公胸有成竹地說：「多行不義必自斃，你就等着看吧！」不久，太叔段命令西鄙和北鄙聽命於自己。子封對莊公說：「國家不能容忍有兩個人發號施令，你準備怎麼辦？如果聽任他，我們就給他當臣子吧；如果不允許他，就把他除掉，別讓民眾產生其他想法。」莊公說：「用不着，讓他自取其禍。」其後，太叔段將二鄙收為己有，一直將勢力擴大到廩延（今河南延津北）。子封說：「可以下手了，君主勢力雄厚，能得民心。」莊公回答：「沒有正義就不能團結人，勢力雄厚反而會分崩離析。」

太叔段在京邑修繕城郭，積聚糧草，打造兵器，充實軍隊，與他的母親約定於莊公二十二年（前七二二）裏應外合，偷襲新鄭。莊公得到偷襲的準確日期，說：「是時候了！」下令子封率兵車二百乘，總共二千甲士、二千徒兵，前往討伐。京邑民眾反叛太叔段，與鄭兵裏應外合。太叔段逃到鄢邑，鄭兵攻破鄢邑。五月二十三日，太叔段逃亡到共國（今河南輝縣）。莊公把武姜安置於城潁（今河南臨潁西北），發誓說：「不到黃泉，不再相見。」一年以後又後悔了，根據潁考叔的建議，莊公挖了一條深及黃泉的地道，在地道裏與母親武姜見面，母子和好如初。

太叔段的兒子公孫滑逃到衛國，請求衛公出兵為他報仇，奪取了廩延。鄭莊公動用了周王的軍隊，在西虢軍隊的配合下，討伐衛國的南鄙，並在翼（今山東費縣西南）與虢、邾、魯人會盟，不久又與齊在石門會盟，鄭在諸侯中的影響開始發展。

鄭莊公和西虢公都是王朝的卿士。鄭莊公埋怨周平王不信任自己，平王說：「不是那麼回事！」為了表示雙方的誠意，王朝派王子狐到鄭國為人質，鄭國派公子忽到王室為人質，歷史上稱這一事件為「周鄭交質」。貴為天子的周王竟然與一個諸侯交換人質，表明周王室的地位已經下降。莊公二十四年（前七二〇），周平王逝世，其孫林繼位，為周桓王。桓王根據平王的遺願，將朝政交給西虢公，鄭莊公更為不滿，於是派祭足帶了軍隊去搶割周王畿內溫國的麥子。秋天，又派軍隊搶割成周的禾稼。周、鄭的關係開始惡化。這一年，宋繆公逝世，其姪與夷立，為殤公，繆公的兒子公子馮逃到鄭國。

衞君州籲是太叔段的朋友，為了替其報仇，於莊公二十五年（前七一九），聯合宋殤公，糾結了陳、蔡的軍隊，以索要公子馮和為周王報仇的名義，兩次前往伐鄭。第一次包圍新鄭的東門五天，第二次小敗鄭的徒兵，割了鄭的禾稼。次年，鄭莊公為了報復衞國，出兵攻衞都郊外。衞君聯合南燕的軍隊，反攻鄭國。鄭大夫祭足、原繁、洩駕以三軍正面迎敵，另派曼伯與子元率兵繞道至敵軍，之後，將衞軍打敗。其後，宋、鄭又兩次互攻。

鄭莊公不願屢受諸侯攻擊，決定以外交手段盡力爭取更多的盟國。二十七年（前七一七），他派人到曾派兵協同衞國攻鄭的魯國，捐棄前嫌，兩國和好。不久，又主動放棄周宣王賜給鄭的祭祀泰山的特權，改祀周公，將助祭泰山的湯沐邑方，與魯國交換許邑（今河南許昌南）的田地。冬季，鄭莊公親自到宗周，朝見周桓王。周桓王還記着鄭搶割禾稼的事，對莊公很不客氣。次年，鄭又與陳結盟，鄭公子忽還娶了陳女為妻。在齊國的斡旋下，連一向與鄭兵戎相向的宋和衞也與鄭結盟。

宋殤公不按例向周王朝貢，鄭莊公作為王室左卿士，打着桓王之命的旗號，聯合齊、魯之師，於莊公三十一年（前七一三）在菅（今山東單縣北）打敗宋軍，奪得郜、防，並將二地都給了魯，贏得了很高聲譽。隨即又包圍戴國（今河南民權東），俘獲了入侵該國的宋、蔡、衞軍隊，奪取該地。又攻入宋國，攻入郕國。次年，鄭莊公與魯、齊二君率軍攻破許國，許莊公逃奔衞國。鄭莊公讓許大夫百里奉許叔居於許城東部，為許桓公，此舉又被時人稱為知禮。後來，鄭莊公又打敗了進襲鄭國的息（今河南息縣）侯的軍隊，並討伐宋國，大敗宋師。莊公三十四年（前七一〇），宋國大夫華父督殺死宋殤公，在鄭莊公的支持下，將公子馮從鄭國召回，立為國君，是為宋莊公，從此宋執行親鄭的政策。不久，蔡侯也與鄭莊公會盟於鄧。

周桓王不甘心受鄭莊公的擺佈，於莊公三十七年（前七〇七）夏奪去了鄭莊公左卿士的職權，鄭莊公也不再朝貢周王。秋，周桓王糾集蔡、衞、陳、西虢的軍隊，討伐鄭國。桓王親率中軍，虢公林父率右軍，蔡、衞的軍隊受其指揮，周公黑肩率左軍，陳人的軍隊受其指揮。鄭公子突建議，設左方陣，以對付蔡、衞之師；設右方陣，以對付陳人之師，說：「陳國國內正亂，軍隊沒有鬥志，如果先向其發起攻擊，陳軍一定會奔逃。桓王既要與我大軍作戰，又要照料奔逃的陳軍，一定會陣容混亂。而蔡、衞無法支撐，也將逃奔。最後我軍集中攻擊桓王的軍隊，一定能獲得勝利。」鄭莊公依計而行，以太子忽為右方陣主將，蔡仲為左方陣主將，原繁、高渠彌帶領中軍拱衞莊公。鄭軍擺開了名為魚麗的陣勢，前有偏，後有伍，伍的任務是承偏之隙而彌補缺漏。戰鬥在繻葛（今河南長葛東北）打響，鄭中軍大旗一揮，左右二軍出動，蔡、衞、陳三國的軍隊很快奔潰，周軍混亂。鄭國的軍隊從兩邊合攏來，向周師進擊，周師大敗。鄭將祝聃一箭射中桓王的肩膀，桓王忍着傷痛指揮軍隊撤退。祝聃要求追擊王師，莊公說：「君子不想逼人太甚，豈敢欺凌天子呢？」於是不再追擊。夜間，莊公還派祭足去慰問桓王的傷勢，並問候其左右隨從。此後，周王再也沒有出動軍隊與諸侯作戰過。

莊公三十八年（前七〇六），北戎侵襲齊國。鄭莊公派太子忽率兵前往救援，大敗戎師，俘其大良、小良二帥及三百名甲士。次年，鄭又聯合齊、衞的軍隊，討伐親周的盟、向二國，周桓王不敢再與鄭人打仗，忍氣吞聲地將盟、向二國之民遷到郟（今河南洛陽北），把二國之地給了鄭。

鄭莊公在位四十三年逝世。

評：周王朝東遷以後，力量急驟下降，逐漸失去號令諸侯的能力。各諸侯國經過長期休養生息，勢力卻不斷發展。鄭國由於地處宗周附近，首先強盛起來。鄭莊公利用擔任王朝卿士的機會，打着天子的旗號，擴張領土，討伐不馴服的諸侯，稱盛一時。周平王與鄭交派人質，説明周在實際上已降至一個諸侯國的地位。鄭人在桓王出兵討伐時射中其肩膀，則最終挫了周王的傲氣，周王威信掃地。從此，中國的歷史進入了諸侯爭相稱霸的時代，周王成了名義上的天下共主。

【傳記 第十八】

齊桓公 管仲

齊桓公（？—前六四三）名小白，齊國君主，在其相管仲的輔佐下，成為春秋時期的第一個霸主。

管仲（？—前六四五）名夷吾，字仲，又稱管叔、管敬仲，齊桓公稱其為仲父，潁上（潁水之濱）人，他的祖先是周的同姓管國的後裔。管仲自幼貧困，但聰明好學，通詩書，懂禮儀，會駕車，善射箭。鮑叔牙與管仲一直是最要好的朋友。年輕時，兩人到南陽經商，在分錢時，管仲總要多拿一些。鮑叔牙知道他家裏很窮，要贍養老母，不認為他是貪心。管仲與鮑叔牙一起去打仗，參戰三次，逃跑三次。鮑叔牙不認為他怯懦，知道他要活着供養老母。管仲曾三次做官，三次被國君罷職，鮑叔牙不認為他無能，而說他是沒有遇到機會。管仲感動地說：「生我者父母，知我者鮑子也！」

齊襄公時，鮑叔牙和管仲分別任襄公的弟弟公子小白和公子糾的師傅。齊襄公荒淫暴虐，國政混亂。管、鮑二人預感到齊國將發生大亂，於是，管仲和召忽保護公子糾避難魯國，鮑叔牙保護公子小白逃到莒國。齊襄公十二年（前六八六），公孫無知殺死齊襄公，自立為國君。次年春，齊雍稟殺公孫無知，一時齊國無君，一片混亂。齊正卿高傒自幼與公子小白相好，馬上派人送信請公子小白回國繼位。魯莊公聽到公孫無知被殺的消息，決定派兵護送公子糾回國繼位，先派管仲帶兵去堵截自莒往齊的道路，防備公子小白捷足先登。管仲趕到目的地時，公子小白一行正乘車自莒飛馳而來，管仲一箭射中公子小白的衣帶鉤，公子小白佯裝中箭倒下。管仲以為公子小白已死，派人飛馬去魯報捷。魯莊公認為大局已定，帶了軍隊，姍姍而行，用了六天時間，才將公子糾送到齊國邊境。這時，公子小白已經趕到臨淄，在高氏和國氏的擁戴下繼位，為齊桓公，並派兵到邊境迎擊魯軍。雙方的軍隊在乾時遭遇，魯軍大敗，莊公丟棄兵車，乘輕車逃回魯國。秦子、梁子打着莊公的旗號誘騙齊軍，被齊軍俘虜。

鮑叔牙親自帶兵出境，向魯國進攻，並派人送給魯莊公一封信，信中寫道：「公子糾是齊君的兄弟，不忍心殺他，請魯國將他殺了。召忽和管仲是齊君的仇人，請將他倆交來，斫成肉泥。否則，我軍將要包圍魯國！」魯莊公不得不殺了公子糾，召忽自殺，管仲自請送回齊國就死。管仲被用囚車送至邊境，他的老友鮑叔牙在那裏迎接，當即為他解除桎梏，帶去齋沐，然後受齊桓公召見。原來，齊桓公即位以後很想將管仲殺死，以報一箭之仇。鮑叔牙勸阻道：「君上如果只求治理齊國，有高傒和鮑叔牙就足夠了。君上如果想創霸主之業，非管仲不可。管仲在哪國，哪國就會強盛，機不可失！」桓公聽從了鮑叔牙的意見，假稱要殺仇人，將管仲召回齊國，並立即召見，與其商談成就霸主之業的辦法，大喜過望，以其為大夫，主持國政。不久，就拜為國相，位在鮑叔牙、隰朋、高傒三大夫之上。

管仲認為政事的根本在順民心，說：「政之所興，在順民心；政之所廢，在逆民心。」因而，他推行政事，總是從齊國的實際出發，儘量和民眾的好惡保持一致，在整飭舊法的基礎上，對各項制度加以改進和創新，使其簡單易行，而最終達到通貨積財、富國強兵的目的。

管仲和齊桓公的改革首先從發展農業和工商業開始。管仲說：「倉廩實而知禮節，衣食足而知榮辱。」根據私田大量出現的現實，他在繼續維持井田疇均的同時，對私田「相地而衰徵」，就是丈量土地，依據其肥瘠和排灌條件，確定不同的賦稅等級，使賦稅負擔趨於合理，增加了國家的財政收入。針對齊國偏處海濱，多山少田，從太公開始，就注意發展魚鹽之利和鼓勵女紅（紡織刺繡）的現實，他在山澤設三虞官和三衡官進行管理，以促進魚鹽業的繼續發展。讓工匠們居住一起，以便其切磋手藝，提高技術，出售產品。鼓勵商人們根據民眾的需要和本地貨源的豐欠，到各地以有易無，買賤賣貴，獲取贏利。還特別在齊國東部邊境的東萊，設置與境外進行魚鹽貿易的關市，並鼓勵商人們向各國販賣毛皮、繒帛和賞玩之物，而不徵收關稅。為了方便商品流通，設鐵官鑄造錢幣，設輕重九府，收散糧食和各種物品，控制物價。

在政事方面，對居民實行國野分治的辦法，國都及城郊為國，其他地方為鄙野。在國中設置二十一鄉，包括工、商之鄉六，士鄉十五。每五家為一軌，設軌長；每十軌為一里，設里司；每四里為一連，設連長；每十連為一鄉，設良人。根據三類鄉的劃分設置相應的管理機構，稱為三官，由三位宰臣分別主持。鄙野的居民，以三十家為一邑，設邑司；十邑為一卒，設卒帥；十卒為一鄉，設鄉帥；三鄉為一縣，設縣帥；十縣為一屬，設大夫。全國共計五屬，設五大夫分別治理。明確劃分各級官員的職掌，罪獄由屬大夫判理，劃分田界由縣帥負責，一般政事由鄉帥處理。要求他們各自負責自己的事務，不許出現邪僻懈怠、荒廢政事的情況。每年正月，五屬大夫朝見桓公，向其述職。桓公根據其政績進行獎懲。

在軍事方面，實行地方行政組織和兵制合一的制度。規定，士鄉的居民必須服兵役，每家出一人為士卒，每軌組成一伍，由軌長率領；每里五十人為一小戎，由里司率領；每連二百人為卒，由連長率領；每鄉二千人為一旅，由良人率領；五鄉一萬人，為一軍。十五鄉士卒共組建三軍，分別由齊桓公、國子和高子統帥。兵民合一，農閒時以圍獵的方法進行訓練，有戰事時出征，戰鬥力很強，國家也不必支付養兵的費用。為了解決兵器不足的問題，規定犯罪可以用盔甲和武器贖罪。犯重罪的用犀甲和一支戟贖，犯輕罪的用飾以繡革的盾和一支戟贖，犯小罪的以金贖，訴訟成功的交一束箭的費用。交來的美金（銅）用以鑄兵器，交來的惡金（鐵）用以鑄農具。由此，齊國的甲冑兵器都充實起來。經過這些改革，齊的國力日益強盛，社會日漸安定。然後就將精力用於對外，謀求對諸侯發號施令。

桓公和管仲採取的主要措施是親鄰國，樹威望，征淫亂，立信譽。齊國致力於與魯國修好，將以前侵佔的棠、潛二邑還給魯國，使其成為南邊的屏障。致力於與衞國友好，將以前侵佔的臺、原、姑、漆里四邑還給衞國，使其成為西邊的屏障。致力於與燕國友好，將以前侵佔的柴夫、吠狗二邑還給燕國，使其成為北邊的屏障。歸還了三國的舊邑以後，齊國恢復了舊日的疆界，南至泰山北麓，西到濟水，北到大河，東到紀酅。宋國一直是齊的盟友，曾兩次參與對魯的戰役。桓公四年（前六八二），宋國發生內亂，宋閔公被殺，靠曹國的幫助，才立了宋桓公。次年春，齊桓公召集宋、陳、蔡、邾四君在北杏舉行盟會，齊桓公成為歷史上第一個充當盟主的諸侯。後來，宋國違背盟約，齊桓公又挾天子以令諸侯，以周僖王的名義，糾結諸侯之兵伐宋，迫使宋國與其媾和，樹立了齊在諸侯國中的威望。對於那些邪僻昏亂的諸侯，齊桓公也出兵征討，滅了郯、譚、遂等一些不馴服的小國。桓公十四年（前六七二），陳國發生內亂，陳厲公的兒子陳完逃到齊國，齊桓公對他極為禮遇，要以他為卿，陳完辭讓，就任工正。齊桓公的女兒哀姜（《史記》說是妹妹，但年齡不對）是魯閔公的母親，與魯公子慶父淫亂。桓公二十六年（前六六〇），慶父殺了閔公，哀姜還欲立慶父為君，魯人另立僖公為君。齊桓公召回哀姜，將其殺死。

當時，北方的戎狄和南方的楚國（稱荊蠻）是周王室和各中原諸侯國的威脅，管仲和齊桓公打出「尊王攘夷」的口號，作為創立霸業的大旗。

桓公二十三年（前六六三），山戎侵燕，燕向齊求救。齊桓公親自率兵前往，將山戎打敗，一直追到孤竹，才回師。燕莊公將桓公送入齊國境內，齊桓公說：「不是天子，諸侯互相送別不能出境，我不能無禮於燕。」於是將燕莊公所到之處的齊國土地割給了燕，並叮囑燕君重修召公之政，向周王納貢。諸侯們聽說這件事，都為齊桓公尊王攘夷的正義行動所感動，紛紛前來歸附。桓公二十八年（前六五八），狄人侵擾衞國，衞文公向齊求援。齊桓公率諸侯之兵制止了狄人的侵擾，為衞國築楚丘城。

當齊桓公忙於對付北方的戎狄時，南方的楚國乘機向北發展，連年攻鄭。桓公三十年（前六五六），齊桓公會合魯、宋、陳、衞、鄭、許、曹共八國之師，首先討伐楚的盟國蔡，蔡人反叛其君。齊桓公乘勝前往伐楚，楚成王興師迎戰，問道：「貴軍何故來到中國？」管仲回答說：「當年召康公給了我先君太公討伐諸侯、夾輔周室的權力。你楚國不再進貢包茅，使周王沒有祭祀時縮酒的東西，所以來譴責；昭王當年南征再沒有回周，所以來詢問。」楚王說：「不進貢是寡人的罪過。至於昭王出巡不回，你去問漢水吧！」由於雙方實力相當，最後講和而去。

這一系列的行動極大地提高了齊國在諸侯中的威望，桓公三十五年（前六五一），齊桓公以盟主身份召集諸侯到葵丘（今河南蘭考東）會盟，魯、宋、衞、鄭、許、曹等國的君主都來赴會，連周襄王也派周公參加，並給齊桓公賜胙（祭廟肉）、彤弓矢、大路（諸侯朝服之車），稱其為伯舅，承認了齊桓公的霸主地位。

這一年，晉國發生爭奪君位的混亂，齊桓公前往征討，與秦國一起立晉惠公。桓公三十七年（前六四九），周襄王的弟弟太叔帶與戎狄合謀伐周，齊桓公派管仲帶兵於次年將戎狄打敗，安定了王室。襄王要以上卿之禮宴請管仲，管仲辭謝，終於以下卿禮宴管仲。

桓公四十一年（前六四五），管仲病逝。臨死前，齊桓公問他：「大臣們誰可為國相？」管仲答道：「沒有人比國君更了解大臣的了。」桓公又問：「易牙如何？」管仲答道：「這個人殺了自己的兒子來取悅國君，不合人情，不行！」又問：「開方如何？」「這個人背棄親人來討好國君，不合人情，難以親近民眾。」又問：「豎刁如何？」「這個人殘毀了自己的身體來討好國君，不合人情，難以親愛別人。」

齊桓公不聽管仲的意見，終於重用易牙等三人。兩年後，齊桓公生病；在易牙、豎刁等人的支持下，桓公的五個兒子與太子昭爭立，用軍隊將桓公包圍於一室。桓公飢渴難忍，於四十三年（前六四三）十月七日在羞憤中自殺。公子們的軍隊互相攻打，無人替桓公收屍。屍體在牀上停放了六十七天，屍蟲滿屋都是，從窗戶中爬了出來。十二月十四日，新立的齊君無虧才將桓公收斂。

評：管仲和鮑叔牙的友情，在歷史上被傳為佳話，而管仲輔佐齊桓公稱霸，更是春秋歷史上的一大盛事。齊桓公之所以能稱霸諸侯，國力強盛，親睦鄰國，挾天子以令諸侯，都是很重要的。但最根本的，在於其尊王攘夷的行動。

從文化學的角度說，春秋是中國多元文化不斷發展的時代。而中原文化與戎狄文化、荊楚文化的交流和衝突，則是其中的關鍵。尊王攘夷，是打着尊奉周天子的旗號，制止戎狄和荊楚對中原的侵襲，儼然成了維護中原文化的化身，當然能得到從天子到大小諸侯的擁護。

【傳記　第十九】

宋襄公　晉文公　晉靈公

宋襄公（？—前六三七）名玆父，子姓，春秋時宋國君主。宋是周成王平定三監之亂後，給殷紂王庶兄微子啟的封國，以商丘為都城。宋閔公末年，出現內亂，南宮萬殺死宋閔公，立公子游為君，宋諸公子又合兵殺游，立閔公弟御說為君，是為宋桓公。宋桓公的太子玆父是一個極為仁義之人，當其父病重時，他就要求將太子位子讓給庶兄目夷，桓公沒有同意。宋桓公在位三十一年，於前六五一年逝世，太子玆父繼位，為宋襄公。

宋襄公以目夷為相。目夷，字子魚，明智善斷，使宋國得到很好的治理。宋地處中原，戰略位置十分重要，成為各諸侯國攻伐或結盟的對象。齊桓公時，宋多次與齊盟會，是齊國在中原的重要盟友。國力的發展和齊桓公的信任，使宋襄公的野心開始膨脹。管仲與齊桓公病逝前，都曾囑託宋襄公關照其太子昭。襄公八年（前六四三），齊桓公死，公子無虧立，齊太子昭逃到宋國。宋襄公於是以諸侯之兵伐齊，敗四公子師，立昭為齊孝公。此後，宋襄公就謀求繼承齊桓公的霸主地位，充當抗擊楚人北上的盟主。十二年（前六三九），宋襄公召請齊孝公、楚成王到鹿上（今安徽阜陽南），要求楚人允許其為中原諸侯盟主，楚人暫時答應了他的要求，目夷由此已看出宋國的禍患來了。果然，這年秋季，當宋襄公在盂（今河南睢縣境）與楚、陳、蔡、鄭、許、曹各國君主舉行盟會時，竟被楚成王以伏兵俘虜，然後押着去進攻商丘。幸虧目夷有所防備，堅決抵禦，楚成王才不得不將襄公放回。宋襄公並沒有從此事中吸取教訓，十三年（前六三八），又出兵討伐楚的盟國鄭，楚國馬上興兵伐宋，以救鄭。宋大司馬固建議不要與楚作戰，襄公不聽。十一月，宋楚軍隊在泓水（今河南柘城北）相遇。宋軍在河北岸擺好了陣勢，楚軍還在渡河，宋大司馬建議出擊，襄公不許。楚軍剛過河，還沒有擺好陣勢，大司馬再次提出進攻，襄公還是不許。楚軍整頓好隊伍，立即向宋軍發動攻擊，宋軍大敗，連宋襄公都被射傷了腿。戰後，國人都埋怨襄公，襄公回答道：「君子打仗，不打擊受過傷的敵人，不俘虜年齡大的敵人。古人作戰，不利用險要的地勢。我雖然是亡殷的後代，也不能向沒有擺好陣勢的楚軍發動進攻。」

宋襄公箭傷很重，於十四年（前六三七）逝世。結果，原來歸順齊的魯、鄭、陳、蔡、許、曹、衞等中原小國，陸續轉為楚的盟友，連宋國也不得不與楚國結盟。楚國的勢力範圍擴大到黃河中游一帶。這時，晉文公應運而生。

晉文公（前六九七—前六二八）名重耳，姬姓，是春秋時第六任晉國君主獻公的第二子。獻公共有九個兒子，最寵愛驪姬所生的兒子奚齊。在驪姬的挑撥和譖害下，太子申生被逼自殺，重耳被追殺，不得不逃亡，先後在國外流亡了十九年。流亡中，他在衞國餓得向農夫乞食，在曹國被曹共公與其寵姬偷看他洗澡，在鄭國和楚國差點被人殺死，歷盡艱辛。當然，齊、宋、楚、秦諸君從不同的目的出發，也對重耳十分禮遇。秦穆公還在晉惠公死後，以重兵送他回國為君。

晉文公即位之初，在對隨從流亡臣僚論功行賞的同時，以豁達的心胸對待那些迫害過自己的人，集結了一批精明強幹的謀臣將帥，並依靠這些人進行了一系列的政治和經濟改革。首先，他削弱公室的權力，實行軍政合一的六卿制度，任用賢能，確保了政策的實行和權力的集中。其次，他精簡節約，降低賦斂，救濟貧困，鼓勵商業流通和農業生產，使國人安居樂業，國力增強。第三，他採取措施，在國人中建立對國君的信任，使全國風氣變得純樸而不欺詐。

與此同時，晉文公以齊桓公為榜樣，打起「尊王攘夷」的旗幟，於文公二年（前六三五）興兵平定篡權的王子帶，將周襄王護送回洛邑復位。周襄王以安定之功，賜給晉文公陽樊、溫、原、欑茅四地，從此，晉國有了出入中原的基地，晉文公在諸侯中的威望也大為增強。晉文公還派兵協助秦軍奪得位於秦楚邊界上的小國鄀（今河南淅川西南），加深與秦的友好，並將秦的注意力引向南邊的楚。

晉國的強盛和發展，必然要與正全力北向的楚國相衝突，而晉這時也有了對抗楚的實力。文公三年（前六三四），宋國與楚絕交，重新與晉修好，引起楚的不滿。次年冬，楚成王親率陳、蔡、鄭、許聯軍，包圍商丘。宋向晉求援，晉大夫先軫力主出兵，說：「報答宋襄公的恩惠，在諸侯中建立霸權，就在這一戰了！」大夫狐偃建議：「我軍應先伐曹、衛，楚人必然來救。這樣既可解宋國之圍，又可以使齊國收回被楚侵佔的穀城。」晉文公整軍練武，作出兵準備。將軍隊擴為三軍，任命了各軍的主、副帥，並以荀林父為君車馭手，魏犨為君車右衛。文公五年（前六三二）正月，晉軍東進，首先奪取了不給借道的衞國的五鹿（今河南清豐北），與齊昭公結盟，佔領衞國。隨即包圍曹國都城陶丘（今山東定陶），於三月十二日攻進該城，俘獲曹共公。然而，楚軍竟不為所動，反而加緊了對宋都的圍攻。晉文公將曹、衞的土地割給宋國，使齊、秦二國都對楚不滿，而參加晉的軍事行動。楚成王對晉文公有很深的了解，決定不與其交鋒，率兵退至楚國申邑（今河南南陽北）。但其大將子玉卻拒絕退兵，向成王請戰。成王增撥西廣、東宮和若敖的六卒共一百八十輛戰車，歸子玉指揮。

晉文公用計使曹、衞二國與楚絕交，子玉怒不可遏地率大軍離開宋都，向駐紮在曹國的晉軍撲來。面對來勢兇猛的楚軍，晉文公命令全軍後撤三舍（九十里），一來避其鋒芒，二來報答當年楚王對他的厚待。楚軍將士見此，都想停止追擊，子玉卻一意孤行，下令全軍尾追不捨。四月初二，晉軍與前來會合的齊、秦、宋三國軍隊，在城濮（今山東鄄城西南）紮營。楚軍背靠丘陵險要地形，也紮下軍寨。四月初三凌晨，晉軍七百輛戰車早早在有莘廢城擺好橫陣。狐毛、狐偃指揮的上軍在右，先軫、郤溱指揮的中軍居中，欒枝、胥臣指揮的下軍居左。齊、秦、宋三國之軍分別編入三軍之中。楚師分左、中、右三軍一字形排開。左軍由子西統率，以若敖六卒為主力的中軍由子玉統領，右軍以陳、蔡的戰車組成，由子上統領。子玉檢閱十萬威風凜凜的士卒，得意地說：「今天晉軍要完蛋了！」

戰鬥開始了。晉左翼之一部，在胥臣的率領下，所有的驅馬都蒙了虎皮，突然加快速度，向楚右師的陳、蔡軍衝去，陳、蔡的驅馬嚇得狂奔亂跳，陣勢大亂，士卒們慌忙棄車逃跑，楚右師崩潰。同時，欒枝指揮的戰車拉了樹枝在晉軍陣前奔馳，揚起的灰塵遮蔽了楚軍的視線。狐毛指揮的上軍舉着兩面大將軍旗在浮塵中衝出，稍一接戰，即佯裝退卻。子玉以為這是晉中軍，竟以中軍和左軍向佯裝退卻的晉上軍追去。當楚軍追至晉中軍左側時，晉中軍傾全力向楚中軍暴露的側面攔腰擊去。狐偃指揮的上軍之一支，與轉過頭來的狐毛大軍從左右兩側夾擊楚左軍，楚左軍很快也支持不住，潰敗。楚帥子玉見左、右兩軍皆潰，急忙下令中軍退出戰鬥，收拾殘兵剩車，狼狽南歸。

五月十二日，在衡雍西南的踐土（今河南原陽境），周襄王設盛大酒宴招待晉文公，當着魯、鄭、齊、宋、蔡、衞、莒等國君主的面，策命晉文公為諸侯的霸主，授予他以武力安定各諸侯國、懲治有害王室行為的特權。晉文公霸主的地位被正式認定。這年冬季，晉文公又在溫地與諸侯會盟，並召周襄王到踐土接受諸侯朝見。隨後率諸侯軍圍許，復曹伯。文公七年（前六三〇），又與秦聯合伐鄭，以報復其當年對流亡中晉文公的無禮。

晉文公在位九年逝世，其子歡繼位為襄公。晉襄公即位不久，就在崤地擊敗秦軍，保持了晉的霸主地位。

晉襄公在位七年（前六二七—前六二一），太子夷皋繼位，為晉靈公（？—前六〇七）。靈公年幼，朝政主要由正卿趙盾主持。趙盾曾領兵西擊秦，東平周王室亂而立匡王，功勛卓著。十四年（前六〇七），長大成人的晉靈公極為暴虐奢侈。他加重賦斂，來建造彩畫的牆壁。他讓大夫們前來朝見，自己卻站在高臺上，用彈弓打庭中的大夫們，觀看大夫們躲避的狼狽相取樂。趙盾和大夫隨會曾幾次進諫，靈公都不聽。晉靈公喜歡吃熊掌，有一次嫌熊掌煮得不熟，當場就將宰夫打死，卸成幾大塊，放在畚箕裏，讓婦人們抬了從朝前走過。趙盾見畚箕旁邊露出人手，就問：「畚箕裏是什麼？」婦人們說：「你是大夫，要看就自己看。」趙盾走上前一看，竟是一具死屍。趙盾又進宮勸諫晉靈公，晉靈公當面答應改過，事後竟派刺客鉏麑去刺殺趙盾。鉏麑早晨來到趙盾住處，見趙盾已經穿好朝服，因時間尚早，靠在牀上閉眼休息。鉏麑不忍心動手，退出去頭觸槐樹而死。

九月，晉靈公假稱請趙盾喝酒，在殿堂內埋伏了甲士，想乘機殺了趙盾。此事被趙盾的車右提彌明得知，他走進殿堂內，說：「大臣陪國君喝酒，超過三杯，就無禮了。」硬將趙盾扶下殿堂。晉靈公唆使惡狗去咬，提彌明讓趙盾快逃，自己衝上去與狗搏鬥，將狗打死。晉靈公又讓埋伏的甲士出去追趕趙盾，提彌明迎戰甲士，使趙盾得以逃生。趙盾的族弟趙穿在桃園殺了晉靈公，將還沒有逃出晉國邊境的趙盾迎了回來。趙盾重新以正卿主持國事，晉太史董狐在史策上寫了「趙盾弒其君」，在朝中讓大臣們看。趙盾說：「弒君的人是趙穿，我無罪。」太史說：「你身為正卿，逃亡不出國境，回來又不誅罰亂國的兇手，不寫你還寫誰？」趙盾歎息道：「哎呀！《詩》說：『我之懷矣，自詒伊戚。』（因為我的懷戀，給自己帶來了憂傷）恐怕說的就是我吧！」趙盾從周迎回了襄公的弟弟黑臀，立為晉成公。

評：本文的三位主人公各有特點。宋襄公是一個在戰爭時都講仁義道德的「蠢豬式的軍事家」（毛澤東語），他圖謀的霸業必然失敗。晉楚城濮之戰，既是雙方統帥個人素質的較量，也是雙方謀略的較量，晉文公的勝利，使其成為諸侯無可爭議的霸主。晉太史董狐書寫「趙盾弒其君」，雖說並不符合表面的歷史事實，卻受到孔子和古代史家的讚譽，被稱為直筆記史的榜樣。其根本的原因，在於董狐不怕趙盾的權勢，敢於據當時史官書法記載歷史的真實。

【傳記　第二十】

秦穆公

秦穆公（？—前六二一）名任好，嬴姓，秦國歷史上一位有作為的君主。他在位期間，內修國政，外圖霸業，統一了今甘肅、寧夏等地，開始了秦國的崛起。

秦國原是居住在秦亭（今甘肅張家川）周圍的一個嬴姓部落。秦襄公因護送平王東遷有功，封為諸侯，賜給岐以西地，正式建國。經文、寧、武、德、宣諸公，秦的疆土不斷東移，到穆公繼位時，已佔有大半個關中。

秦穆公繼位當年（前六五九），就親自帶兵討伐茅津（今山西芮城東）的戎人，開始了擴張疆土的事業。秦穆公娶晉太子申生的姊姊穆姬為妻。穆公五年（前六五五），晉獻公滅虞，俘虜了虞公及其大夫井伯、百里奚，就將他們作為穆姬的媵人（隨嫁的人）陪嫁到秦國。百里奚不願忍受奴隸的生活，逃到宛（今河南南陽），被楚國人捉去。秦穆公胸懷大志，卻苦於無賢才輔佐。有人告訴他，穆姬媵人百里奚是不可多得的人才，他喜出望外，急忙去請，卻得知百里奚已經逃到楚國。秦穆公願以重金贖回百里奚，又怕楚人不給。於是派使者到楚，說：「中國的媵奴百里奚逃到貴國，請允許我方用五張公羊皮將他贖回。」楚國一看此人如此不值錢，也就答應了秦的要求。當七十餘歲的百里奚被押回秦國時，秦穆公親自為他打開桎梏，與他商談國事。百里奚說：「我是亡國之臣，哪裏值得君公垂詢！」穆公說：「虞君不用你，才使你被擄，並不是你的過錯。」堅持向百里奚討教，兩人一直談了三天，穆公十分高興，以百里奚為國相。由於百里奚是用五張公羊皮贖回來的，所以人稱其為「五羖大夫」。百里奚辭讓道：「我不如我的朋友蹇叔。蹇叔賢能而不為世人了解。當年我在外漫遊受困於齊，不得已向別人乞討，是蹇叔收留了我。我因此想到齊君無知那兒做事，是蹇叔阻止了我，使我倖免與無知一起被殺。我到周地，見王子頹喜歡牛，就以養牛去接近他。後來，王子頹想用我，又是蹇叔阻止了我，使我免於被誅。我到虞君手下做事，蹇叔又阻止我。我也知道虞君不會信用我，只是為了那一份俸祿和爵位，暫時留下來，想不到就當了俘虜。從這三件事，我深知蹇叔的賢能。」秦穆公於是用很重的禮品，將蹇叔請來秦國，任命他為上大夫。

秦國要發展，首當其衝的是其東鄰晉國。在百里奚和蹇叔的輔佐下，秦穆公將注意力集中於晉。晉獻公晚年，發生驪姬之亂，公子重耳和夷吾出逃。穆公九年（前六五一）晉獻公死，驪姬子奚齊繼位，旋即被其臣里克殺死。秦穆公派百里奚帶兵送夷吾回國繼位，為晉惠公。夷吾事先答應將河西八城割給秦作為謝禮，但繼位後卻毀約。晉臣丕豹逃到秦國，受到穆公重用。十二年（前六四八）晉國旱災，秦穆公運了大量粟米給晉。十四年（前六四六），秦國發生饑荒，晉國不僅不給秦國糧食救災，反而乘機出兵，於次年攻秦。雙方在韓原大戰，秦軍最終生俘晉惠公。在周襄王和穆姬的請求下，秦穆公與晉惠公結盟後，將其放回。晉惠公送太子圉到秦國為質子，並將黃河以西的地方獻給秦國，秦的東部疆界擴至龍門。二十三年（前六三七），晉惠公死，其子子圉逃回國繼位，為懷公，繼續迫害逃亡的公子重耳。秦穆公於是將重耳從楚國迎來，以極為隆重的禮節接待，將女兒文嬴及四位宗女嫁其為妻，然後於次年送重耳回國為君，是為晉文公。晉文公殺死子圉，在秦的參與下，尊王攘夷，敗楚城濮，成為霸主。三十年（前六三〇），秦又出兵幫助晉文公圍鄭。鄭老臣燭之武夜裏從圍城中縋出，見秦穆公說：「鄭國滅亡，於秦不利。晉人這次開拓了東邊的領土，下次就會向西邊的秦國用兵。大君何必損害自己國家的利益，去幫助晉國呢？」秦穆公於是與鄭結盟，留杞子、逢孫、楊孫戍守，罷兵而還。

秦穆公三十二年（前六二八）冬，晉文公死。這時，杞子從鄭國派人送信回國，說：「鄭人將北門的鑰匙交給了我，如果悄悄地派軍隊來，鄭國就能得到。」秦穆公問蹇叔和百里奚，兩人回答道：「經過幾個國家幾千里路去襲擊別人，很少有成功的。我軍的行動鄭國一定會知道，不能去！」秦穆公說：「我已經決定了，你倆不必再說。」於是派遣百里奚的兒子孟明視、蹇叔的兒子西乞術和白乙丙三將帶兵出發。百里奚和蹇叔哭着為軍隊送行，秦穆公很生氣，說：「我出兵，你們卻哭着沮喪我軍的士氣，這是為什麼？」二老答道：「我們並不敢沮喪士氣。只是我們年紀大了，兒子要出征，怕以後再也見不着了！」二老對其兒子說：「你們的軍隊一定會吃敗仗，晉人將在崤山阻擊。」三十三年（前六二七）春，秦軍東去，經過成周北門時，車左、車右都脫去頭盔下車致敬，隨即跳上車去的有三百輛戰車的將士。王孫滿看了以後說：「秦軍輕佻而無禮，一定會失敗！」秦軍經過滑國時，鄭國的商人弦高正販了牛準備到周去賣，見秦軍，就將所帶的十二頭牛全部送給秦軍，說：「聽說大國將要誅滅鄭，鄭君已經作好迎戰的準備，派我先送十二頭牛犒勞貴軍士卒。」秦軍三位將軍商量道：「鄭國已經知道我軍要去襲擊，去了也沒有用。」於是滅了滑國，往回撤兵。滑是晉國的同姓之國。當時，晉文公還沒有下葬。太子襄公憤怒地說：「秦國欺侮我喪父，乘機攻滅我的同姓之國。」於是，將喪服染成黑色，出兵在崤山阻擊，大敗秦軍，將三位秦將全部俘獲。

晉文公的夫人文嬴，是秦穆公的女兒，她對襄公說：「這三人挑撥我們兩國國君的關係，穆公對三人恨入骨髓。你何必自己去殺他們呢？不如放他們回去，讓穆公去將他們煮死！」晉襄公同意了。秦穆公穿了素服，哭着到郊外迎接孟明視等人，說：「我不聽從百里奚和蹇叔的話，使你們三位遭受恥辱，你們有什麼錯？你們要專心謀劃報仇雪恥，不可懈怠！」恢復了三人的官職，對他們更加信任了。三十四年（前六二六），秦穆公又派孟明視等帶兵東向，與晉軍戰於彭衙（今陝西白水東北），秦軍再次失敗。兩次較量，秦東進的路被晉牢牢地扼住，只得轉而向西發展。

當時，在今陝甘寧一帶，生活着許多戎狄的部落和小國，如隴山以西有昆戎、綿諸、翟、獂之戎，涇北有義渠、烏氏、朐衍之戎，洛川有大荔之戎，渭南有陸渾之戎。他們生產落後，披髮衣皮，各有君長，不相統一。他們常常突襲秦的邊地，搶掠糧食、牲畜，擄奪子女，給秦人造成很大的苦難。秦穆公向西發展，採取了比較謹慎的策略，先強後弱，次第征服。當時，西戎諸部落中較強的是綿諸（在今甘肅天水市東）、義渠（在今甘肅寧縣北）和大荔（今陝西大荔東）。其中，綿諸有王，住地在秦的故土附近，與秦疆土相接。正好，綿諸王聽說秦穆公賢能，派了由余出使秦國，秦穆公隆重接待由余，向他展示秦國壯麗的宮室和豐裕的積儲，向他了解西戎的地形、兵勢。又用內史廖的策略，挽留由余在秦居住。同時，給綿諸王送去女樂二八。美妙的秦國音樂舞蹈，使戎王大享眼耳之福。他終日飲酒享樂，不理政事，國內大批牛馬死亡，也不加過問。等到綿諸國內政事一塌糊塗，秦穆公這才讓由余回國。由余的勸諫，受到戎王的拒絕。在秦人的規勸下，由余終於歸向秦國。秦穆公以賓客之禮接待由余，和他討論統一西方戎族的策略。

穆公三十六年（前六二四），秦穆公親自率兵討伐晉國，渡過黃河以後，將渡船全部焚毀，表示誓死克敵的決心。秦軍奪得王官（今山西聞喜西）和郊。晉軍不敢出戰，秦軍從茅津渡過黃河，到南岸崤地，在當年的戰場為戰死的將士堆土樹立標記，然後回國。三十七年（前六二三），秦軍出征西戎，以迅雷不及掩耳之勢，包圍了綿諸，在酒樽之下活捉了綿諸王。秦穆公乘勝前進，二十多個戎狄小國先後歸服了秦國。秦國闢地千里，國界南至秦嶺，西達狄道（今甘肅臨洮），北至朐衍戎（今寧夏鹽池），東到黃河，史稱「秦穆公霸西戎」。周襄王派遣召公過帶了金鼓送給秦穆公，以表示祝賀。

三十九年（前六二一），秦穆公死，安葬於雍（今陝西鳳翔東南），殉葬而死的有一百七十七人，其中包括子輿氏的三個兒子——奄息、仲行、鍼虎。這三人十分善良、勇武，國人對此悲痛萬分，賦《黃鳥》之詩，唱道：「彼蒼者天，殲我良人；如可贖兮，人百其身！」意思是，青天呵，怎麼將這麼善良的人給殉葬了？如果可以贖命，我們寧願出一百條命將他們換回來！

評：秦穆公霸西戎，第一次實現了對西北地區的局部統一，促進了以秦人為主體的西北民族的融合，使西北民族在秦國比較先進文化的影響下得到發展。同時，秦吸收了戎狄文化中的有益因素，促進了他自身的強大，從而崛起於西方，成為與中原齊、晉實力不相上下的強國。西北地區在中華文化中的作用，開始顯現出來。

【傳記 第二十一】

楚莊王 孫叔敖

楚莊王（？—前五九一）名侶，羋姓，楚國歷史上一位有為的君主，他任用孫叔敖為令尹，問鼎中原，繼晉文公以後成為霸主。

周文王時，楚族頭領鬻熊歸附周人。周成王分封文武以來功臣，將鬻熊的後代熊繹封於楚蠻，為子爵，居丹陽（今湖北秭歸）。西周時，熊繹的子孫不斷發展；東周時，楚國力量更為擴大，楚君熊通三十七年（前七〇四）自尊為楚武王。楚文王熊貲時，將國都遷至郢（今湖北江陵）。楚成王在位四十六年，一即位，就派人給周天子進貢，周惠王賜胙於楚成王，說：「鎮守你的南方，平定夷越的混亂，不要侵擾中原之國。」這時楚國已有地千里。齊桓公、宋襄公都曾與楚作戰，以抗擊楚對中原的侵擾。晉楚城濮之戰，楚軍大敗，楚人北上的企圖重又受阻。此後，楚轉而向東發展，先後滅了江（今河南息縣西）、六（今安徽六安）、蓼（今河南固始）、羣舒（今安徽舒城、霍山一帶）和巢（今安徽巢湖北），佔領了淮南等地。

楚莊王即位初（前六一三），有三年時間整天玩樂，而不發號施令，並向全國下令道：「有敢於進諫者，殺無赦！」大夫伍舉進宮，見莊王左臂抱着鄭姬，右臂擁着越女，坐在鐘鼓之間，就說：「臣希望有進陳隱語的機會。隱語說：『一隻鳥在高山上，三年了，既不飛，也不鳴。』請問這是隻什麼鳥？」莊王回答道：「三年不飛，一飛必定沖天；三年不鳴，一鳴必將驚人。」伍舉說：「我明白了！」幾個月以後，莊王淫樂更甚，大夫蘇從又入宮進諫。莊王問：「你沒有聽到我的命令嗎？」蘇從說：「我願意以自己的死使君王明智。」於是，莊王停止了淫樂，致力於政事，殺掉了幾百個民眾痛恨的人，進用了幾百個賢能的人，以伍舉、蘇從主持政事，國人都很高興。莊王三年（前六一一），楚國大饑，山戎和羣蠻叛楚，楚興兵，平定了戎蠻之亂，並乘勝滅了帶頭反楚的庸國（今湖北竹山東）。

楚莊王求賢若渴，虞丘向莊王推薦一位隱於民間的處士，名孫叔敖。楚莊王很快重用孫叔敖，三個月以後，就以其為令尹（國相）。有一位粗衣老人對孫叔敖說：「人地位越高越要謙遜，官做得越大越要細心，俸祿越厚越要慎重收取。你能謹慎地守住這三條，就足以治理楚國了。」孫叔敖在國內施行教化，引導人們上下和睦親近，風俗淳厚美好，政令寬緩，官吏清廉。他注意發展生產，修建了芍陂，使許多農田旱澇保收，秋冬時，勸導人民入山打獵採集，春夏時讓人民趁水漲將竹木運出山去。使人們都得到方便和好處，生活安樂。

莊王認為錢幣太輕，改鑄大的錢幣，商賈們覺得不便使用，紛紛拋棄了本業。市令向令尹報告道：「市場情況混亂，人們不安於其業，有的走了，不走的也不安心。」孫叔敖問：「這種情況有多久了？」市令說：「大約三個月。」孫叔敖說：「唉，我馬上讓它恢復舊觀。」五天以後，他朝見時對莊王陳言道：「改鑄重幣，使市場混亂，臣請求恢復原狀。」莊王同意了，正式下令，三天以後，市場又像以前那樣興旺了。楚民喜歡造底座低的車子，莊王認為這種車子不便於馬拉，想下令一律改為高車。孫叔敖說：「法令一再頒下，使百姓無所適從，不好。大王如果一定要改高座車，臣請求下令讓鄉里將門檻都加高，有車子乘的都是君子，他們不能老是經過鄉里的門檻就下車。」莊王答應了。半年以後，人們因為低車座遇高門檻多有不便，自動將車座都加高了。

國家得到治理後，楚莊王重新將兵鋒指向北方。六年（前六〇八）秋，楚莊王興兵，聯合鄭軍，討伐叛楚盟晉的陳國，進而侵襲宋國。晉軍在趙盾的統帥下，前來救陳、宋，攻打鄭國。楚軍由蔿賈統領，在北林（今河南鄭州東南）與晉軍交戰，俘虜晉將解揚，晉軍敗退。八年（前六〇六），楚莊王伐陸渾（今河南嵩縣北）之戎，接着率軍北上，耀兵中原，直至成周郊外。周定王派王孫滿前往慰勞，楚莊王向王孫滿問九鼎的大小輕重。王孫滿知道其意不善，回答道：「當天子在於德行，而不在於鼎。當年夏王正有德的時候，要求九州之牧進貢青銅，鑄造了九鼎。到夏桀昏德，鼎就遷於商，在商朝六百年。商紂暴虐，鼎又遷於周。德行如果美善，鼎雖然小，也是重的；如果奸邪昏亂，鼎雖然大，也是輕的。周朝的德雖有衰敗，天命並沒有改變。鼎的輕重，是不能問的。」楚莊王於是退兵。

莊王九年（前六〇五），以若敖氏子越椒為令尹。有人在莊王面前說越椒的壞話，越椒害怕了，就發動叛亂，向莊王發起進攻。莊王以三王之子為人質，仍不行。七月，莊王率兵與若敖氏在皋滸（今湖北襄陽西）大戰，越椒射出一箭，飛過莊王的車轅，穿過鼓架，釘在銅鉦上。又一箭，飛過車轅，穿透車蓋。士卒們都害怕了，向後退卻。莊王大喊道：「當年，我的先君文王平定息國時得到三枝強矢，越椒偷去了兩枝，已經射完了。」於是擂響了戰鼓，全軍向若敖氏發動反攻，迅速平定了叛亂。

十年（前六〇四），鄭襄公繼位後，叛楚附晉，楚莊王帶兵前往討伐，晉荀林父領兵來救。陳與楚結盟。十三年（前六〇一），眾舒反叛，莊王出兵討伐並滅了舒蓼。莊王於是正其疆界，東至滑汭（今安徽合肥東），與東鄰的吳國和越國結盟。十四年（前六〇〇），莊王再次領兵伐鄭，晉軍在郤缺的率領下前來救鄭，在柳棼將楚軍打敗。從此，楚、晉為了爭奪鄭國，多次發生戰事。次年，陳國發生內亂，夏姬與陳靈公、孔寧和儀行父淫亂，其子夏徵舒感到恥辱，用箭將靈公射死，自立為君。楚莊王帶兵攻入陳國，將夏徵舒殺死，並以陳為楚縣。羣臣都表示祝賀，只有剛出使齊國回來的大夫申叔時不祝賀。莊王問其原因，申叔時答道：「俗語說：『牽牛從別人田裏走過，田主將牛奪去。』牛主走捷徑是不對的，但奪了人家的牛則更不對了。大王因為陳國內亂而率諸侯的軍隊去討伐，這是正義的，但卻貪圖別國的疆土，又怎麼向諸侯們發號施令呢！」莊王覺得申叔時講得有道理，就將陳靈公的兒子午迎回國繼位，為成公。

十七年（前五九七）春，楚莊王率兵圍攻鄭國，三個月以後，攻克其都城，鄭襄公赤膊牽羊來降，楚莊王退兵三十里，與鄭媾和。晉國派三軍前來救鄭，以荀林父為中軍將，隨會為上軍將，趙朔為下軍將。到黃河邊時，聽到楚鄭媾和的消息，荀林父想還軍，先縠認為，既已來此，不能不進而退，於是渡過黃河。聽說晉軍前來，正要退師的楚莊王在其嬖人伍參的慫恿下，決定與晉人交戰。

兩軍在邲（今河南滎陽東北）相遇。晉將帥內部矛盾甚多，晉將趙旃夜裏到楚軍軍門前挑戰。楚莊王指揮左廣的戰車出去追趕趙旃，趙旃丟了戰車跑進樹林。晉軍派出戰車前去迎接，楚軍見晉大軍前來，就出兵列陣迎戰。孫叔敖對將士們說：「前進！寧可我們迫近敵人，不可讓敵軍迫近我軍。一定要搶在前面，以挫敗敵軍的意志。」楚軍一齊向晉軍衝去。晉軍不知所措，紛紛敗逃。荀林父見已無可挽救，下令道：「快跑！先渡過河的有賞。」晉中軍和下軍一齊湧向河邊的幾條船，船上的人怕人太多過不了河，將抓住船舷的手指都砍掉了，船中手指成捧。晉軍戰車抽掉橫木、扔掉大旗，拚命逃跑。只有晉上軍作為後殿，沒有潰散。楚莊王在黃河邊上祭祀河神，建造了先君的神廟，報告戰勝晉軍的消息，然後勝利班師。

這年冬天，楚莊王率軍討伐蕭，宋國派華椒率軍來救。莊王滅了蕭，更怨恨宋人救蕭。十九年（前五九五），莊王派申舟出使齊國，申舟經過宋國時，被宋執政華元捉住殺死。莊王得信，憤怒地一甩袖子站起來，提起佩劍就上了戰車，出兵伐宋。於九月將宋都商丘包圍。宋人向晉求援，晉未出兵。宋國被圍九個月，城中早已沒有糧食，人們交換孩子殺了吃，將骨頭敲碎了當柴燒，最後不得不與楚訂立城下之盟，以華元作為人質。盟約中寫道：「我無爾詐，爾無我虞。」意思是，我不騙你，你不欺我。此後，魯、宋、鄭、陳等國都歸向了楚，楚國成為中原諸國的盟主。

楚莊王在位二十三年卒，其子審繼位為楚共王。

評：從城濮之戰到邲之戰，晉楚兩國爭霸數十年，大小戰事無數，雖說以楚國的勝利告終，而此後雙方都沒有力量再戰。戰爭給中原人民帶來了深重的災難，也加劇了晉楚國內的矛盾。楚共王十二年（前五七九），由宋華元發起，晉楚在宋會盟，訂立了彼此不使用武力，互相幫助，搶救危難，共同討伐違命反抗的諸侯的盟約。楚共王四十五年（前五四六），在商丘舉行了有十四個諸侯國參加的弭兵大會，晉楚二國平分勢力範圍，表示不再打仗，這就是著名的弭兵之會。

【傳記　第二十二】

子產

子產（約前五八〇—前五二二），姬姓，國氏，名僑，字子產，春秋時鄭穆公的孫子，在鄭國任執政二十餘年，謚成子。

鄭國地處天下之中的今河南省新鄭一帶，疆域狹小，被南楚北晉兩大強鄰緊逼，應付偶有失周，隨時會引起兵禍。鄭國內部，舊的習慣勢力很濃，公族恃強驕縱，內亂迭出，春秋初到鄭簡公以前的十三位國君，有六位被殺或被篡位。子產之前的五個執政，有三個死於公族殘殺。子產少年時代就表現出非凡的政治見識。鄭簡公元年（前五六五），擔任司馬的子產父親子國與子耳一起率兵侵蔡，俘獲了蔡司馬公子燮，鄭人都非常高興，只有子產不隨聲附和，說：「小國沒有文德卻有武功，禍患太大了。蔡是楚的盟國，楚軍來伐，我國能不與他結盟嗎？與楚結盟，晉軍又會來討伐。從此以後，我國又將有幾年不得安寧了。」子國訓斥道：「你一個小孩子知道什麼？國家的大事，有正卿負責，小子不許亂說。」果然，在此後幾年內，楚晉先後出兵討伐鄭國，鄭國左右為難，大受其害。簡公三年（前五六三），正卿子駟欲自立為君，公子子孔鼓動以尉止為首的五族之徒發動政變，將子駟、子國、子耳殺死。少年子產臨難不懼，帶領私族之兵出戰，向尉止等人據守的北宮發動攻擊，在其他大夫的幫助下，平定了騷亂。子孔代為正卿，製作了盟書，要人們都順從於他，諸卿和官員們不服，子孔就想殺死一些人。子產加以阻止，說：「眾怒難犯，你專權的願望也難以成功，不如將盟書焚毀，讓大伙安定下來，你也能得到你所需要的東西。」子孔聽從了子產的意見，國家這才安定了。

簡公十二年（前五五四），鄭簡公殺了專橫跋扈的子孔，以子展為正卿，子西為聽政，子產為卿，任少正。其間，在多次外交活動中，面對強鄰，子產不卑不亢，有理有節，利用大國之間的矛盾，維護小國的利益，免除了強鄰一再問師國境的憂患，賢名播於列侯。例如簡公十五年（前五五一），晉國命令鄭國前去朝見，子產回答道：「多年以來，我國對貴國沒有一年不聘問，沒有一件事情不順從。而大國的政令沒有標準，意外的事屢屢發生，弄得我國十分困乏，經常處於畏懼之中。大國如果安定我國，我方會自己前去朝見，哪裏用得着命令呢？」簡公十七年（前五四九），晉召集諸侯會盟，要求各國交納很貴重的進貢物品。子產給晉國執政的范宣子寫信，說：「你擔任執政，周圍的諸侯沒有聽到你的美德，只聽說你要很貴重的貢品。我聽說，對一個國家的執政來說，好的名聲比錢財更為重要，專門致力於斂財，人們就會有二心。大象是因為有珍貴的牙齒才遭致殺害，你為什麼這樣貪財呢？」范宣子覺得子產的意見很有道理，就減輕了貢品。

為了報復陳國對鄭國的侵犯，簡公十八年（前五四八），子展和子產率戰車七百乘討伐陳國，攻入陳都。簡公賞入陳之功，以六邑封子產，子產辭讓，不得已，接受了三邑。時人見子產如此有禮，都認為他將會成為鄭國的正卿。這時，子產已在探究治國治民之法，以解決鄭國極為複雜的內政問題。子產向然明請教為政之道。然明回答：「視民如子。見不仁者，誅之，如老鷹追殺鳥雀一樣。」不久，子大叔向子產詢問為政之道，子產回答道：「為政就像幹農活一樣，要白天黑夜想着它，考慮它的開始，也要考慮它的結果，時刻按照想好的去做，所做的不超過所深思熟慮過的，就好像土地有田埂一樣，他的過錯就會少了。」

簡公二十二年（前五四四）子展逝世，子皮代之為卿。簡公二十三年（前五四三），公族駟氏和良氏為了爭權而互相殺戮，駟氏殺死伯有，又想殺子產。子皮憤怒地說：「禮儀是國家的主幹。殺死有禮的人，是最大的災禍。」事變平息以後，按照班次和威望，執政的位子應該是子皮的。而子皮自忖才能不足以治國，提出由子產擔任正卿。子產推辭道：「鄭國小而疆土窄，公族大而受寵的人多，沒法治理。」子皮說：「有我子皮帶頭服從，誰敢反對你？你就放心大膽地幹吧！國家不怕小，小國能奉事大國，就能得到安寧。」子產在子皮的支持下，擔任了鄭國的正卿，從此執國政二十一年。

子產執政，首先遇到的是公族中的強宗難以對付的問題。子產依靠七穆第一的子皮的得力支持，對一般公族實行懷柔政策，對公族中最跋扈的子晳則後發制人。子晳在內亂中殺死了執政伯有，繼而強搶子南之妻，又迫使鄭伯及九子與其盟誓，不行禮節而喜歡凌駕人上，依恃富足而輕賤其長上。但由於時機不成熟，子產一次次都忍了。子晳不思改悔，竟然想帶兵殺死子南全族。惡貫滿盈的人，必然眾叛親離，到後來，連他的族人也決定聯合起來處死他。這時，子產趕回都城，數說子晳的罪狀：「第一條是專權殺死伯有，第二條是兄弟爭奪妻子，第三條是強迫參與國君和大夫的盟誓。有了這三條死罪，就得趕快自己去死，否則大刑就會到來。」子晳說：「我受傷很重，馬上就要死了。你別幫着上天來虐待我！」子產說：「兇人必然得不到善終，我不助天，難道助兇人嗎？」子晳只得自己上吊而死。子產將他暴屍於周氏之衢，屍體上放着寫有他罪狀的木牌。

為了增強國力，子產在政治、經濟、軍事、法律等方面，大刀闊斧地進行一系列改革。

執政第一年（前五四三），他就實行「田有封洫，廬井有伍」的田制改革。就是將當時已大量存在的私田編制起來，劃清田界，確定私有權。此法實行之初，反對者很多。輿人編成歌唱道：「取我衣冠而褚之，取我田疇而伍之。孰殺子產，吾其與之。」意思是，算了我的家產去收費，丈量我的田畝來徵賦。誰去殺子產，我助他一臂之力。三年以後，成效顯著，輿人又歌唱道：「我有子弟，子產誨之；我有田疇，子產殖之。子產而死，誰其嗣之？」意思是，子產使我的子弟受到很好的教育，子產使我的田地增加了產量。假如子產死了，還有誰能繼承他的位子？

執政第二年（前五四二），子產進行政治改革，擇能任官，實行謗政。子產挑選了幾位各具專長的助手。馮簡子能斷大事，子產與其商議國政。子大叔熟悉典章制度，子產讓他負責行政和應對賓客。公孫揮了解各國情況和卿大夫特點，又善於辭令，子產與他分析諸侯情況，讓他出使鄰國。裨諶善於謀劃，子產經常與他一起乘車到野外，要他出謀劃策。這樣子產每實行一件事，多能成功，很少出現失誤。

鄭國士大夫習慣於閒暇時在鄉校議論執政。然明建議禁毀鄉校，子產不贊成，說：「人們早晚閒暇到鄉校議論執政的好醜，他們認為好的，我就繼續做；他們認為不好的，我就改正，他們就是我的老師，為什麼要禁毀呢？」使鄉校成了人們發表政治見解的場所。

執政第六年（前五三八），子產作丘賦，進行田稅兵制改革。規定每丘（十六井）農戶出馬一匹、牛三頭，以充軍賦，從而平均負擔，增強國家的軍事實力。國人對此表示反對，說他太狠毒了，不得好死。子產說：「如果對社稷有利，我自己的生死算得了什麼？民眾不能放縱，制度只要合乎禮義，就不必擔心別人怎麼說。」堅持推行改革。

執政第八年（前五三六），子產鑄刑書，進行法制改革。將法律條文鑄在鼎上，公佈於眾，使人人有所遵循，也可依據刑書對不法者進行處理，改變了過去無法可依，受害者無處申冤的狀況。晉國叔向寫信來表示反對，子產毫不退讓，回答道：「我這樣做是為了救世！」子產深明自己的措施利國利民，所以能堅持貫徹。

子產的改革，取得了成功，據說，當時鄭國城門不用關閉，國內沒有盜賊，路上沒有捱餓的人。鄭的國力大為增強，在諸侯中的地位也得到提高。

子產對災變迷信也不盲從。鄭定公四年（前五二六），鄭國大旱，大夫屠擊、祝款等人到桑山祈禱，認為是山神作怪，將山上的樹木全砍光了。子產得知此事，十分生氣，說：「有事於山，就應該多養護樹。你們反而把樹砍光，罪過太大了。」下令將他們的封邑都剝奪了。鄭定公五年（前五二五）冬，彗星在大辰星旁出現，光芒西達銀河。鄭國的裨竈認為這是將要發生大火災的徵兆，向子產要玉瓚祭神，禳除火災，子產不肯。次年五月，宋、衞、陳、鄭都發生火災，子產親自組織救火，然後救災。這時，裨竈又提出用玉瓚祭神，說：「不聽我的話，鄭國還要發生火災。」子產仍然不同意。連子大叔也覺得子產太固執，說：「珍寶是用來保民的，如果能用來免除火災，你何必捨不得呢？」子產答道：「天道悠遠，人道切近，兩不相關，怎麼能知道它們之間的關係？裨竈哪裏知道天道？不過是他說得多了，偶然被他說中了。」此後，鄭國並沒有發生火災。

鄭定公八年（前五二二），子產病重，臨逝世前，對子大叔說：「我死了以後，你將要擔任正卿。只有有德的人能夠以寬大使百姓服從，其次就不如用猛烈的辦法。火猛烈，民眾望見就害怕，所以很少有被燒死的；水看起來很懦弱，百姓輕慢玩弄它，死於水的人就很多，所以要寬大是很不容易的。」

子產逝世以後，鄭國無論老人還是青壯年都放聲大哭，號叫道：「子產離開我們死了，人民將歸向哪裏去呢？」

評：子產以寬猛相濟的行政手段，在一個積貧積弱、問題叢生的國家，進行了成功的改革，贏得了人們的讚譽，被後人稱為「救時之相」、「春秋第一人」。他的很多思想和經驗，都是值得認真總結繼承的。

【傳記　第二十三】

晏嬰

晏嬰（？—前五〇〇），字仲，謚平，人稱晏子，齊國夷維（今山東高密）人。在齊靈公、莊公、景公時為卿，是一位著名的政治家。

齊靈公二十六年（前五五六）晏嬰的父親晏弱卒，謚桓子。晏嬰穿了粗麻不縫邊的喪衣，腰繫苴帶，手拄竹杖，吃粥，住草棚，為父親守靈。里宰說他實行的不是大夫之禮。晏嬰明知里宰無知，也不予反駁。喪期結束後，晏嬰代父為大夫。

齊莊公時，晏嬰為齊國相。他帶頭節儉，吃飯時，只有一個肉菜，其妾不穿絲帛，生活與一般人差不多。國君有道的時候，他就順從命令去做；國君無道時，他就斟酌命令，可行則行。所以，他能在三代君主手下為官，而顯名於諸侯。越石父是個很賢能的人，但因罪被拘繫服役。晏子在由晉回國的途中遇見他，就解了左邊的駕車馬，將他贖了出來，一同乘車回齊。到了家以後，晏子沒有向他說一聲就進了內室。晏嬰再出來時，越石父請求離去。晏子很驚訝，整理好衣帽向他謝罪，說：「我晏嬰雖然不仁，卻使您免除了困境，您為何這麼快就要走呢？」越石父答道：「不對！我聽說君子可以受不知己者的委屈，但在知己者的面前意志應該得以伸展。當我被拘為奴時，人們不了解我。您既然了解我，而將我贖出來，就是知己了。知己的人卻對我無禮，倒不如還在被拘中哩。」晏嬰馬上向他道歉，請他為上客。晏嬰的車伕在趕車時意氣揚揚，非常得意。車伕的妻子從門縫中看見丈夫駕車時的樣子，在車伕回家後就請求離去。車伕問是何故，其妻說：「晏子身高不到六尺，卻當了齊國的相，名揚諸侯。今天我看見他出行時，思慮很深，時常有謙虛卑遜的表情。你一個堂堂八尺的漢子，當了個車伕，卻神情十分得意滿足，這就是我要求離去的原因。」車伕從此以後態度變得很謙卑，晏嬰感到奇怪，就問他為何有如此變化，車伕就將實情說了，晏嬰推薦車伕當了大夫。

莊公三年（前五五一），晉大夫欒盈反叛失敗後，逃來齊國，齊莊公將他當作貴賓接待。晏嬰勸諫道：「商任盟會時，我們接受了晉國禁錮欒氏的要求，現在卻接納他，可怎麼用他呢？小國用來奉事大國的是信用。失去信用，無法立身立國。君公還是好好考慮吧！」莊公不聽。莊公四年（前五五〇），晉君將嫁女於吳，齊莊公趁送媵妾的機會，將欒盈藏在車中送回晉國。欒盈回到他的封邑曲沃，重振勢力，起兵攻入晉都絳（今山西翼城），終因寡不敵眾而兵敗被殺。齊莊公出兵攻打衞國，並進而攻打晉國。晏嬰勸阻道：「我們將晉奉為盟主，卻又出兵去攻打。如果不成功，是國家的福氣；沒有德行而有戰功，憂患必然降臨到君公的身上。」莊公不聽，進兵伐晉，奪取了朝歌（今河南淇縣），入孟門，登太行，封於少水（今沁水），以報平陰之仇。晉趙勝率軍在後追趕，俘獲晏嬰的兒子晏牦。

莊公九年（前五三九），晉軍即將伐齊。根據晏嬰建議，莊公與楚通好。當秋天晉軍來伐時，楚國出兵救齊，使齊免於被攻破。莊公十年（前五三八），齊權臣崔杼利用莊公與其妻私通的關係，將莊公騙來崔宅殺死。晏嬰聞訊，衝進崔宅，伏在莊公的屍體上大哭，然後出門而去。有人對崔杼說：「一定要殺掉晏嬰。」崔杼說：「這是民心所向的人，放掉他，就能得民心。」崔杼立莊公異母弟杵臼為君，是為齊景公。崔杼任右相，慶封任左相，二相怕國人不從，就要求國人與其盟誓。晏嬰仰天長歎道：「我晏嬰如果不是隨從忠於君主、利於社稷國家的人，上天可以作為我的明鑑！」堅決不肯訂盟。慶封想殺死晏嬰，崔杼說：「這是忠臣，放了他吧！」齊太史在史策上寫下「崔杼弒其君」，崔杼將太史殺死。太史的兩個弟弟繼承兄業，先後書寫「崔杼弒其君」，都被殺死。太史的小弟弟堅持寫這件事，崔杼只得放下屠刀。南史氏聽說太史弟兄的死訊，也拿了竹簡往朝中去。在聽到史事已記在史策上以後，才回去了。

齊景公四年（前五四四），吳公子季札出使齊國，見齊國國政混亂多難，對晏嬰說：「你趕緊將食邑和政權交還國君，才能免於災禍。齊國的政權將有所歸屬，在沒有歸屬之前，災禍不會停息。」晏嬰通過陳桓子交還了政權和食邑，由此，得以免於後來欒氏和高氏發動的禍難。景公刑罰殘酷，晏嬰很為之不安。景公見晏嬰的住宅靠近閭市，低矮潮濕喧鬧，就要給他另建一所高曠寬敞的住宅。晏嬰辭謝道：「臣的先代就住在這裏，我能住在這裏已經不錯了。況且這裏靠近閭市，我能隨時買到需要的東西。我怎麼敢麻煩里閭再給我蓋房哩！」景公笑了，問道：「您靠近閭市，知道物品的貴賤嗎？」晏嬰答道：「我既然從那兒得到好處，怎能不知道呢？」景公問：「什麼貴？什麼賤？」答道：「假足貴，麻鞋賤。」景公一聽，知道這是藉物價勸諫自己，於是減輕了刑法。九年（前五三九），晏嬰受命到晉國為景公聘繼室。在宴會上，晏嬰與晉大夫叔向談起兩國的情況，晏嬰說：「齊國現在是衰世，人民三分之二的收穫要交給公室，只剩下三分之一供給全家衣食。齊君倉庫中的東西存放太久都腐朽了，而年老的百姓卻在捱餓受凍。受斷足之刑的人太多，以至於市場上的麻鞋價賤，假足卻很貴。而田陳氏卻有德於民，給百姓借貸時用大量器，收回借貸時用小量器，出售山木和魚鹽蜃蛤時都與產地價格一樣。百姓像愛父母一樣愛陳氏，齊國終將有一天會為陳氏所有。」從晉國回國時，景公已給他建成了新住宅。晏嬰拜謝以後，將新宅拆毀，照原樣恢復了以前這裏的房宅，讓原住戶搬回來。景公不允許他這樣做，晏嬰託陳桓子說情，才搬回了舊宅。

齊景公三十一年（前五一七），孔子周遊列國，來到齊國。齊景公向孔子問如何行政，孔子回答：「君君，臣臣，父父，子子。」就是說，君要像君的樣子，臣要像臣的樣子，父親要像父親的樣子，兒子要像兒子的樣子。下次，景公又問如何行政，孔子說：「行政在於節省財力。」景公感到十分高興，想將尼溪封給孔子作食邑。晏嬰進諫道：「儒者能言善辯而不受約束，高傲自滿而難以駕馭，重視喪事長期悲痛破產厚葬而不可為俗，到處游說求職而不可讓他們掌管國事。自從文王、武王、周公逝世以後，周室已經衰微，禮樂已經淪喪很久。如今孔子卻穿了盛裝，制定繁瑣的禮節規矩，人們幾代也學不完，一輩子也弄不清。你想用這些來改變齊國的禮俗，並不是引導小民的好辦法。」孔子見自己不為景公所用，就離開齊國了。

齊景公四十八年（前五〇〇），晏嬰逝世，諡為平，故後人又稱其為晏平仲。

評：晏嬰的事跡，多見於後人所輯的《晏子春秋》中。古人之所以津津樂道他的佚事，司馬遷甚至願意為他執鞭當僕人，最主要的，大概是他的兩個信條：一是「國有道，即順命；無道，即衡命」，就是今天所說的不盲從，要獨立思考；二是「進思盡忠，退思補過」，就是無論在什麼場合，都一心為國。這兩條，無疑是古代大臣最重要的品德。

【傳記　第二十四】

司馬穰苴　孫武

司馬穰苴，田氏，名穰苴，因曾任齊國司馬之官，人稱司馬穰苴，春秋時著名的軍事家。

齊景公時，晉國入侵齊國，打到阿（今山東東阿南）、鄄（今山東鄄城北）之間，而燕國的軍隊也從北方向黃河南邊的齊邑發動進攻。齊軍南北受敵，屢屢戰敗，景公十分憂愁。國相晏嬰知道田完的後代穰苴很有軍事才幹，就向景公推薦道：「穰苴雖然只是田氏的庶孫，但他文能使眾人歸附，武能以威制敵，請君公允許他試一試。」景公召見穰苴，與他講論軍事，發現他很有見解，就任命他為將軍，帶兵前去抗擊燕、晉之兵。穰苴說：「為臣本來地位低賤，君公將我一下子提拔到大夫之上，不僅士卒難以歸附，連百姓也不會相信。我人微權輕，請求君公派遣一位寵幸的大臣，並且是受到國人尊崇的人，給我監軍，這樣才行。」齊景公於是派莊賈為監軍。穰苴向齊景公告辭以後，與莊賈約定：「明天中午，我倆在軍門會面。」第二天一早，穰苴就駕車來到軍門，立起測日影的木表和計算時間的滴漏，等待莊賈。莊賈一向驕傲尊貴，認為將軍已經到了軍營，自己是監軍，不必着急。親戚和部屬為他餞行，留他喝酒。到了正午，莊賈還沒有來，穰苴就扑倒木表，放掉滴漏中的水，進入軍營，巡視營帳，整頓部隊，宣佈各項號令規定。這些事情做完，已是日暮時分，莊賈才姍姍而來。穰苴問：

「為何晚到？」莊賈道歉說：「那些僚屬親戚送行，耽誤了時間。」穰苴說：「將軍受命之日就要忘記自己的家，到了兵營宣佈號令以後就要忘記親人，擂動戰鼓軍情緊急時就要忘記自己。如今，敵軍侵入境內，舉國騷動，士卒在戰場風餐露宿，君上憂慮得睡不好覺，吃不下飯，千萬百姓的生命安危都維繫在你的身上，還說什麼送別呢！」馬上召來軍正問道：「軍法對約定時間而遲到的怎麼處理？」回答是：「當斬！」莊賈害怕了，趕忙派人乘車去向景公求救。派去的人還沒有回來，莊賈已被斬首，並巡行示眾，三軍將士見狀無不為之震服。過了一會兒，景公派遣的使者手持符節，飛車馳入軍營，宣佈赦免莊賈。穰苴說：「將軍在軍中，君上的命令也可以不接受。」又回過頭問軍正：「乘着車馬馳入軍營，軍法是怎麼規定的？」軍正回答：「當斬！」使者恐懼萬分。穰苴說：「君上的使者不能殺。」於是將使者的隨從以及駕車的左馬殺死，並巡行示眾。放使者回宮報告，然後帶兵出發。

行軍途中，穰苴對駐地營舍、水井、鍋竈、飲食都親自過問，並到士卒中問寒問暖，探視傷病人員，送去醫藥，將疲憊體弱者單獨予以安置，還把將軍的物資糧食拿出來給士卒，與士卒吃同樣的伙食。三天以後，對軍隊重新進行整頓訓練，連有病的都要求繼續參加行軍，全軍上下鬥志昂揚，士氣旺盛。晉師聽到消息，主動後撤。燕軍也渡過黃河，向北撤去。穰苴指揮齊軍在後追擊，收復了被敵佔去的疆土，然後班師。還沒有到國都，就下令全軍解除戰備，放鬆約束，宣誓效忠，然後入城。景公和大夫們都到城郊迎接，犒勞將士。穰苴因功被任為大司馬，從此，田氏在齊國更加尊顯。

後來，大夫鮑氏、高氏和國氏感到司馬穰苴對他們的權勢有威脅，就在景公面前進讒言。景公將司馬穰苴罷退，穰苴生病而死。

司馬穰苴著有兵法存世，書名《司馬法》。據說，該書是齊威王時，由臣下將周代司馬用兵之法與穰苴的兵法合編而成。現存《司馬法》共五篇，即《仁本》、《天子之義》、《定爵》、《嚴位》、《用眾》。書中主要論治兵，也論作戰。認為戰爭要以仁為本，以義治之。為了安民而殺人，為了愛民而攻其國，為了制止戰爭而作戰，都是正義的。提出不可好戰，也不可忘戰，要隨時備戰。打仗必先教民，君王要以禮法為表裏，以文武為左右。軍隊配置要各兵種錯雜，長短兵器配合。作戰之前要反覆考慮，制定謀略，按計劃行動。戰爭最主要的是權謀，作戰最重要的是勇敢，佈陣最根本的是巧妙。對士卒要教育其不怕死，又要教育其為正義而死。兵有七政、四守。七政是：人、王、辭、巧、火、水、兵。四守是：榮、利、恥、死。軍隊在駐紮時要放好兵甲，行進時要整齊行列，作戰時要齊進齊退。作戰時，人少就防守，人多就進擊。眾寡以觀其變，進退以觀其固，危而觀其懼，靜而觀其怠，動而觀其疑，襲而觀其治。地形要背靠風和高處，右邊高聳，左邊險峻。總之，該書內容博大精深，對戰爭理論、備戰、軍隊教育、軍事編制等一系列基本的軍事問題都有所論述，是古代重要的兵法著作。

孫武，字長卿，人稱孫子，出生於齊國樂安（今山東惠民），是春秋後期著名的軍事家。

他很早因事移居吳國，隱居鄉間，悉心研究兵法，著《兵法》十三篇。世人對其都不了解，只有吳將伍員知其不僅精通兵法，而且能帶兵克敵致勝。吳王闔閭三年（前五一二），伍員想催促闔閭興兵伐楚，在與闔閭討論兵法時，七次推稱孫武兵法之精。闔閭召見孫武，向他討教兵法。孫武一篇篇地講其著述，闔閭不住地點頭稱是。講完以後，闔閭問道：「你的十三篇兵法，我都知道了。你可以試着操練帶兵嗎？」孫武答道：「可以。」闔閭問：「可以用婦人試試嗎？」「可以。」闔閭叫出宮中的一百八十名美女，交給孫武。孫武將她們分為二隊，以闔閭最寵愛的兩位姬妾分別擔任隊長，讓每個人都手持長戟，然後問：「你們知道自己的心、左右手和背嗎？」婦人們答道：「知道！」孫武又說：「我擊鼓發令向前，就是前胸；向左，就是左手；向右，就是右手；向後，就是背。」婦人們說：「是！」又規定了軍紀，設置了執行軍法的斧鉞，並三令五申了各項號令。

於是孫武正式擊鼓發令向右，婦人們大笑。孫武說：「約束不明，命令講得不清楚，是將領的過錯。」於是又三令五申各項命令，然後擊鼓發令向左，婦人們又大笑。孫武說：「約束不明，命令講得不清楚，是將領的過錯；已經講清楚了，還不按號令執行，就是吏士的罪過了。」說着就要斬左右隊長。吳王在臺上觀看訓練，見孫武要殺他的愛姬，大驚，派使者趕快傳令道：「寡人已經知道將軍能用兵了。寡人沒有這二姬，吃飯都沒有味道，千萬別殺她們。」孫武說：「臣已受命為將，將軍在軍中，君主的命令也可以不接受。」馬上將兩名隊長斬首示眾，讓後邊的兩人為隊長，重新擊鼓發令。婦人們隨着號令，向前，向後，跪下，起立，全都合乎條令要求，沒有一個人敢出聲。於是，孫武派使者向闔閭報告道：「隊伍已經訓練整齊，大王可以下來親自檢閱，即使讓她們赴湯蹈火也一定能辦到。」闔閭傳下話說：「將軍解散部隊回去休息吧！寡人不願下去看了。」孫武說：「大王只是喜歡我的論說，而不肯用我按兵法帶兵。」

闔閭知道了孫武的軍事才幹，於是任命孫武為將軍，與伍員、伯嚭一起帶兵伐楚，攻克舒邑（今安徽廬江南），將投降楚國的二名吳將殺死。闔閭想乘勝西進，進攻楚都郢（今湖北江陵），孫武說：「百姓疲勞，不宜繼續用兵，還是等以後吧！」以後幾年，孫武、伍員又領兵南敗越軍，西敗楚軍，奪取了楚國的一些地方。闔閭九年（前五〇六），闔閭對伍員和孫武說：「以前你們說不宜攻打郢，現在怎麼樣？」兩人都說：「楚將子常十分貪婪，唐、蔡二國都很怨恨，大王要討伐楚國，必須與唐、蔡合兵。」吳、唐、蔡聯軍在伍員、孫武諸將的統帥下，越過大別山，進破楚囊瓦軍於柏舉（今湖北麻城東），五戰五勝，攻進楚都郢城。以後，孫武還參加了吳軍北擊齊、魯的軍事行動，屢立戰功，顯名諸侯。

孫武所著的兵書《孫子兵法》十三篇，即《計篇》、《作戰篇》、《謀攻篇》、《形篇》、《勢篇》、《虛實篇》、《軍爭篇》、《九變篇》、《行軍篇》、《地形篇》、《九地篇》、《火攻篇》、《用間篇》。全書不足六千言，卻內容豐富、博大精深，具有經久不衰的生命力，被視為全世界古代最偉大的軍事著作。書中提出「兵者，國之大事」，「安國保民」是軍人最高的價值目標。要擊敗敵人，「上兵伐謀，其次伐交，其次伐兵，其下攻城」。最好是以謀略「不戰而屈人之兵」，其次用外交手段取勝，再其次才是用作戰取勝，最不得已時才攻城略地。戰爭是詭道，「兵以詐立」，要「知己知彼」，尋敵弱點，攻守兼用，以眾擊寡，避實擊虛，出奇制勝。「兵貴勝，不貴久」，強調進攻戰要速戰速決。書中認為，傑出的將帥必須具備知、信、仁、勇、嚴五個條件。知，指智謀出眾，用兵如神；信，指說話算數，嚴守信用；仁，指仁愛民眾和士卒；勇，指剛毅果斷，勇冠三軍；嚴，指嚴而有威，嚴守法紀。治軍的方法，主要是文武兼施，賞罰並用，修明政治，確保法制。書中將地形分為通、掛、支、隘、險、遠六種，根據地形決定作戰方式。《孫子兵法》是源遠流長的中華文化中的瑰寶。

評：《新唐書·宰相世系表三下》有講孫氏族源的一段記載，言田完的五世孫田書，字子占，為齊大夫，伐莒有功，景公賜姓孫氏，食采於樂安。孫書的孫子孫武，因田、鮑四族之亂，逃到吳國，為將軍。孫武有三個兒子，次子孫明生孫臏，云云。先秦著名軍事兵法家司馬穰苴、孫武、孫臏竟然都是同宗之人，這倒是中國歷史上一件非常有趣的事情。

【傳記　第二十五】

老子　莊周

老子是誰，歷來有不同的說法。一般認為老子姓李，名耳，字聃，又字伯陽，號老子，楚國苦縣（今河南鹿邑東）厲鄉曲仁里人，春秋後期著名思想家。

老子在周王室擔任管理藏書的守藏室之史。孔子到周室，向老子請教古禮。老子回答道：「你所說的人，他的人和骨頭都已經腐朽了，只有他的言論還在。況且作為君子，時機合適就出來做官乘高車大馬，沒有機會就隱居流徙。我聽說，好的商人深藏寶貨，讓人以為他沒有什麼，君子道德高尚，其音容面貌卻像愚笨者一樣。去掉你的驕氣與那麼多的欲望，這些都無益於你的身子。我能告訴你的，就只有這些。」孔子離開周以後，對弟子們說：「我知道鳥兒能飛，我知道魚兒能游，我知道野獸能走。能走的可以用網捉，能游的可以用線釣，能飛的可以用箭射。至於龍，我卻不知道牠的底極，牠能乘風駕雲而上天。我今天見到老子，他大概就是龍吧！」

老子在周王室任職多年，親眼看到周的衰微，就棄官隱去。走到函谷關，關令尹喜對他說：「您將要隱居起來了，請為我寫一本書吧！」於是老子寫了《道德經》上下篇，闡述道德的意義，然後離去。人們不知道他以後怎麼樣了。據說，老子活了一百六十歲，也有人說是活了二百多歲，由於他能講修道德，故而長壽。

也有人說，老子就是楚人老萊子，他著書十五篇，講道家的體用，與孔子是同時代的人。

還有人認為，老子是周平王時的太史儋。四百多年後，他去見秦獻公（前三八四－前三六二在位），說：「開始時，周與秦是合併的，合併五百年以後分離開來，分離七十年就有霸王出現。」周太史儋在戰國中期寫了《道德經》。

據今人研究，《老子》一書大體反映了春秋後期李耳的思想，又經過後人的加工，直到戰國中期才最後成為定本。由此才出現了三個老子的說法。

《老子》一書共五千言，分上下兩篇，八十一章。今傳本上篇為《道經》三十七章，下篇為《德經》四十四章，故而該書又名《道德經》。道教以該書為經典，故稱其為《道德真經》。《老子》中創立了以道為核心，包括本體論、辯證法、認識論和人生哲學內容的系統的哲學思想體系。老子認為道是宇宙萬物的本質，自然的縮影和化身，道產生萬物，萬物產生後又回歸於道。道又是宇宙萬物的本原，道使萬物從有形轉化為無形。無形既是萬物運動的起點，又是萬物運動的終點、歸宿和本根。提出「萬物負陰而抱陽」，即有互相對立的兩面。對立面相互依存，相互轉化，「禍兮，福之所依；福兮，禍之所伏」。道通過弱發揮作用，要以曲勝全，以弱勝強，甘居雌柔、卑下，就能回歸到質樸。

道在萬物中的體現和作用稱為德，它構成人們的思想、言論和行為的準則。德的核心，是自然、無為、無知、無事、無爭、知足，一切順乎自然。由此出發，個人要以無為治身，統治者以無為治國。對民眾要「虛其心，實其腹，弱其智，強其骨，常使民無知無欲」，最終使社會回到淳樸無爭的小國寡民的自然狀態之中。《老子》還認為，世間爭亂的根源在於人為和物質生活的進步，因而要無為而治。老子反對戰爭，說：「兵者，不祥之器也。」

老子的思想，將人們思考的範圍從倫理道德、人生和政治，擴展到整個宇宙，在抽象思維上也是巨大的進步。他所創建的思想體系，使他成為道家學說的創始人，對古代哲學、政治、軍事、宗教、醫學、養生等，都產生了廣泛而深刻的影響，不愧是中國思想文化的智慧之根。

莊周（前三六九—前二八六），人們尊稱其為莊子，道教稱他為南華真人，宋國蒙（今河南商丘東北，也有人認為在今山東東明境）人，戰國時的哲學家，道家學派的主要代表人物。

莊周曾經擔任過蒙邑的漆園吏。他生活十分清貧，住在窮閭陋巷，靠織屨謀生。曾經向監河侯借粟，監河侯故意推託，說：「等我收了租稅再借給你。」莊子發怒道：「我昨天在來的路上，看見車轍裏有一條鮒魚喊救命，對我說：『我原是東海的水族，現在脫離了水，請你弄斗升之水來救我。』我說：『好的，我正要南遊吳越，待我將西江的水引來救你，好嗎？』鮒魚憤怒地說：『等你引來西江的水，我早就被曬乾了！』」

莊子很窮，但不願做官。楚威王聽說莊子賢能，派使者帶了很貴重的禮品去迎請他，答應讓他當楚相。莊周笑道：「千金是很重的利，卿相是很尊貴的官。你就沒有見到郊祭用作犧牲的牛嗎？將牠養育幾年，然後穿彩繡的衣服，送進太廟。到這時候，牠雖然想當個安分的小豬，能行嗎？你走吧，別弄髒我的人格。我寧可在髒水溝中自由地遊戲，也不受國君的約束。我一輩子也不做官，以使自己的心志快樂。」

莊子對現實世界的不平充滿憤懣。他穿了破麻鞋和有補釘的布衣去見魏王。魏王說：「先生怎麼這樣困頓？」莊子反駁道：「衣服破爛、鞋履穿孔，是貧窮，不是困頓，只是沒有遇到時機罷了。大王沒有見到猿嗎？牠要是生活在豫章的南楠之上，攬住其樹枝，就成了猿王，即使后羿、逢蒙也不能睥睨牠。但如果牠生活在柘棘枳枸之間，走路小心翼翼四處張望，稍微有點響聲就擔驚受怕。這隻猿的筋骨並沒有不同，只是所處的地勢不利，無法充分表現其能力罷了。我現在身處昏君亂相之間，想不困頓能行嗎？」

莊子臨死之前，弟子們商量要厚葬他，莊子說：「不必了。我以天地為棺槨，以日月、星辰、萬物為陪葬品，我的葬具還不好嗎？還厚葬什麼？」弟子們說：「我們怕您被飛鳥吃掉。」莊子說：「在地上被飛鳥吃，在地下被螻蟻吃，都是一樣的，何必偏愛螻蟻，而薄待飛鳥呢！」莊子就要死了，弟子們都哭了起來，莊子說：「人都是要死的，何必貪戀那短暫的生命哩！」

莊周的學問非常淵博，研究的範圍很廣，他直接繼承和發展了老子的思想，是道家學派的傑出代表。他的思想集中體現在《莊子》一書中，該書在道教中被尊稱為《南華真經》，通行本三十三篇，分為內篇七篇，外篇十五篇，雜篇十一篇。其文字汪洋恣肆，想像豐富，多採用寓言闡說哲理，在哲學史和文學史上都有很高的研究價值。莊子認為道是客觀真實的存在，是世界最高的本體，在時間和空間上都是無限的。認為一切事物「無動而不變，無時而不移」，都處於變化之中。矛盾雙方相互作用，相互轉化，「安危相易，禍福相生，緩急相摩，聚散以成」。「臭腐復化為神奇，神奇復化為臭腐」。他認為世界上的萬物都是相對的，有差別，又無差別，說：「天下莫大於秋毫之末，而泰山為小；莫壽於殤子，而彭祖為夭。」在莊子看來，人生就是一場夢。書中講，莊周夢中化為蝴蝶，醒來以後，他自己也搞不清楚，究竟是他莊周夢為蝴蝶，還是蝴蝶夢為莊周了。因此，世界上無所謂美醜善惡是非，人們應該安於現狀，逍遙自得，順應世俗，隨遇而安，通過「坐忘」，達到「天地與我並生，萬物與我為一」的絕對自由的精神境界。他批評儒家仁義和墨家兼愛的說教破壞了人的自然之性，是社會一天天墮落的原因。治理社會只能用自然無為的辦法。他認為人們沒必要終生孜孜探求知識，說：「吾生也有涯，而知也無涯。」他認為最美的是自然界本身，「天地有大美而不言」。莊子厭世和出世的思想，對在專制重壓和人生波折中的人們有很強的吸引力，成為古代許多士人憤世嫉俗、藐視權貴、淡泊名利、輕於去就人生態度的思想源泉。莊子的哲學和文風，更是中華傳統文化中的寶貴財富。

【傳記 第二十六】

孔子

孔子（前五五一—前四七九），名丘，字仲尼，人們敬稱其為孔子、孔夫子，魯國陬邑（今山東曲阜東南）人，春秋時偉大的思想家、政治家和教育家，儒家學派的創始人。

孔子的先世是宋國人。其父叔梁紇為陬邑大夫，與顏氏少女徵在野合而生孔子。孔子出生時，頭頂中間低四邊高，如尼丘山的形狀，因此命名為丘，字仲尼。孔子生下不久即喪父，家境貧困，他幼時就喜歡玩祭祀和禮儀的遊戲，讀書也很刻苦。十七歲時，已經以知禮聞名。魯大夫孟僖子臨死前囑咐兒子懿子道：「孔丘是聖人（指商湯）的後代。古語說：『聖人的後代雖然不一定能當國繼位，也一定會有才德顯世的人出現。』孔子這麼年輕，就如此好禮，他大概就是那位才德顯世的人吧！你一定要以他為師。」所以，孟僖子一死，懿子就與南宮敬叔一起去向孔子學禮。

年輕時，孔子當過季氏家的倉庫吏、司職吏和司空。以後就離開魯國，到各諸侯國遊歷。在齊國受排斥，在宋國和衛國被驅逐，在陳、蔡間受困。又從魯國到周，向老子問禮。臨走時，老子對他說：「我聽說富貴者送人錢財，仁者送人以言。我不富貴，卻被稱作仁人，我就送你幾句話吧：『一個聰明而又能深思明察的人卻差點兒死掉，是因為他好議論別人。學問廣博能言善辯的人遭到危險，是因為他喜歡揭人的短處。當子女的不能只想着自己，當人臣的也不能只想着自己。』」

魯昭公二十五年（前五一七），魯國掌權的三大夫將魯昭公打敗，魯昭公逃到齊國。孔子隨昭公到齊，向齊太師學習韶樂，沉醉在音樂之中，三個月中嘗不出肉的味道。後來，孔子回到魯國，廣招弟子，傳授學問，成為很有影響的學者，季桓子和吳國使者都曾向孔子請教問題。魯定公九年（前五〇一），孔子被任命為中都（今山東汶上西）宰，治理地方很有成績。次年，孔子升任司空，又升至大司寇。魯定公要與齊景公在夾谷盟會，以孔子為相禮者。齊人想在盟會上以武力劫持魯定公，因孔子事先有備，帶了軍隊前往，而未得逞。齊人在盟書中私自加上要求魯國在齊軍出境時以三百輛戰車跟隨的條文，孔子針鋒相對提出，要齊國歸還其侵佔魯國的汶陽之地，方可履行此約。盟誓以後，齊侯要設享禮招待定公，孔子指出，這不符合禮法，於是沒有設享禮。齊景公認識到這次盟會得罪了魯君，所以事後將以前侵佔的鄆、讙、龜陰三地歸魯，以示道歉。定公十四年（前四九六），孔子由大司寇代理國相，面有喜色。門人說：「聽說君子遇到災禍不畏懼，來了福事不喜形於色。」孔子說：「是有這話。不過還有一句『樂其以貴下人』的話！」

孔子下令處死了擾亂國政的大夫少正卯，並致力於治國，使做買賣的人不敢哄抬價格，男人和女人分開道路行走，路不拾遺，四方旅客不用找官府就能受到很好的照料。

齊國對孔子代理魯相很憂慮，害怕魯國稱霸後將首先兼併齊國，於是挑選了八十位漂亮女子穿了繡花衣服，跳康樂之舞，加上三十匹有花紋的良馬，送給魯定公。從此，定公沉湎於女樂之中，而不理政事。孔子見自己已無法施展，只當了三個月代理國相，就離開魯國，帶了弟子們周遊列國，尋找實施自己政治主張的機會。

在十四年裏，孔子先後到過衞、陳、曹、宋、鄭、蔡、楚等國，受盡磨難。路過匡（今河南長垣境）地時，因為孔子的長像與曾經侵暴過匡的陽虎相似，而遭匡人包圍五天。在宋，孔子正與弟子在大樹下習禮，宋司馬桓魋竟將大樹砍倒，想壓死孔子。在鄭，孔子與弟子失散，鄭人說孔子像個喪家之犬。在蔡，孔子弟子子路向一位擔着草器的老者問：「您見着夫子了嗎？」老者回答道：「四體不勤，五穀不分，算什麼夫子！」在陳、蔡之間，孔子被包圍於野外，斷糧數日。孔子希望有君主用他，說：「假如有人用我，一年時間我就能做出成績。」然而卻沒有一個國君任用他。

魯哀公十一年（前四八四），孔子六十八歲時回到魯國。他「病沒世而名不稱焉。吾道不行矣，吾何以自見於後世哉！」為了死後能留名，寄託自己的政治主張，於是他根據自己的觀點，集中精力整理舊有的文化古籍，並作為向弟子授課的教材，編定了《書》、《禮》、《樂》、《詩》、《易》、《春秋》六種儒家經典。

《書》又名《尚書》，是前代政治文獻的彙編。孔子從周王室訪得虞、夏、商、周的典籍三千多篇，從其中選出對人主有規範作用、足以垂世立教的典、謨、訓、誥、誓、命等文體的文章一百篇，編成了該書。

《禮》，指《士禮》，就是《儀禮》，其內容是關於士大夫應該掌握的冠、昏、飲、射、聘、覲、喪葬、祭祀的各種禮儀。孔子認為，禮是實現天下歸仁和個人立身的重要手段。經過長期的搜集和實踐，孔子終於對已經崩壞的禮有了全面的掌握。總結三代禮儀的變化，他認為只有周禮方可糾正世風，說：「周監二代，郁郁乎文哉，吾從周。」從而將其著錄於書。

《樂》，即《樂書》，就是古代的歌曲。「詩言志，歌詠言」，孔子十分重視音樂對了解民情、陶冶情操、引導社會風氣的作用。他用了很多精力搜集研究音樂，終於對音樂的規律有了深切體會，說：「樂其可知也：始作，翕如也；從之，純如也，皦如也，繹如也，以成。」孔子以樂作為教學的課程之一，但樂是否有書，古人爭論很多，難以定斷。

《詩》，後代又稱《詩經》，是前代詩歌的選集。詩按性質和樂調分為風、雅、頌三類。風是民歌。雅是貴族應酬的歌曲，又分大雅和小雅，大雅音調比較沉厚，小雅音調比較優雅。頌是宗廟祭祀的樂章，音調節奏遲緩板滯，一唱三歎。孔子說：「詩，可以興，可以觀，可以羣，可以怨。邇之事父，遠之事君，多識鳥獸草木之名。」就是說，學詩，可以提高才智，搞好人際關係，表達思想情感，事奉好父母和國君，增長見識。孔子搜集到三千多首詩，加以整理，選取其中有利於禮義施行的三百零五首，編成了《詩》。對每首詩，孔子都配以樂曲進行歌唱，以求合於韶、武、雅、頌之音。

《易》，即《周易》。《易》本是古代占卜之書，相傳周文王對其進行整理，演繹為六十四卦和三百八十四爻，成為《周易》。孔子從四十歲開始學《易》，讀的次數太多，連編聯竹簡的牛皮繩都多次磨斷。孔子對《易》進行解釋和論說，寫成了十翼。經過十翼的闡發，《周易》就不限於占筮之用，而是跨進了哲學的領域，成為一切道理的根本。

《春秋》是一部編年史書。據說孔子曾使子夏等十四人去周王室訪書，求得一百二十國史書。孔子以魯國編年史《春秋》為基礎，根據尊奉周王室，總結三代歷史發展法則的精神，對史事進行書寫或刪削，終於修成了自魯隱公元年（前七二二）至魯哀公十四年（前四八一），共二百四十二年的編年歷史。孔子注重史事記載的褒貶和正名，以其作為存王道和懲惡勸善的工具。孔子對此書極為重視，說：「知我者其惟《春秋》乎！罪我者其惟《春秋》乎！」

孔子的學生據說達三千人，其中身通六藝者七十二人，最著名的如顏回、閔損、冉耕、冉求、仲由、宰予、端木賜、言偃、卜商等。他分德行、言語、政事、文學四科對學生進行教育，設置了禮、樂、射、御、書、數六類課程。他自己學而不厭，對學生誨人不倦。學生不到想求明白而不得的時候，不去開導他，不到想說而說不出來時不去啟發他。教給他一個道理，不能由此推演出其他道理的，便不再教他。要求學生「知之為知之，不知為不知」，杜絕揣測、武斷、固執和自以為是的惡習，對齋戒、戰爭和疾病要特別謹慎。孔子很少向學生談功利、命運和仁愛，也不講怪異、暴力、叛亂和神靈。提倡勤溫習，「溫故而知新，可以為師矣」。多思考，「學而不思則罔，思而不學則殆」。要不恥下問，廣泛求教，「三人行，必有我師焉」。

孔子感慨時光的流逝，站在河邊說：「消逝的時光像河水一樣，日夜不停地流去！」孔子七十三歲時生病，見子貢來，歎息道：「泰山崩塌了！樑柱摧折了！哲人凋謝了！」七天以後，即魯哀公十六年（前四七九）夏曆二月十一日（周曆四月十八日）逝世。魯哀公悼念道：「老天不仁慈，不肯留下這位老人，丟下我一個人孤零零地在君位上。嗚乎哀哉！尼父，我再也沒有榜樣了！」

孔子死後，弟子們將他的言論和談話紀錄整理成一本書，名為《論語》。

孔子綜合三代以來思想文化的精髓，尋求挽救世風頹廢、禮樂崩壞的方法，創立了以仁為核心的儒家學說。在孔子看來，仁就是愛人，提出「己所不欲，勿施於人」。「己欲立而立人，己欲達而達人」。要「博施於民而能濟眾」，並尊重他人的人格，說：「三軍可奪帥也，匹夫不可奪志也。」認為孝悌是仁的根本，禮是仁的規範。君對臣要惠，臣對君要忠，父對子要慈，子對父要孝，兄對弟要友，弟對兄要悌。「克己復禮為仁」，人們應該「非禮勿視，非禮勿聽，非禮勿言，非禮勿動」。提倡為了實現仁的最高道德境界而獻身，說「志士仁人，無求生以害仁，有殺身以成仁」。仁的思想推行於政治上，就是行德治、禮治，做官的作風好比是風，而民眾的作風好比是草，只要做官的行善務德，民眾自然會服從。整頓政治的方法是正名，說：「名不正則言不順，言不順則事不成，事不成則禮樂不興。」而正名則要「君君、臣臣、父父、子子」，就是各種人都名副其實，不可徒有虛名。治理社會的具體辦法是庶、富、教，就是首先要讓人口多起來，然後使他們富裕起來，再對他們進行教化。反對苛刻的政治，說：「苛政猛於虎。」提出：「有國有家者，不患寡而患不均，不患貧而患不安。」要「均無貧，和無寡，安無傾」，使財富平均而沒有窮人，使人民和平而不怕人少，使境內平安而不至傾危。孔子的人生觀是積極的，他「發憤忘食，樂以忘憂，不知老之將至」。他吃粗糧，喝冷水，彎着胳膊當枕頭，樂在其中。將不義的富貴視若浮雲。

評：孔子的思想，博大恢弘，超越時空，以人和人的關係為出發點和歸屬，探求社會安定、人際和諧的方法，得到歷代學者和政治家的認同。其所創立的儒學和儒家學派，作為中國思想文化的主流，經過後繼者的完善和發展，成為中國古代社會佔统治地位的思想，並影響了我們民族的個性，對現在和未來的中國發展有着不容置疑的作用。孔子不愧是中國古代最偉大的思想家。

【傳記 第二十七】

吳王闔閭 伍員 專諸

吳王闔閭（？—前四九六），名光，吳王諸樊之子。

伍員（？—前四八五），字子胥，楚國人，吳國著名將領。

專諸（？—前五一五），吳國堂邑（今安徽盱眙境）人，春秋著名刺客。

吳國相傳是周太王的兒子太伯為將王位讓給季歷而南奔以後建立的政權。到吳王壽夢（前五八五—前五六一在位）時，吳國開始強盛起來，而自稱為王。壽夢傳位其子諸樊，諸樊遺囑傳位其弟餘祭，以便最後將王位傳給賢哲的幼弟季札。吳王餘祭死後，傳位其弟夷昧。夷昧死後，季札逃去，於是夷昧之子僚繼位為吳王。公子光是吳王壽夢的長孫，認為既然其叔季札逃去，就應該由他繼位，所以暗地裏招納賢士，伺機篡位。

伍員的父親伍奢是楚平王太子建的太傅。太子少傅費無忌為討好國君，將為太子建娶來的秦女送給楚平王，為平王生子軫。以後，費無忌進一步離間平王與太子建的關係，殺害正直的伍奢及其子伍尚。太子建和伍員被迫逃至宋國，又至鄭國。太子建擬作為內應，配合晉兵滅鄭。事情敗露，太子建被誅，伍員攜太子建之子勝逃出鄭國，一路乞討，夜行晝伏，於吳王僚五年（前五二二），投奔吳公子光。伍員得知公子光有殺王自立之心，於是向公子光推薦勇士專諸，自己辭官與勝一起躬耕郊野。公子光得到專諸以後，以很優厚的禮節對待他，希望靠他奪得政權。

吳王僚十一年（前五一六）冬，楚平王死，其子軫繼位，為楚昭王。次年春，吳王僚乘楚國大喪，派公子蓋餘、燭庸率軍侵襲楚國六（今安徽六安）、灊（今安徽霍山）二邑，楚人出兵截斷吳軍後路，使吳軍無法撤回。公子光見國內空虛，對專諸說：「現在是奪取王位的好機會，機不可失！況且我本來就應該繼承王位。」專諸說：「可以殺掉王僚。他的母親年老，兒子年幼，兩個弟弟帶兵在外，被楚人堵截。如今王僚外困於楚，內無忠臣，對我們將毫無辦法。」公子光高興地說：「我的事情就全靠你了！」四月，公子光在窟室埋伏了甲士，請王僚前來飲酒。王僚一路佈置衛兵，警戒森嚴，前來赴宴。酒喝到高興時，公子光假裝足痛，進入窟室，讓專諸將匕首藏在烤魚中，以送烤魚為名，走近王僚，專諸突然抽出匕首，刺進王僚的胸膛，當場將其刺死。王僚的侍衛在驚駭中兵刃齊下，將專諸殺死。窟室中埋伏的甲士一齊衝出，將王僚的衛兵全部消滅。公子光自立為王，是為吳王闔閭。吳公子蓋餘、燭庸得到公子光弒王自立的消息，帶兵投降楚國，被封於舒（今安徽廬江南）。

闔閭即位（前五一四）後，任賢舉能，施恩行惠，想以仁義聞名於諸侯，並取信於國人。闔閭任命伍員為行人，參與國政。闔閭對伍員說：「寡人想強國稱霸，你有什麼辦法呢？」伍員答道：「我聽說，治國之道，首要的是安君治民。」闔閭問：「怎麼才能安君治民呢？」伍員說：「要安君治民興霸成王以近制遠，就要建築城郭，設立守備，充實倉廩，整治兵庫。」闔閭於是指定伍員負責政治軍事的改革。伍員首先指導建築都城姑胥（今江蘇蘇州），大城周長四十七里，小城周長十里。闔閭將西北之門名之為破楚門，東南之門名之為蛇門，以示破楚滅越的決心。又廣泛地設置倉庫，儲存糧秣。伍員對軍隊進行戰術、騎射和駕御訓練，並組織工匠鑄造精良的兵器。著名匠師干將為闔閭鑄成寶劍二枚，名干將、莫耶，又有名師製金鈎二枝，闔閭隨時佩戴於身。就在這一年，楚國發生變亂，其大臣伯州犁被殺，伯州犁之孫伯嚭逃到吳國，闔閭以其為大夫。經過改革，吳的國力大大增強。

闔閭三年（前五一二），伍員向闔閭推薦著名軍事家孫武。闔閭聽孫武講其所著兵書，並以宮人試驗其帶兵能力。孫武殺死參與訓練的兩位闔閭的愛姬，使一直嘻嘻哈哈的宮人們全都非常嚴格地服從命令。闔閭因為孫武殺其愛姬而很不高興，伍員勸諫道：「戰爭是性命攸關的事，不能假試。帶兵不嚴格執行軍法，就打不好仗。如今大王誠心求士，想興兵誅暴楚，以稱霸天下、威令諸侯，不用孫武帶兵，誰能涉淮水，逾泗水，越過千里征途，去消滅敵人？」闔閭於是任命孫武為將，與伍員、伯嚭一起，率兵伐楚，拔舒，俘殺蓋餘、燭庸。闔閭欲乘勝進攻楚都郢，被孫武勸止。

闔閭向伍員詢問伐楚的策略，伍員說：「現在楚國執政者多，而沒有人敢負責。我軍應該分為三師，不時分兵擊楚，楚軍必將全部出動前來應戰，彼出則歸，彼歸則出，使楚軍疲於奔命，並用多種方法使楚軍失誤，最後再驅大軍一齊出動，定能大敗敵人。」闔閭覺得此法甚好，當即實行。四年（前五一一），闔閭派遣伍員、孫武出兵伐楚，進攻六、潛二邑。楚國沈尹戌領兵來救，吳軍退走。楚軍將潛地的居民遷到南崗，吳軍又包圍弘地（今河南息縣南），楚軍來救，到達豫章（今安徽淮南），吳軍卻又退還。闔閭五年（前五一〇），吳又興兵伐越，破其檇李（今浙江嘉興南）。闔閭七年（前五〇八），桐地（今安徽桐城北）背叛楚國，闔閭派舒鳩氏去誘騙楚國，說：「請楚國派軍隊假裝來攻打我吳國，我吳軍就去攻打桐地，而桐也不會對我們有猜疑。」楚王派公子囊瓦帶兵伐吳。伍員、孫武率兵迎戰，在巢地集結部隊。十月，將楚軍包圍於豫章，大敗楚軍，俘獲楚公子繁，奪得楚國的居巢。

闔閭九年（前五〇六），吳、唐、蔡聯軍在伍員、孫武諸將的統帥下出動伐楚。大軍乘船由淮水進至蔡，然後捨車越過大別山。楚軍由囊瓦率領。兩軍在柏舉（今湖北麻城東）相遇，闔閭之弟夫概以所部五千兵先擊楚軍，楚軍大敗，囊瓦逃往鄭國。吳軍乘勝追擊，又在清發、雍澨等地五戰五勝，攻進楚都郢城（今湖北江陵），楚昭王逃奔至隨（今湖北隨縣）。

當初，伍員與申包胥是至交好友。伍員逃亡時，對申包胥發誓說：「我一定要消滅楚國！」申包胥說：「努力吧！你能消滅楚國，我就能恢復楚國。」吳軍攻入郢城以後，伍員到處搜索楚昭王，未得，於是將楚平王的墓挖開，拖出屍體，抽了三百鞭子，以報父兄被殺之仇。逃至山中的申包胥讓人給伍員捎話道：「你以鞭屍來報仇，也太過分了！」隨後，申包胥就到秦國去請求援兵。秦哀公不答應，申包胥立於秦廷，哭了七天七夜。秦哀公被感動，終於派了五百輛戰車救楚，在稷擊敗吳軍。這時，闔閭弟夫概已先返國自立為王。闔閭不敢戀戰，急忙從楚國退兵，擊夫概。夫概兵敗逃往楚國，被楚昭王封於堂溪，為堂溪氏。

闔閭十一年（前五〇四），吳太子夫差率兵攻楚，敗其舟師，俘獲楚舟師之帥潘子臣等將。又敗楚陸師於繁陽（今河南新蔡北）。楚昭王怕吳軍再來攻打，將國都遷到鄀（今湖北宜城），稱新郢。這時，吳人西破強楚，北威齊晉，南服越人，稱霸諸侯。

闔閭十九年（前四九六），越王允常死，其子句踐繼位。闔閭乘越大喪，親自將兵伐越，句踐率兵迎戰，兩軍在檇李相遇。句踐見吳軍陣法嚴整，就派敢死隊前往衝擊，竟不能撼動。又派了死刑犯排成三行走到陣前，每人手持一劍，同時自刎。吳軍看得驚呆了。句踐乘機發出進攻的命令，大敗吳軍。越將靈姑浮以戈擊闔閭，將其足趾斬下，拾得其鞋一隻。闔閭受傷太重，在距檇李七里的陘地死去。臨終前對太子夫差說：「你會忘記句踐殺了你父親嗎？」夫差說：「不敢忘！」

夫差繼位（前四九五）後，伍員輔佐其整軍經武，打敗越國，並勸夫差不能與越人講和，夫差不聽。太宰伯嚭受了越人的賄賂，讒害伍員。伍員見越人一天天強盛，更加為吳國的前途擔心。夫差竟賜劍令伍員自殺，伍員仰天長歎道：「天啊！讒臣伯嚭亂國，大王反而誅殺我。我使你父親稱霸諸侯，又為你爭得太子之位。你當初說要將吳國分一半給我，我不敢有此奢望。可是你如今竟聽信讒言，殺我這個長者。」伍員交代舍人說：「我死後，要在墓上栽種可以做棺木的大樹，並將我的眼睛挖下來掛到姑胥東門上，我要親眼看越軍怎麼滅吳的！」夫差聽到此話，大怒，下令將伍員的屍體裝進一隻馬皮口袋裏，拋進大江。

評：弭兵之會以後，中原各國內部矛盾重重，再也沒有爭霸的力量。而地處長江下游的吳、越卻發展起來，積極從事稱霸的事業。吳王闔閭在伍員、孫武的協助下，西敗強楚，北威齊晉，成為小霸。伍員的經歷令人同情，專諸的行為則令人感奮。他倆一個被稱為不得善報的忠臣，一個被視為歷史上第一位刺客。司馬遷在《史記》中對二人着墨甚多，感慨尤深，反映了他從自身境遇出發，對歷史的深切感悟。

【傳記　第二十八】

吳王夫差　越王句踐

吳王夫差（?—前四七三），春秋時，吳國末代君主，吳王闔閭之子。

越王句踐（?—前四六五），春秋末年越國君主。

吳太子波生病死去，吳王闔閭開始考慮在諸子中再立太子。夫差找到伍員，說：「大王欲立太子，除了我還有誰應當立?這件事都在你了。」伍員說：「太子人選未定，等我進宮就可以定了。」過了一會兒，闔閭傳召伍員進宮，商量立太子的事。伍員說：「如今，夫差最為嫡長，可立為太子。」闔閭說：「夫差愚而不仁，恐怕難以當此重任。」伍員說：「夫差講信用而愛人，行為端正守節，敦於禮義。」闔閭於是冊立夫差為太子。

越國據說是禹的後代，夏王少康的庶子無餘受封於會稽（今浙江紹興），自號於越。經過三十多代，到允常時，疆土擴大，開始稱王。允常之子句踐繼位，抗擊吳軍的入侵，吳王闔閭受傷而死，遺言夫差不能忘記殺父之仇。夫差繼位以後，讓人站在庭院中，每當他出入時，就問：「夫差，你記着與越王的殺父之仇麼?」夫差則回答：「不敢忘!」夫差以伯嚭為太宰，全力訓練士卒，時刻謀劃伐越報仇。句踐三年（前四九四），聽說吳王夫差在日夜練兵，準備復仇，句踐就先發制人，不聽大夫范蠡的勸阻，出兵擊吳。吳王夫差聞訊，帶領全部精兵前來迎擊，並追至夫椒（今浙江紹興北），大敗越軍，越王句踐以五千殘兵退至會稽山，被吳軍包圍。

句踐派遣大夫文種向夫差求和，表示越國自國君至庶民都願到吳為奴隸，並將財寶全部獻給吳國。夫差認為越國已經不再有反抗能力，想同意其求和。伍員反對道：「老天將越國賜給我國，大王一定要滅了它。失去這次機會，將來後悔也沒有用了！」文種回會稽山報告，句踐想殺了妻子兒女，焚燒珍寶，與吳人決一死戰。文種勸阻說：「吳國太宰伯嚭十分貪心，可以賄賂他，再想辦法。」句踐於是挑選了八位美女，打扮得花枝招展，加上許多珍寶，悄悄地送給太宰伯嚭，並說：「你如果能赦免越國的罪過，還有比她們更美的姑娘送給你。」太宰伯嚭收了美女珍寶，然後領了文種去見夫差。文種跪拜道：「請求大王寬恕句踐的罪過，越國將以全部珍寶獻給大王。萬一不成，句踐將要焚毀寶器，殺死妻子兒女，帶領五千將士拚死一戰，貴軍至少要有一萬人喪生。與其死那麼多的人，不如得一個國家吧！」太宰伯嚭幫腔道：「歷來討伐敵國的，使其降服而已。現在越已經服罪了，還求什麼呢？」夫差準備答應越人，伍員又諫道：「一定要滅了越國。句踐是個賢君，文種、范蠡都是良臣，讓他們回都，將會成為禍害。」夫差不聽，與文種達成和議，然後撤兵。

吳軍撤走以後，句踐回到都城會稽，向國人誠心誠意地自責道：「寡人不知道自己力量不足，就去與大國結仇，以至於使子弟戰死原野，人民遭受塗炭，這些都是寡人的罪過。請大家允許我改正。」於是率領眾人，埋葬戰死者，慰勞受傷者，撫養生存者，弔唁死者家屬，到有喜事的人家祝賀，對賓客送往迎來，取消民眾不滿的政事，補充對民眾有利的措施。在國內得到初步安頓以後，就帶領大夫文種、范蠡等三百士人前往吳國，為吳王和卿士服役。句踐穿着粗布之衣為夫差駕車、養馬，夫人則每天在王宮外打掃除塵。三年以後，吳王夫差登上高臺，見越王句踐及其夫人和范蠡坐在馬糞旁，仍有君臣夫婦之禮，不禁產生憐憫之心。當夫差生病時，句踐甚至親自口嘗夫差的大便，使夫差深感其忠，終於不顧伍員的反對，釋放句踐君臣回國。

這時的越國僅剩下南到句無（今浙江諸暨南），北到禦兒（今浙江桐鄉境），東到鄞（今浙江寧波），西到姑蔑（今浙江舊龍游北），方圓一百里的地方。句踐回到越國，撤去錦緞雕牀，在地上鋪了稻草睡覺，又在鋪前放了苦膽，無論坐卧飲食，都要先嘗苦膽，問自己：「你忘記會稽山的恥辱了嗎？」他親自種田，夫人織布，食只一肉，衣僅一色，與百姓同甘苦。並禮賢下士，厚待賓客，賑濟窮人，獎勵生育，繁衍人口。冬春，將自己收穫的稻子和油脂裝到船上，在河上划行，遇到年輕人就請上船吃喝，問其姓名，以待後用，因此深得梁國人的擁護。對外，則採取結齊、附曾、親楚、孤立吳國的政策，時刻不忘向吳國報仇。

再說吳國。吳王夫差打敗越國，遂圖謀向中原發展。他組織民眾，溝通江淮，修築邗溝城（今江蘇揚州），挖運河由邗溝穿過射陽湖（今江蘇寶應），至末口（今江蘇淮安），入淮。再北連沂水和濟水，基本上建成了從長江到黃河的一段運河。夫差七年（前四八九），聽說齊景公死後，大臣爭寵，新君懦弱，夫差就興師北上，在艾陵擊敗齊師，又來到繒（今山東棗莊東），召魯哀公征百牢。夫差十年、十一年，又兩次伐齊。十三年（前四八三），召魯、衞之君至橐皋（今安徽巢縣西北）會盟。次年（前四八二）夏，夫差在黃池（今河南封丘南）召集魯、晉等諸侯盟會，企圖稱霸中原，以全周室。

越王句踐經過十年生聚、十年生息的長期準備，於句踐十五年（前四八二）乘夫差帶精兵去黃池會盟、國內空虛的機會，發兵五萬，分水陸兩路伐吳。一路由海道入淮河，切斷夫差退路。另一路從

痺吳人的注意力。

四七九）再次率軍伐吳，敗吳軍於笠澤（今江蘇吳江境）。二十年（前四七七），句踐侵襲楚國，以麻忙返國，士卒疲憊，毫無鬥志，不得不以重禮與越人議和。此後，越人更為強盛，句踐於十八年（前獲吳太子友，進入姑蘇城。此時，夫差正在黃池與晉爭執血盟的先後次序，得到越人入城的消息，急陸路北上，直逼吳國都城姑蘇。六月二十一日，兩軍在姑蘇城外交戰，句踐親自指揮，大敗吳軍，俘

句踐二十二年（前四七五），越軍正式出動討伐吳國。離開會稽時，國人互相鼓勵，父勉其子，兄勉其弟，婦勉其夫，都說：「君王對我們這樣好，能不為他去拚命嗎？」越軍勇猛無比，在囿、沒二地連敗吳軍，又在姑蘇城外再敗吳軍，於十一月包圍姑蘇城。晉使楚隆經越人允許入圍城見夫差，致以問候。夫差強作歡顏，請楚隆代向晉君表示謝意，又說：「句踐打算不讓我好活，寡人是不得好死了。」吳軍困守孤城，屢屢出擊，都被打退，只得坐以待斃。句踐二十四年（前四七三）十一月，夫差被圍於姑蘇山上，派遣大夫公孫雄光着上身，跪着去見句踐，請求猶如當年會稽山下，允許吳人求和，吳人願永遠為越人的奴僕。句踐不忍心，想答應。范蠡說：「會稽山下，老天將越賜給吳，吳人不取。如今，老天將吳賜給越，越能違背天的意願嗎？況且君王含辛茹苦，難道不是為了吳國嗎？謀劃了二十二年，卻一下子放棄，行嗎？君王是不是忘記會稽山之恥了？」句踐說：「我想接受你的意見，又可憐吳國的使臣。」范蠡於是拿起指揮旗，說：「君上已將政事交我掌管，吳使快走，否則我要讓軍隊對付你了！」公孫雄哭着離去。句踐派人告訴夫差：「我將把你送到甬東（今浙江舟山島），給一百戶食邑。」夫差回答：「我老了，不能服侍君王！活着無臉面見天下人，死了無臉面見伍員。」於是自己用布帛蓋在臉上，自縊而死。越王句踐安葬了吳王夫差，誅殺了太宰伯嚭。

句踐滅了吳國，隨即揮師北上，渡過江、淮，召集諸侯在徐州（今山東滕縣）盟會，並向周王進呈貢品。周元王派遣使者賜胙於句踐，策命其為霸主。不久，句踐將淮上土地給予楚國，將吳國以前侵佔宋的土地歸還宋國，又給了魯國泗水以東方圓一百里的土地。越兵橫行江、淮以東，諸侯們都來祝賀，號稱霸主。

范蠡見句踐的事業成功，就悄悄地離開越國，乘船從海上到達齊國，改名鴟夷子皮，給大夫文種送來一封信，信中寫道：「飛鳥盡，良弓藏；狡兔死，走狗烹。越王句踐可以與人共患難，而不可與人共歡樂。你為何還不走呢？」文種於是自稱有病而不再上朝。有人進讒言說文種要謀反，句踐賜給文種一把寶劍，說：「你教給我討伐吳的七種方法，我用了其中的三種，就打敗了吳國。剩下的四種方法，你就到我的先王那兒去試用吧！」文種自殺。句踐在位三十二年而死。

評：吳越之戰，是春秋大國爭霸的尾聲。句踐臥薪嘗膽，終於報仇血恨的故事，成為我們民族發憤圖強的精神榜樣。范蠡在輔助句踐成功以後，自動隱退，到北方做生意，成為巨富。他自稱鴟夷子皮，是隱喻對伍員悲慘下場教訓的理解，給文種信中「飛鳥盡，良弓藏；狡兔死，走狗烹」的告誡，揭示了君主能與大臣共患難，卻不能同享樂的實質，發人深省。

【傳記 第二十九】

季友　季孫行父　季孫夙　季孫意如

魯桓公有四個兒子：長子同繼位為莊公；次子慶父，謚共，又稱共仲，為仲氏，後代稱仲孫氏，又改稱孟孫氏；三子叔牙，謚僖，又稱僖叔牙、公子牙，為叔氏，後代稱叔孫氏；四子季友，謚成，又稱成季、公子友，為季氏，後代稱季孫氏。由於三家皆出自魯桓公，故人稱魯三桓。

魯國自僖公以後，季孫氏、孟孫氏和叔孫氏世為魯卿，執掌國政，三家互相矛盾又有共同利益，勢逼魯君，對魯國的歷史和發展，有至為重要的影響。可以說，自魯莊公中期至魯哀公末年這二百多年的歷史，主要就是三桓的興衰史。

魯莊公沒有嫡子，夫人哀姜媵妹叔姜生啟方，愛妾黨氏孟任生斑，妾成風生申。莊公病重時，叔牙提議以慶父嗣位，莊公不滿，命季友鴆殺叔牙，立斑為國君。而慶父以前就與哀姜私通，兩個月後讓人殺死斑，另立啟方為君，是為魯閔公。閔公二年（前六六〇），哀姜與慶父謀劃殺死了閔公，擬立慶父為君。國人不滿，欲殺慶父，慶父逃往莒國後，為季友所逼而自殺，哀姜回齊國後被齊桓公殺死。季友奉申繼位，為僖公。僖公元年（前六五九），以季友為大司徒上卿，賜以汶陽之田，封於費（今山東費縣西北）；叔孫戴伯受封於郈，為大司馬；慶父之子公孫敖恥於其父連弒二君，改稱孟孫氏，受封於郕，為大司空。同時為卿的還有魯孝公的後代臧文仲，莊公的另一庶子東門氏公子遂。

季友以齊國為依託，在魯國執政十六年，於僖公十六年（前六四四）死去，公子遂代為上卿執政。魯文公在位十八年死，次妃敬嬴之子倭與東門遂關係密切，公子遂在齊國支持下，殺死長妃姜氏之子惡、視，立倭為君，是為宣公。姜氏離開曲阜回齊國，一路哭喊着：「天啦！公子遂殺嫡立庶，太不公道了！」市人都為她流淚，稱她為哀姜。從此以後，公室始弱，三桓開始強盛。宣公八年（前六〇一），公子遂死，其子公孫歸父繼為上卿。公孫歸父於宣公十五年（前五九四）在魯國實行「初稅畝」，按實際耕作的地畝徵收實物地租，適應了生產力發展的要求，增加了國家的財政收入。

其後，公孫歸父想藉晉人力量，除去三桓勢力，尚未實行，宣公死去（前五九一）。季友之孫季孫行父當即宣稱：「公子襄仲（公子遂的字）殺嫡立庶，使我魯國失去大國的支持！」從而與臧文仲之子臧宣叔聯合發動政變，將公孫歸父驅逐至齊國，季孫行父始為上卿。為了防備齊國的入侵，季孫行父於成公元年（前五九〇）「作丘甲」，實行兵制改革，規定每丘出一定數量的軍賦，丘中各戶按所耕田數分攤，不再像以前那樣每戶出同等數量的軍賦，使農戶負擔合理，國家軍賦增加。季孫行父在文、成、襄三君時，任執政二十四年，看到國人父兄還有許多食物粗劣、衣服破舊的，他也生活儉樸，妾不衣帛，馬不食粟，府無金玉，以高尚道德為國增光，聲譽頗高。這時，魯國大權旁落，國政已為三桓所左右。成公十六年（前五七五），在扈地的盟會上，叔孫僑如對晉國郤犨說：「魯國有季氏、孟氏，就好像晉國有欒氏、范氏一樣，政令就是由他們制定出來的。」

襄公五年（前五六八），季孫行父死，謚文，稱季文子。此後，孟獻子仲孫蔑及叔孫豹先後繼為上卿。這時，季氏仍有巨大實力，控制着朝政。季孫行父之子季孫夙於襄公七年（前五六六），在私邑費築城。又於襄公十一年（前五六二）要求叔孫豹實行「作三軍」，將公室的軍隊改編擴大為上中下三軍，三桓各得其一軍。季孫夙對他原私家軍繳納軍賦的免除稅收，不參加的加倍徵稅。孟莊子以其私家軍的一半編入軍戶，另一半少壯者仍為其私臣。叔孫豹要求私家軍的成員仍為其私臣。比較而言，季氏的改革最為徹底，因而其實力增長更快。到昭公五年（前五三七），作為上卿的季孫夙正式「捨中軍」，四分公室，季氏獨有其二，孟孫、叔孫各有其一，全國的土地人民全歸三家，而由三家進貢以供養魯君，公室更加卑弱。

昭公七年（前五三五）十一月，季孫夙死，謚武，稱季武子，由叔孫昭子繼為魯國執政。昭公二十三年（前五一九），叔孫昭子讓政於季孫夙的孫子季孫意如。昭公二十五年（前五一七）九月，叔孫昭子出巡闞邑，魯昭公利用這一機會，聯合不滿季氏的郈氏和臧氏向季氏發動襲擊，將季孫意如包圍於臺觀之上，一定要殺死他。子家駒勸昭公說：「還是免去他的死罪吧！政事多年以來都從他家出來，許多貧困民眾靠他養活，擁護他的人很多。天黑以後，情況就很難說了。千萬不要引起百姓的叛變之心，否則，後悔也沒有用了！」叔孫氏的家司馬鬷戾和孟孫氏都認為，沒有季孫氏就沒有叔孫氏和孟孫氏，因此出兵援救，殺了郈昭伯，打敗昭公的親兵。昭公兵敗逃到齊國，流落國外，七年以後，在乾侯（今河北成安東南）死去。昭公之弟宋被立為魯君，是為定公。當時，趙簡子曾經與史墨有一段問答。趙簡子問：「季氏要滅亡了吧？」史墨答道：「不會亡。季友有大功於魯，以後的季文子、武子不斷地發展其事業。魯國已經有四代君主的國政在季氏手中了。民眾不知其君，魯君又怎麼能夠得國家大權！」

三桓多年掌握魯國大權以後，內部勢力發展，又出現「陪臣執國命」的現象。三桓家政也設官管理，這些家政官員稱作陪臣。季孫意如對其私邑費邑之宰南蒯不太尊重，南蒯竟於昭公十二年（前五三〇）據費邑反叛。季孫意如以武力攻打不行，又收買民心，花了兩年時間，才迫使南蒯逃齊，收回費邑。定公五年（前五〇五），季孫意如死，謚平子，其家臣陽虎將季孫意如之子季孫斯囚禁，迫使其簽署盟書，由陽虎執魯政達三年之久。定公八年（前五〇二），陽虎想殺死三桓，自己代替孟氏，以季寤代替季氏，以叔孫輒代替叔孫氏。在預定動手殺死季孫斯時，季孫斯逃入孟氏家。陽虎劫持定公和叔孫州仇，進攻孟懿子宅。被打敗後，逃到讙地和陽關叛亂。次年，三桓攻打陽關，陽虎兵敗逃到齊國，最後逃到晉國，投奔趙簡子。以後，又出現過叔孫家臣侯犯作亂和季氏家臣子洩、叔孫輒叛亂的事件，使魯國政局動盪不安。定公十二年（前四九八），孔子弟子仲由任季氏宰，在任司寇的孔子的支持下，發動「墮三都」，拆毀季孫、叔孫費、郈二邑的城牆，以維持三桓的勢力，防止家臣利用私邑反叛。

魯哀公十二年（前四八三），執政的季孫肥在魯國「用田賦」，據說就是進一步承認土地私有而徵收賦稅，用封建方式剝削民眾，完成了魯國的封建改革。二十七年（前四六八），哀公想藉越國的兵力除去三桓，三桓出兵進攻，哀公兵敗出逃，先後到過衞國、鄒國和越國，最後死於有山氏，落得與昭公一樣的下場。到哀公之子悼公時，公室最終敗於三桓，史稱「三桓勝，魯如小侯，卑於三桓之家」。

【傳記 第三十】

趙武　趙鞅　趙無卹

歷史上所謂的分晉三氏，指世為晉卿並最後瓜分晉國的趙、魏、韓三家。春秋各國之卿，多半都是公族，宋、魯、齊、鄭等皆如此。晉國卻不同，晉獻公時，驪姬之亂，盡逐羣公子，一時晉「國無公族」，其卿大多數是異姓或同姓不同宗。晉國的卿族，前後有魏、趙、狐、胥、先、欒、郤、韓、智、中行、范共十一族，其中僅欒氏、韓氏為公族。這些卿使晉國興盛，又互相鬥爭，陸續吞滅，最後由趙、魏、韓三家自立為諸侯，將晉國滅亡。

趙氏與秦人共祖，其先祖造父為周穆王駕車，破徐偃王有功，封於趙城，從此為趙氏。周幽王時，趙叔帶離周到晉，事晉文侯，始在晉國建趙氏。魏氏出自周文王之子畢公高，畢公高的後代畢萬欲事晉獻公，占卜為：「吉。屯固比入，吉孰大焉，其必蕃昌。」韓氏據說出自曲沃桓叔的兒子，後代事晉，封於韓原（今陝西韓城），謚武子。武子曾孫以封地為姓，名韓厥。

晉獻公十六年（前六六一），以趙夙為御手，畢萬為車右，晉獻公伐滅了霍、耿、魏，遂以功封趙夙於耿（今山西河津東南），封畢萬於魏（今山西芮城），為大夫。趙、魏自此漸成晉國強族。晉獻公時發生驪姬之亂，晉公子重耳流亡在外十九年，隨從其流亡的五位賢士，為趙衰、魏武子、狐偃、賈佗、先軫。當重耳回國為君時，這些人受到重用，成為協助文公創霸的關鍵人物。文公四年（前六三三），命趙衰為卿。晉襄公六年（前六二二），趙衰卒，其子趙盾繼為正卿。趙盾立晉靈公。靈公暴虐，趙盾族弟趙穿將靈公殺死，趙盾又立晉成公，權勢顯赫。晉景公十二年（前五八八），晉國作六軍，韓厥、鞏朔、韓穿、趙括、趙旃、荀騅皆為卿，其中趙、韓各有二卿。十七年（前五八三），晉景公利用趙氏家族的矛盾，將趙同、趙括殺死、滅族。趙盾的孫子、幼年的趙武隨其母避於舅氏景公之宮得免，後返其家田，成年後為卿。晉厲公想消滅諸卿勢力，而立其親信左右，於七年（前五七四）舉兵殺三郤。次年正月，欒書和中行偃就派人將厲公殺死。平公十年（前五四八），趙武為執政，十二年（前五四六）與楚屈建共同主持了諸侯的弭兵之會，趙、魏、韓三家勢力明顯壯大。十四年（前五四四），吳國季札到晉國，發現國君奢侈，而諸卿多為良臣，而且富庶得民心，就對趙武、韓起和魏荼說：「晉國的政權最後要歸於你們三家。」十九年（前五三九），齊使晏嬰至晉，與叔向談起各自公室的狀況，都有末世之感。叔向說：「晉的公室現在也到了末世。公室的戰車沒有御者，步兵的行列沒有官長。百姓聽到國君的命令，就好像躲避仇敵一樣。原來很有勢力的欒、郤、胥、原、狐、續、慶、伯等公族，現在都降為低賤的吏役，政事在於私家，百姓無所依靠。國君還不知道改悔，他還能長久嗎？」

在與公族鬥爭的同時，諸卿內部也鬥爭不斷。晉昭公時，韓、魏、趙、范、中行、智六卿，力量強大，公室十分卑微。晉頃公十二年（前五一四），魏舒為正卿，滅掉公族祁氏和羊舌氏，將其田邑分為十縣，各令其子為縣大夫，公室更為卑弱。晉定公十五年（前四九七），趙武的孫子趙鞅為謀求土地殺死邯鄲午，邯鄲午的姻親中行氏與范氏聯合出兵向趙鞅發動攻擊。趙鞅逃到晉陽，被包圍。在國人的幫助下，荀氏、韓氏和魏氏起兵，將中行氏與范氏打敗。定公十九年（前四九三），范、中行二氏與鄭、齊、魯、衞等聯合，在鐵地（今河南濮陽西北）與韓、魏、趙軍隊會戰。趙鞅在陣前宣佈：「克敵立功者，上大夫可得到縣，下大夫得到郡，士得到土地十萬，庶人工商做官，奴隸得到自由。」這種按軍功賞賜的辦法，極大地提高了其軍隊的戰鬥力，終於將中行、范氏打敗。晉出公十七年（前四五八），智伯與韓、魏、趙四卿共同瓜分中行、范氏的田邑，出公不滿，想聯合齊、魯出兵討伐四卿。四卿發兵反攻，出公兵敗逃到齊國，在途中死去。智伯立驕為晉哀公，獨擅國政。智伯極為貪心而且性格剛愎，曾責罵趙鞅之子無卹：「你長相醜陋而且膽怯，怎麼竟然繼承了卿位？」不久，又要求三家各送給他萬戶之邑，趙無卹拒絕。智伯要求韓、魏出兵，與他一起圍攻晉陽，一年以後，仍未攻下，遂引汾水淹該城，城牆被淹只剩下六尺寬的地方未見水。城中糧食斷絕，易子而食，但民心仍在趙無卹一邊。晉哀公四年（前四五三）三月，趙無卹派張孟談出城，見韓虎和魏駒，說：「我聽說唇亡則齒寒。如今智伯率二位來攻趙，趙滅亡以後，韓、魏將會隨後滅亡。」韓虎和魏駒回答道：「我們都知道是這麼回事。只是時機不到，恐怕事情洩漏，災禍降臨呢！」張孟談說：「計謀出自你們二位的嘴裏，進了我的耳朵，不會出事的。」於是商定了內外夾攻的計劃。這天夜裏，趙無卹派人出城，將守堤的官吏殺死，引河水淹灌智氏的營寨。智伯的部下大亂，紛紛逃避，韓、魏乘機出動軍隊，從兩翼向智伯發動攻擊，而趙無卹則率軍從正面殺來，終於打敗智伯的軍隊，將智伯擒殺。三家共分其地，趙氏最強。

晉幽公繼位時，晉君只剩下絳和曲沃二邑，比三家力量都弱，以至於幽公不得不反而去朝見三家之君。十八年（前四一六），晉幽公出城淫婦人，被殺。魏斯帶兵平定了晉國的叛亂，立幽公的兒子止為君，是為烈公。三家皆自稱為國君，魏斯為魏文侯，趙籍為趙烈侯，韓虔為韓景侯。三國都不斷對外征戰，擴大疆土。周威烈王在無可奈何之下，於二十三年（前四〇三）正式下令，承認趙、魏、韓為諸侯。晉桓公二十年（前三六九），趙、韓將晉桓公遷於屯留（今山西屯留南），晉國至此滅亡。

評：司馬光撰《資治通鑑》，自周威烈王二十三年「初命晉大夫魏斯、趙籍、韓虔為諸侯」始，並發表長篇的評論，說這是天子無法守名分而使周禮喪失殆盡的標誌。從此，「天下以智力相雄長，遂使聖賢之後為諸侯者，社稷無不泯絕，生民之類糜滅幾盡，豈不哀哉！」司馬光是站在保守的立場，看待春秋戰國之際的這一場社會大變革，但他將三家分晉作為一個新時代的標誌，卻是極具慧眼的。古代社會，從吳、越小霸到三家分晉，經過長期的陣痛，終於進入戰國時代。

【傳記　第三十二】

魏文侯　梁惠王

魏文侯（？—前四〇八），名斯，魏駒的孫子，三家分晉前後的魏國君主。他即位（前四四五）後，禮賢下士，任用李悝、翟璜、吳起、樂羊、西門豹、卜子夏、段干木等人改革政治，發展經濟，使魏國在戰國初年成為最強的一個國家。

魏國以安邑（今山西安邑）為都城。當時，諸侯爭相攻戰，唯有魏文侯好學，他向孔子的學生卜子夏學習經藝，又以子貢的弟子田子方和子夏的弟子段干木為師，並親自著書六篇，論儒術。據說，段干木是一位守道不仕的高士，魏文侯親自登門求教，段干木翻牆逃走。以後，每次乘車經過段干木門前，魏文侯都不敢扶着車軾，終於感動了段干木，同意見魏文侯。魏文侯畢恭畢敬地站在那兒，聽段干木論道，一點兒也不敢懈怠。他要給段干木官位和俸祿，都被拒絕。田子方也是一位品德高尚的學者。魏文侯的兒子子擊出征中山國的途中，於朝歌見到田子方，連忙下車施禮，田子方竟不予理睬。子擊很不高興，問道：「是富貴者值得驕傲，還是貧賤者值得驕傲？」田子方回答：「當然是貧賤者值得驕傲。諸侯驕傲了就會失去其國，大夫驕傲了就會失去其家。貧賤者只要行不合言不用就可以離去，自由自在，怎麼與他們一樣呢？」

秦人曾經想進攻魏國，有人說：「魏君對賢人十分禮貌，國人稱讚他的仁德，上下和睦融洽，不可算計他。」魏文侯由此譽滿諸侯，四方賢士都來投奔，一時西河學術興盛。

翟璜推薦西門豹為鄴（今河北臨漳）令。西門豹到鄴後，一舉剷除了為河伯娶婦的陋習，發動鄴民開鑿了十二條水渠，引漳河水灌溉農田，使這一帶的農業生產水平有了很大提高。

魏文侯任用李悝為相，進行改革。李悝提出盡地力之教，鼓勵個體農民的生產積極性，並增加國家的賦稅收入。他分析，在方圓一百里的地方，有田地六百萬畝，如果耕種得法，一畝可以增產三斗，六百萬畝可增產一百八十萬石糧食。現在一家種地百畝，平常年景可收穫一百五十石粟，而大豐收時可產六百石，中豐收時可產四百五十石，小豐收時可產三百石。糧食糴價高了會傷民，糴價低了要傷農。善於治理國家的人，要既不傷民，又能鼓勵農民的生產積極性。辦法是，實行平糴法，在大豐收時，收購農戶四百五十石粟，在中豐收時，收購農戶三百石粟，在小豐收時，收購農戶一百五十石粟。既給農民留足口糧，又使糧價平穩。到發生災荒時，遇到大災荒將大豐收時收購的粟拿出來，中災荒將中豐收時收購的粟拿出來，小災荒時，將小豐收時收購的粟拿出來，以平價銷售，使價格平穩，人民也不流散。魏文侯按照他的辦法去做，國家富強了起來。李悝還建議按照「食有勞而祿有功」的原則，將俸祿給予對國家有功勞的人。建立名為武卒的常備軍隊，嚴格選拔，凡能當上武卒的人就給上等的田宅，並免除其全家的賦役。實施以後，國家的兵力大增。針對刑罰過重的問題，李悝參考各國的刑典，制定了《法經》，包括：盜法、賊法、囚法、捕法、雜法和具法，使刑罰有章可循，社會安定。

吳起聽說魏文侯賢明，從魯國逃來魏國。魏文侯見吳起能用兵，就任他為將。吳起與士卒同甘苦，深受愛戴。吳起帶兵討伐秦國，奪得秦國五座城邑。魏國不斷對外征戰，疆域擴大，到魏文侯晚年，南有鴻溝，與楚國接壤；東有淮潁，與宋齊為鄰；西自鄭（今陝西華縣東），沿北洛水，到上郡，築長城，與秦相接；北到卷（今河南新鄉、原陽一帶）、酸棗（今河南延津），與趙為鄰。

魏文侯在位五十年（一說三十八年）逝世，其子魏擊繼位，為魏武侯。魏武侯在位二十六年（一說十六年）逝世，生前未立太子。其子子罃與公中緩爭為太子，國內發生混亂。公孫頎建議韓懿侯乘亂奪取魏國。韓、趙於是聯合出兵伐魏，在濁澤（今山西永濟境）戰敗魏軍，進而包圍安邑。趙成侯說：「我們應該殺了子罃，立公中緩為君，割地退兵，對我們兩國都有好處。」韓懿侯不贊成，說：「殺人割地，是貪暴的行為。不如將魏一分為二，使他力量削弱，那麼我們就再也不用擔心魏國的威脅了。」趙成侯不答應。韓懿侯連夜撤兵，趙成侯也只好撤兵。

子罃殺死公中緩繼位，為魏侯，以後自稱王，謚惠成王。魏惠成王（？—前三一九）簡稱魏惠王，因其將都城遷至大梁，故又稱梁惠王。

魏國與秦、趙、韓、楚等國為鄰，國內皆平原沃野，無險可守，戰事不斷。惠王二年（前三六八），魏在馬陵（今山東陽穀境）打敗韓國軍隊，在懷邑打敗趙國軍隊。惠王三年（前三六七），齊軍奪取了魏的觀邑（今河南清風南）。次年，魏、趙聯軍在洛陽被秦軍打敗。惠王六年（前三六四），秦軍在石門（今山西運城西南）打敗魏軍。次年又敗魏軍於少梁（今陝西韓城西南）。惠王八年（前三六二），秦軍與魏軍又在少梁大戰，魏軍大敗，魏將公孫痤被俘。為了擺脫秦的威逼，魏惠王於九年（前三六一）將國都從安邑遷到大梁（今河南開封），以向中原發展。就在這一年，秦孝公繼位，公孫鞅因不為惠王所用，西入秦，助孝公變法強秦。為了發展生產，魏在黃河與圃田（今河南中牟西，古為大澤）間開運河，引黃河水入圃田，再築溝渠引水灌溉農田。

魏圖謀吞併以濮陽（今河南濮陽東北）為都城的衞國，從而與趙發生衝突。惠王十七年（前三五三），魏軍包圍趙都邯鄲，並於次年攻破該城。齊國派大將田忌及軍師孫臏以圍魏之法救趙，桂陵一戰，魏軍敗退。惠王三十年（前三四〇），魏將龐涓統率魏、趙兵伐韓，齊國派田忌、田嬰、孫臏往救，齊軍在馬陵伏擊，龐涓兵敗自盡，魏太子申被俘，魏國的實力受到致命打擊。秦、趙、齊等國趁機從三面向魏襲來，侵佔其領土。惠王三十一年（前三三九），秦相商鞅誘執魏公子卬，大敗魏軍，迫使魏惠王將西河（黃河以西地）獻出，與秦講和。惠王三十六年（前三三四），魏惠王止式自稱為王，並改元為後元元年。

惠王屢戰受挫，求勝心切，因而以隆重的禮節、高貴的待遇招徠天下賢士。當時聲名甚著的許多學者，諸如鄒衍、淳于髡、孟軻都曾來到大梁。惠王問孟軻：「有什麼可以利於魏國的？」孟軻答道：「不必言利，要言仁義，有仁義然後才能為君。」惠王認為此言甚善。然而魏國的衰落已經無可挽回，惠王後元元年（前三三四），惠王以宋人惠施為相，採其與齊、楚和平的策略，在徐州（今山東微山東北）與齊威王會面，相互承認對方為王。這件事標誌着，戰國初年最為強大的魏國，終於不得不將霸主的桂冠讓給齊國。

魏惠王在位五十一年（一說三十六年）卒。

【傳記 第三十二】

吳起 孫臏

吳起（？－前三八一），衞國左氏（今山東曹縣北）人，戰國時期著名的軍事家。

吳起年輕時到處求仕不遂，將家產用光，受到鄉黨的恥笑。吳起一氣之下，殺死嘲笑他的三十多人，東出衞國郭門，與母親告別時，咬破自己的胳膊發誓說：「我吳起要是當不上卿相，就不再回衞國。」他投奔孔子的弟子曾參，向其學習儒學。不久其母逝世，吳起竟不回衞奔喪，曾參遂與其斷交。吳起轉而學習兵法，演習用兵，到魯國任職。齊人攻魯，魯穆公欲以吳起為將，但因吳起的妻子是齊國人而下不了決心。吳起殺了妻子，以表明自己與齊誓不兩立。魯穆公任命吳起為將，率二萬軍隊前往抵禦齊軍，以突襲的方法，大敗齊軍，聲名大振。有人向魯穆公進讒言道：「吳起為人殘忍，打敗了齊軍，會引起諸侯對魯用兵。況且，衞與魯是兄弟之國，君公用吳起，也是對衞的不友好。」魯穆公於是對吳起開始疏遠。

聽說魏文侯賢明，吳起離魯到魏，魏文侯任其為將，進擊秦軍，奪秦五城。吳起帶兵，總是與最下級的士兵穿一樣的衣服，吃一樣的飯菜。睡覺不設席，出行不騎乘，親自背負軍糧，與士卒同甘共苦。一位士卒患了疽病，吳起親自為他吮吸膿汁。這位士卒的母親聽說此事哭了，別人奇怪地問道：

「你的兒子是個士卒，將軍親自為他吮吸膿汁，你哭什麼？」這位母親說道：「不是這麼回事。過去，吳公曾為他的父親吮吸過膿汁，他父親衝鋒時英勇無比，戰死沙場。吳公如今又為他的兒子吸膿，妾不知兒子將要死在哪裏，所以哭了。」魏文侯因為吳起善於用兵，又清廉公平，深受士兵愛戴，就任命吳起為西河守，以抗擊秦人和韓人的侵襲。

魏武侯繼位後，曾由吳起陪同乘船沿西河（黃河由北向南流河段）而下。魏武侯感歎道：「美哉，山河之險固，這是魏國之寶。」吳起回答道：「國寶在於道德，而不在於險要。如果國君不修德，連這船上的人都會成為您的敵人。」魏武侯以田文為相，吳起很不高興，與田文論功勞。田文說：「論帶兵打仗、治理地方和守邊抗敵，我不如你。但目前魏國主少國疑，大臣未附，百姓不信，處理這些事，還是我比你強。」田文死後，繼之為相的公叔設計排擠吳起，吳起怕得罪，於魏武侯十三年（前三八三）離魏去楚。

楚悼王銳志革新，卻苦無良相。聽說吳起到來，他馬上任命其為宛（今河南南陽）守，負責防禦三晉的南犯。旋即任為令尹，在楚國實行改革。吳起認為，楚國的問題是：大臣太重，封君太眾，因此上逼主而下虐民，導致國貧兵弱。為此，他下令，凡封君傳了三代的，就收回爵祿，疏遠的公族一律廢除其公族籍。將貴族遷徙到邊境地區，以充實那裏的人口。提拔賢能的人任官，將無關緊要的官職和無能的官員，一概裁撤。削減官吏的俸祿，省下經費用於撫養將士，以增強軍隊的戰鬥力。禁止游說之士的花言巧語，禁止私門的請託，一切按法令行事。經過改革，楚國日漸強盛起來，南邊平定了百越，北邊兼併了陳、蔡，打敗了魏軍，西邊討伐秦國，在諸侯中引起震驚。

楚悼王二十一年（前三八一）逝世，失去特權一直對吳起不滿的宗室貴族立即發動叛亂，進攻吳起。吳起兵敗逃到停屍殿，伏到楚悼王屍身上。他知道楚國規定，以兵器加於王屍的滅三族，估計叛亂者不敢對他動手。

然而，追上來的宗室貴族郤利令智昏，用亂箭將吳起射死，並將吳起的屍身車裂肢解。安葬了悼王以後，楚肅王繼位，將以箭射中王屍的七十多家貴族全部滅族。

吳起著有兵法四十八篇，據說久已亡佚。現存《吳子》，包括《圖國》、《料敵》、《治兵》、《論將》、《應變》、《勵士》六篇，郭沫若斷為偽作，難以論說。

孫臏（約前三八〇—前三〇〇），出生齊國阿、鄄（今山東鄄城、陽穀間）之間，是春秋著名軍事家孫武的後代，戰國時著名的軍事家。

孫臏年輕時與龐涓一起學習兵法，尤其精通《孫子兵法》。後來，龐涓到魏國為將軍，屢立戰功，聲名鵲起。他不願比自己更強的孫臏為諸侯所用，派人將孫臏騙來魏國，設計陷害，處以臏刑（將兩腿的膝蓋骨截去），並在臉上刺字，使其永遠無法在公眾前露面。被迫服苦役的孫臏聽說有齊使來魏，就悄悄找到使者，表示自己為祖國效勞的願望。使者發現他是一位奇才，將他藏在車裏，帶回齊國，推薦給將軍田忌。田忌與齊國諸公子驅車賽馬打賭，屢屢輸錢。孫臏認真觀察以後，建議田忌押大賭注，以下等馬對其上等馬，以上等馬對其中等馬，以中等馬對其下等馬。田忌依計而行，二勝一負，贏了一大筆錢。齊威王驚異田忌的奇謀，詢問是誰出的主意，田忌於是將孫臏推薦給齊威王。

齊威王向孫臏請教兵法，孫臏指出，戰爭是輔助道義的工具，是存亡國繼絕世的手段，只有通過戰爭制服敵手，才能使天下人服從，建立新的秩序。而要獲得戰爭的勝利，首先必須富國，通過發展生產，積累充分的軍備。帶兵打仗，既要賞罰嚴明，又要關心士卒。特別強調作戰要視敵我雙方的情況，採取靈活機動的戰略戰術。而比智謀更重要的是戰爭的性質，正義的戰爭必將得到民眾和將士的擁護。齊威王聽孫臏對戰爭的看法如此高明，馬上任命他為國師。

齊威王四年（前三五三），魏國派大將龐涓率八萬軍隊進圍趙都邯鄲，趙國以中山之邑（今河北定縣）為贈禮，向齊國求援。齊威王決定出兵救趙，任命孫臏為將軍。孫臏以自己為刑餘之人加以謝絕，齊威王只得以田忌為大將，孫臏為軍師，專門造了一輛帶篷的車子，供孫臏坐在裏邊謀劃和指揮作戰。次年，邯鄲危在旦夕，趙國再一次向齊求援，田忌和孫臏率領八萬軍隊正式出動。孫臏提出批亢搗虛、圍魏救趙的策略，就是避開敵人主力，打擊其薄弱處，直逼魏都，迫使敵軍自己從邯鄲撤退。齊軍神速向魏都大梁挺進，衞、宋二國的軍隊也向大梁靠攏，形成兩面夾攻的形勢。十月，魏軍攻克邯鄲，得到齊軍逼近大梁的消息，無暇休整，就往回開拔。魏軍趕到大梁時，齊軍已經撤走。龐涓不知是計，隨後緊追。魏軍到達桂陵時，與以逸待勞的齊軍相遇，魏軍疲憊不堪，一觸即潰，狼狽逃回。

齊威王六年（前三五一），魏人歸還趙國邯鄲，與趙結盟。次年，又與秦結盟，以集中力量對付韓國。十七年（前三四〇），魏、趙聯軍在龐涓率領下直奔韓國都城鄭（今河南新鄭），韓軍抵擋不住，向齊求援。孫臏提出，先堅定韓國作戰的決心，待魏軍疲憊時，齊軍再出動，既能取勝，又可在諸侯中樹立威望。在魏軍已經有很大消耗時，齊國正式派出了以田忌、田嬰為大將，孫臏為軍師的十萬大軍，徑直向魏都大梁挺進。龐涓對桂陵之敗記憶猶新，馬上從韓國撤軍。魏惠王要與齊軍決一死戰，派太子申為大將，動員全國的軍隊，會合龐涓撤回的軍隊，正面迎戰齊軍。孫臏建議，齊軍不與魏軍正面交鋒，用計誘使魏軍加快行軍速度，把魏軍拖垮，再加以收拾。齊軍掉頭東撤，在撤退中逐日減少營地做飯的爐竈。第一天造了十萬人吃飯的爐竈，第二天五萬，第三天二萬。龐涓在追趕中見齊軍爐竈日少，興奮不已，說：「我早知道齊軍膽怯，才三天時間，士卒已經逃跑掉大半。」於是把步兵和給養車留在後邊，親自率領戰車部隊，馬不停蹄，日夜兼程追趕。齊軍牽着魏軍的鼻子向東退卻，撤到地勢險要的馬陵（今山東陽穀境），孫臏下令停止後撤，利用山大溝深道狹的地形，將一萬弓箭手埋伏於道路兩旁，命令：「夜裏見火把舉起，就一齊放箭。」還讓人將當路的一棵樹削去一塊樹皮，在露出的白木上寫了「龐涓死於此樹之下」八字。龐涓率軍天黑以後進入伏擊圈，見樹幹上有字，命人點了火把細看。字還沒有看完，龐涓發覺中計。這時，萬箭齊發，魏軍猝不及防，亂作一團，死傷慘重。龐涓知大勢已去，仰天長歎道：「我終於讓孫臏這小子成就了聲名！」拔出長劍，自刎而死。埋伏的齊軍衝出，全殲魏精銳戰車部隊，並乘勝向西追擊，將魏的後續部隊全部打垮，俘虜魏太子申。

孫臏著有兵法一部，共八十九篇，圖四卷，名《齊孫子》。後來，該兵書失傳，學者遂對孫武、孫臏究竟是一人還是兩人，兩人是否都著有兵法書發生疑問。

一九七二年在山東臨沂銀雀山漢墓中，失傳一千多年的《孫臏兵法》殘卷與《孫子兵法》同時出土，它不僅解決了上述爭論，更使我們得知這位優秀軍事指揮家在軍事理論方面的卓越建樹。《孫臏兵法》殘卷共三十篇，一萬一千餘字。書中認為戰爭關係國家的安危，戰勝則強立，戰不勝則危亡。強調要以道取勝，重視對士卒的挑選和訓練，還要賞罰分明。作戰應「埤壘廣志，嚴正輯眾，避而驕之，引而勞之，攻其無備，出其不意，必以為久」。就是構築堅固的工事來堅定我軍的鬥志，制定嚴明的條令規範來團結全軍上下，儘量避開敵人的正面鋒芒，使他驕傲起來，引誘敵人東奔西跑，使其銳氣耗盡，疲憊不堪，乘敵人沒有準備的時候攻擊他，在敵人意料不到的地方打擊他，通過長期持久的作戰，一定能贏得最後的勝利。這些論說，在中國軍事史上有重要價值。

【傳記 第三十三】

秦孝公 商鞅

秦孝公（前三八一—前三三八），名渠梁，戰國時秦國一位有為的君主，他任用商鞅進行變法，使秦國開始富強起來。

秦國地處西部，其餘六個大國都將秦視為夷狄，諸侯會盟往往將秦排除於外。秦獻公在位時，宣佈廢除人殉制度，制定戶籍，把民眾編為什伍，鼓勵商業活動，開始設市。秦孝公繼位，發誓繼續獻公的改革，佈德修政，使秦國富強。孝公元年（前三六一）下求賢令，說道：「當年我先祖穆公曾經東平晉亂，西霸戎狄，天子致伯，諸侯畢賀。但此後國內多憂，顧不上外事，以致三晉奪我西河之地，諸侯卑我，醜莫大焉。寡人對此十分痛心！賓客羣臣有誰能出奇計使秦強盛，寡人將給他重要的官位，與他分治國土。」

這時，商鞅應令來秦。商鞅（約前三九〇—前三三八），姬姓，公孫氏，名鞅，衞國國君庶子的後代，人稱衞鞅，後來秦孝公將他封於商，所以又稱商鞅。他年輕時就喜好刑名之學，後來做魏相公孫痤家的中庶子。公孫痤知道商鞅很有才幹，臨死前向魏惠王推薦道：「公孫鞅年少而有奇才，希望大王能將國政交給他。」魏惠王一笑置之。公孫痤見此，就又補充道：「大王如果不用商鞅，就把他殺了，別讓他跑出國境。」公孫痤死後，魏惠王不用也不殺商鞅。商鞅自覺奇才難以施展，聽說秦孝公下了求賢令，就來到秦國，通過宦者景監，求見秦孝公。

商鞅第一次見秦孝公，說了很多話，孝公直打瞌睡，而不認真聽。事後，孝公生氣地對景監說：「你推薦的是個虛妄的人，怎麼可以用呢？」景監回去責備商鞅。商鞅說：「我對君公講為帝之道，君公心志不開悟。」五天以後，秦孝公又見商鞅，談話還是不合孝公心意。下來以後，孝公又責備景監，景監又責備商鞅。商鞅說：「我給君公講為王之道，君公還是聽不進去。請允許我再見一次。」這一次，孝公對商鞅的談話表示滿意，但沒有用他，下來以後，對景監說：「你推薦的那人還行，可以與他談話。」商鞅告訴景監：「我對君公講霸道，君公似乎想施行。如果再見一次，我定能講好。」商鞅又一次見秦孝公，孝公與他談得很投機，不覺膝蓋已經移到坐席的前邊，連着談了幾天毫無倦意。下來以後，景監問道：「你用什麼打動了我們的國君？他高興得很。」商鞅說：「我給君公講三代帝王之道，他說：『那太久遠了，我不能等待。況且賢君要當時揚名諸侯，怎麼能鬱鬱地等幾十年上百年以成帝王呢？』於是，我就向君公講強國之術，所以君公才那樣高興。」

秦孝公想任用商鞅進行變法，又怕天下人議論自己。商鞅說：「疑惑不決就無法取得成功。聖人只要能夠強國，就不照老辦法做，如果對民有利，就不必遵循舊禮。」孝公說：「好。」大夫甘龍反駁道：「不對。聖人不改變民眾的習俗就可以教化，聰明的人不變法就可以使社會得到治理。」商鞅指出：「甘龍說的是世俗之言。這些人見識短淺，沒法與他講常規以外的事。」大夫杜摯說：「沒有百倍的好處不能變法；沒有十倍的功效，不換用具。照古代的做不會出錯，循禮而行不會出邪。」商鞅批駁道：「治理社會從來沒有不變的方法，只要對國家有利就不必沿襲古代。商湯、武王不因循過去成為君王，夏、殷不改變舊禮卻亡了國。做事情就是要順應時勢。推翻古法的未必可以排斥，拘於舊禮的未必值得稱讚。君公不要再猶豫了。」秦孝公終於下定決心，任命商鞅為左庶長，實行變法。

孝公六年（前三五六），第一次變法。首先是建立什伍連坐制度。秦國以五家為一伍，二伍為一什。法令規定，什伍互相糾察，一家有了奸人，別家不告發，就都處以腰斬。告發的按殺敵給予賞賜，隱匿的與降敵一樣處罰。其次是獎勵軍功，建立軍功爵制度。規定設二十級爵位，作戰有功的按殺敵多少給予獎賞。殺敵甲士一名，賞爵位一級，田一頃，宅九畝，庶子（秦國隸屬於有爵者的服役者）一人。殺敵愈多，賞給的爵位、田宅和奴隸愈多。但禁止私鬥，私鬥者以情節輕重處以刑罰。宗室沒有軍功的，不得再享有宗籍。第三，建立鼓勵生育和耕織的制度。規定，居民家中有兩個以上成年男子而不分家的，加倍交賦。凡生產糧食和織帛納稅多的，免除該人的徭役。凡從事商業以及因怠惰而貧困的，連同其妻子、兒子，沒收為官奴婢。第四，焚燒儒家的《詩》、《書》，禁止私門請託，不許游說求官。

法令頒佈以後，民眾到國都表示不滿的達千人以上。太子駟違犯了新法，商鞅認為：「法令的實行必須從貴戚開始。」他知道太子將要繼承君位，不可施刑，就將太子的師傅公子虔和公孫賈治罪。從此秦人都照新法實行，而不敢違犯。變法實行多年，秦國大變，人們都想殺敵立功，家家都富足起來，道不拾遺，山無盜賊，民不私鬥，社會大治。那些當初說變法不好的人來向商鞅表示擁護變法，商鞅說：「這都是亂化之民。」將他們全都遷移到邊城去了。從此，人們再也不敢對變法發表議論。

孝公十年（前三五二），商鞅因功被任命為大良造，成為秦國職位最高的大臣。孝公十二年（前三五〇），第二次變法。一是將國都從櫟陽（今陝西臨潼境）遷到咸陽（今陝西咸陽東北），在都城築宮廷和懸掛政令的冀闕。二是革除舊習，禁止父子、兄弟同室居住，使男女有別，長幼有序。三是將小鄉聚歸併為縣，全國共設三十一個縣。縣設縣令、縣丞、縣尉，由國君直接任命。四是廢井田，開阡陌，要求人們更多地開墾田地，允許土地買賣，按土地多少徵收賦稅。五是規定統一的斗、桶、權、衡、丈、尺標準。四年以後，公子虔違犯新法，商鞅將他處以劓刑，就是割去鼻子。秦國更為富強，連周顯王也將祭肉送給孝公，諸侯都向秦孝公表示祝賀。

孝公二十二年（前三四〇），商鞅勸孝公伐魏，逼魏東遷，以便秦擁有河山之固，向東制服諸侯，成帝王之業。於是商鞅率兵攻魏，魏公子卬領兵抵禦。兩軍相遇以後，商鞅致信公子卬說：「當初我倆關係很好，現在卻分別成為敵國的將領，我不忍心與你打仗，希望能與你會面、結盟，然後罷兵而去。」公子卬前去與商鞅會面，結盟以後飲酒時，埋伏的甲士擁出，將公子卬俘虜，接着將沒有主帥的魏軍打敗。魏國只得割讓河西之地，與秦國講和。魏惠王遺憾地說：「我真後悔當初沒有聽公叔痤的話。」孝公將商於之地（今陝西商縣東南）的十五個城邑封給商鞅，稱其為商君。

孝公於二十四年（前三三八）逝世，太子駟繼位為惠文君。公子虔等人馬上誣稱商鞅謀反，派吏去捕捉。商鞅出逃，在函谷關下想投宿客舍，舍人說：「商君有法令，住客沒有驗證的，舍人要治罪。」商鞅長歎道：「唉，制法的流弊竟到了這樣的程度！」商鞅到魏國，魏人將他趕了出來。商鞅回到封地商邑，興兵反抗，進攻鄭縣（今陝西華縣西南），秦國出兵攻擊商鞅，在澠池將商鞅殺死，然後又用幾輛車子將他的屍體分解示眾，公告道：「不要像商鞅這樣謀反！」並將商鞅全家誅滅。

評：商鞅變法，是先秦最徹底的一場變革，他大膽地在舊勢力很強的秦國對貴族開刀，取消了他們世代享有的特權，規定按軍功給予爵位和田宅奴隸，使秦國國富兵強，為最後統一六國開闢道路。商鞅自己雖被車裂，但變法卻深入人心。《商君書》雖說有不少後人增益的內容，但基本反映了商鞅的思想。商鞅的思想，後人稱之為法家，是一種以專制暴力為基礎的統治術。這在當時的秦國，是行之有效的。

【傳記　第三十四】

齊威王　齊宣王

齊威王（？—前三二〇），姓田，名因齊，田齊第四位君主。齊宣王（？—前三〇一），名辟彊，齊威王之子，田齊第五位君主。這兩位君主在位時，選賢舉能，改革政治，發展經濟，重視文化，設立稷下學宮，使齊國十分強盛。

齊國本是呂尚的封國。春秋後期，大夫田（陳）氏的勢力逐漸發展，而姜姓君主卻更為腐敗，齊康公整天沉湎於酗酒和女色之中，拒不聽政。齊相田和於康公十四年（前三九一）將康公遷於海上，給予一個城邑的供奉，以繼續其先君的祭祀，奪取了姜齊的政權。然後，田和就通過魏文侯謀求諸侯承認其國君的地位。周安王十六年（前三八六），周王正式策命田和為齊侯，這就是歷史上所說的田氏代齊。田氏着力於齊國的發展，是戰國初年的七雄之一。

齊康公於二十六年（前三七九）在海上死去，沒有子嗣，田氏於是將他的這一食邑也予吞併，姜齊至此滅亡。田齊桓公午十八年（前三五七）逝世，其子因齊繼位，為齊威王。齊威王大力整頓政治，派了許多使者到各地了解情況，發現即墨（今山東平度東）治理很好而阿（今山東東阿）很糟，就召見即墨大夫，對他說：「自從你到即墨任職後，經常有人說你的壞話。但是我派人去看了即墨，發現那裏田地得到墾闢，百姓生活自給，官吏處理政事非常及時，國家的東部得以安定。你沒有巴結我的手下人專門求得讚譽。」於是封給其，萬戶食邑。又召見阿大夫，說：「自從你擔任阿大夫以後，我每天都聽到讚揚你的話。但是，我派人去阿，見那裏田野荒蕪，人民貧苦。當初，趙國攻甄，你無法救援。衛國奪取薛陵，你乾脆不知道。你是花了很多錢買通我的手下人來求得讚譽的。」當天就將阿大夫烹死，並將那些讚譽阿大夫的手下人全都烹死。從此，齊國官吏再也不敢說假話，而是致力於盡其職守。

大夫鄒忌與齊威王都善於彈琴。鄒忌對齊威王說：「治理國家安定人民，也與彈琴一樣，政令要清，上下要和諧，要連續而不亂，才能使天下得到治理。」齊威王大為讚賞，任命鄒忌為國相。鄒忌以自己的相貌不及城北徐公，而妻妾都說他比徐公漂亮為喻，勸告威王不要受甜言蜜語的蒙蔽。齊威王於是下令道：「羣臣吏民能當面批評我過錯的，受上賞；能上書勸諫的，受中賞；能在街市批評朝政，而被我知道了的，受下賞。」命令頒佈以後，進諫者很多，門庭若市。幾個月以後，還偶爾有進諫的。一年以後，雖然有人想進諫受賞，卻已沒有好說的了。鄒忌處理政事，盡力使其符合民眾的要求，選擇得力的正人君子擔任大吏，堅守邊境，制定了法律，並嚴格督促各級官吏，懲處奸吏，招撫各國流亡的人口，使齊國的社會經濟得到發展，府庫充裕，國勢強盛。齊威王封鄒忌於下邳（今江蘇邳縣），號成侯。

齊威王五年（前三五二），魏軍攻破趙都邯鄲。齊國派大將田忌及軍師孫臏以圍魏之法救趙，桂陵一戰，魏軍敗退。齊國打敗強大的魏國，極為得意，因齊自稱為王，以號令諸侯。十七年（前三四〇），齊將田忌、田嬰、孫臏在馬陵大敗魏軍，魏將龐涓自盡，魏太子申被俘。二十三年（前三三四），魏惠王至徐州會見齊威王，互相承認對方為王，齊國取代魏，成為與秦並立的強國。

鄒忌心胸狹窄，對田忌一再立功、威望日增，心懷妒忌，誣其謀反。田忌氣得帶兵襲攻臨淄，要殺鄒忌，不勝，逃亡出國。

威王於三十七年（前三二〇）逝世，其子辟彊繼位為宣王。宣王一繼位，就將田忌召回，復其爵邑，令其繼續統帥軍隊，先後伐趙、伐燕、敗魏，多次獲勝。宣王任用田嬰為相，改進外交，發展經濟。在田嬰活動下，韓、魏、趙都與齊會盟。齊宣王特別能禮賢下士。有位叫王斗的先生到王宮前要見宣王，宣王派謁者引他進殿。王斗對謁者說：「我跑去見宣王說明我好勢利，宣王跑來見我說明他禮賢下士。怎麼辦？」謁者回報。宣王馬上親自跑到門口迎接，陪着王斗一起回殿，向王斗請教治國之策。王斗向宣王推薦了五位賢人為官，使齊國的社會得到治理。後來，蘇秦勸說齊王合縱時，曾盛讚齊國的強盛和齊都臨淄的繁華，說：「齊國地方二千里，甲兵數十萬，粟如丘山。臨淄富饒而又殷實，其民無不吹竽鼓瑟，擊筑彈琴，鬥雞走狗，六博蹋鞠者。臨淄的路上，車轂相擊，行人肩摩，將衣衽連起來就可以組成帷帳，將衣袖舉起來就可以組成幕布，揮出來的汗像雨一樣，家家敦實富足，志高氣揚。」這是一幅多麼令人羨慕的盛世景象！

宣王四年（前三一六），燕王噲將王位讓給大臣子之，導致國內大亂。將軍市被與太子平結黨攻子之，百姓反攻，死者數萬。孟軻當時正在齊國為卿，勸齊宣王乘機伐燕。齊將匡章率五都之兵伐燕，五十餘日，取得全燕，殺燕王噲，擒了子之而醢其身（剁成肉醬）。齊軍還大量殺戮平民，引起燕人的反抗，齊軍被迫撤退。當時，孟軻多次勸宣王行仁政而勿圖霸業，不要俘殺燕平民，為燕國立君。宣王頭腦正熱，一概以自己糊塗加以拒絕。七年（前三一三），張儀自秦使楚，以獻地為誘餌，勸楚聯秦絕齊，楚懷王與齊絕交。十七年（前三〇三），齊、魏、韓出兵伐楚，秦兵來援，三國兵退。十九年（前三〇一），三國聯軍又攻楚，大敗楚師，殺其將唐昧，取宛、葉以北地。

當初，田齊桓公為了滿足國家對人才的大量需求，創立了一聚集人才、討論學術、培養新人的類似大學的機構，稱稷下學宮。齊宣王對設在齊都臨淄小城西門（即稷門）之下的學宮，加以擴建，規模宏大，屋宇軒昂。凡來稷下的學者，都給予上大夫的優厚俸祿，賜以舒適壯麗的宅第，讓他們專心學術，培養弟子。鄒衍、淳于髡、田駢、接予、慎到、環淵、孟軻、公孫龍、蘇秦、張儀等著名學者，都曾先後到稷下供職，著述、講學，發展了自己的學術觀點，並互相爭鳴，融合吸收，促進了學術的進步和發展。據說，齊宣王時稷下學士有數百千人之多，達到全盛。

齊宣王在位十九年（前三〇一）逝世，其子田地繼位為閔王。

評：田齊君主在戰國時最突出的貢獻，是創立稷下學宮。他們以恢宏的氣概，擴建學宮，召來士人，為之提供良好的治學環境，讓他們自由地開展各種學術思想的爭鳴，使來自魯、楚、秦、晉、吳、越、燕、趙等地的學術思想，在稷下這個學術殿堂裏熔鑄、提高，形成以大一統政治學說為中心的稷下之學，再輻射到全國各地，對戰國乃至以後華夏文化的發展，都有深刻的影響。

【傳記　第三十五】

張儀　楚懷王

張儀（？—前三〇九），魏國貴族後代，戰國時縱橫家，連橫派的代表。

張儀曾向鬼谷子學習縱橫之術，後來就到各國游說。在楚國，他曾參加國相的宴會。不久楚相的玉璧遺失，門人懷疑是張儀偷的，將他抓起來打了幾百下。回家以後，妻子說：「你如果不讀書游說，哪裏會受到這麼大的恥辱？」張儀問：「你看我的舌頭還在嗎？」妻子笑道：「在。」張儀說：「這就夠了。」

這時，秦國因實行變法強大了起來，不斷地向東方擴大領土。張儀見自己的游說在東方各國沒有市場，就於秦惠文君九年（前三二九）入秦，向惠文君上連橫之策，建議破壞六國的聯合，與魏、楚相親善，然後出兵三川，堵住什谷的進出口和屯留一帶的阪道。接着在魏、楚的配合下，進攻韓國的新城和宜陽，將軍隊開到洛陽，聲討周王的罪過，挾天子以令諸侯，最後再回過頭來攻取魏、楚的領土，迫使天下諸侯都西面事秦，完成稱王的大業。這一策略正中惠文君下懷，遂以張儀為客卿。為了實現連橫，張儀首先將精力用於對付魏國。惠文君十年（前三二八），秦公子華帶兵奪取了魏國的蒲陽（今山西隰縣），隨後張儀到魏國，將蒲陽歸還魏，並對魏惠王說：「秦王對魏國很好，魏也不應對秦無禮。」其後，秦派公子繇到魏為人質，魏將包括少梁（今陝西韓城）的上郡十五縣，獻給秦國。秦惠文君見張儀如此能幹，遂以其為國相，並將少梁改名為夏陽。在齊、魏之後，秦惠文君於十三年（前三二五）稱王。張儀於次年出兵奪取魏國的陝地，而將其人口交還魏國，並在上郡築塞，加強了秦西部邊界的防衛。

楚一直是南方大國。楚威王曾敗齊軍於徐州，在位十一年（前三二九）卒，魏惠王聞訊，即派兵伐楚，取其陘山（今河南漯河東）。太子熊槐（?—二九六）繼位，為楚懷王。懷王六年（前三二三）派柱國昭陽將兵攻魏，破襄陵（今河南睢縣），取其八邑，進而移兵攻齊。正在齊國的秦使陳軫主動到楚軍游說，建議與齊友好，楚國退兵。

不久，秦國派張儀來到嚙桑（今江蘇沛縣西南），與齊、楚、魏三國大臣盟會。張儀從嚙桑回國後被罷相，來到魏國，正好魏相惠施聯齊的策略失敗，被驅逐，於是就以張儀為魏相。張儀想通過相魏來為秦服務，讓魏先行事秦，引導諸侯仿效。但魏惠王不聽張儀的意見，於秦惠文王更元六年（前三一九）任命倡合縱之策的公孫衍為相，驅逐張儀還秦。更元七年（前三一八），公孫衍發動趙、韓、燕、楚、魏五國兵，以楚懷王為縱長，討伐秦國，秦迎戰於函谷關，五國之師敗走。同年，義渠也在公孫衍的慫恿下攻秦，大敗秦軍於李帛。為了破壞五國合縱，張儀讓秦伐魏，將魏軍打敗。齊國又在觀津打敗魏軍。張儀乘機對魏襄王講：「魏四面受敵，而沒有援助，不如事秦，使楚、韓不敢攻魏，再討伐楚國，擴大魏的國土，豈不是很好的事！大王如果不聽我的計謀，秦國將出兵東進，到那時想再事秦，也不可能了。」魏襄王聽從張儀的謀劃，與秦修好。

秦惠文王更元九年（前三一六），位於秦國西南的苴國和蜀國互相攻擊，都派使者向秦求援。惠文王派張儀、司馬錯、都尉墨等人率兵攻蜀，在葭萌關（今四川劍閣東北）全殲蜀軍，殺死蜀王，並乘勝攻得巴蜀全境。秦以張若為蜀郡守，從關中移民萬家入蜀，秦國得到了一個穩定而富庶的後方。接着，秦又揮戈東向，先攻趙，取其中都、西陽、安邑；又攻韓，取其石章；再攻魏，取其曲沃（今河南三門峽西南），降其焦（今三門峽西）；又敗韓師於岸門（今河南許昌西北），斬首萬人，迫使三晉都事於秦。

更元十二年（前三一三），秦欲伐齊，又擔心齊、楚的聯盟，就假稱張儀被免相，而讓張儀去楚。張儀對楚懷王說：「秦國最友好楚王，最憎恨齊王。但大王與齊友好，使我王不能與貴國修好。大王如果能與齊國絕交，我願意將商於之地六百里獻給楚國，秦與楚約為兄弟之國。這樣既能使齊國削弱，又能施德於秦，還能得到一大塊富饒的土地，豈不是一舉三利？」楚懷王貪圖土地，就以相印授於張儀，與齊絕交，每天設酒宴慶祝。大臣們都表示祝賀，只有柱國陳軫表示傷悼。楚懷王問他為何如此，陳軫說：「秦國之所以對大王如此重視，是因為大王與齊結盟。如今獻地沒有得到，卻先與齊絕交，使楚國孤立無援，秦國必將輕視我國，而受張儀的欺騙。假如張儀真的騙了我國，大王一定會怨恨。這樣，就會北邊斷絕了與齊的關係，西邊引來秦國的禍患，兩國的軍隊都會打來，臣因此傷悼。」楚懷王不聽，給了張儀很多賞賜，派了一位將軍隨其去秦國接受獻地。

張儀回到秦國，假裝酒醉從車上跌下來受傷，三個月閉門不出。楚懷王見秦國一直不給地，以為是嫌他與齊國絕交還不堅決，就派了勇士宋遺，去辱罵齊宣王。齊宣王大怒，絕楚事秦。張儀這才召見楚國使者，說：「臣有封邑六里，願拿出來獻給大王左右的人。」楚使說：「臣受命來接受商於之地六百里，沒有聽到過六里的說法。」回國報告，懷王這才知道上當，氣急敗壞地出兵攻秦。楚懷王十七年（前三一二）春，秦軍迎戰，在丹陽（今河南西峽西）大敗楚軍，殺其八萬多士卒，乘機攻取楚漢中地六百里，設漢中郡。楚懷王傾全國兵力，到藍田（今陝西藍田）與秦決戰，又被秦打敗。同時，秦的盟國魏、韓發兵進攻楚後方，楚懷王不得不撤兵，割兩城與秦講和。

惠文王更元十四年（前三一一），秦提出割漢中郡一半的地方，與楚結盟。懷王說：「我不願要地，只要張儀。」張儀大膽地來到楚國，被囚。張儀厚賂楚臣靳尚，通過楚夫人鄭袖向楚王求情，竟又得以釋放，逃回秦國。張儀隨即到韓、齊、趙、燕諸國，說服其連橫以事秦。秦惠文王以功賜張儀六邑，為武信君。

這一年，秦惠文王死，其子蕩繼位，為秦武王。秦武王在當太子時就不喜歡張儀，繼位以後，許多大臣都說張儀的壞話，東方各國聽說張儀失寵，重又叛秦合縱。張儀害怕被誅，主動要求離秦赴魏，在魏為相一年後死去。秦武王在位四年受傷而死，其異母弟則（一名稷）立，為秦昭王（前三〇六—前二五一在位）。秦昭王修好與楚的關係，娶楚女為妻，將以前奪取的上庸歸還楚國，並於三年（前三〇四）與楚懷王在黃棘（今河南南陽南）盟會。

楚懷王二十六年（前三〇三），齊閔王欲合縱攻秦，不滿楚與秦重新修好，聯合韓、魏軍隊伐楚。楚懷王派太子橫作為人質到秦國求援，秦國客卿通將兵援楚，三國兵退去。次年，楚太子橫私鬥時將秦大夫殺死，逃回國。懷王二十八年（前三〇一），齊、韓、魏聯軍再次伐楚，在垂沙（今河南唐河西南）大敗楚師，殺楚將唐昧，取楚之宛、葉以北地。次年，秦華陽君率兵伐楚，大破楚師，殺楚軍二萬及其將景缺，取楚襄城。懷王派太子橫為質於齊，向齊求和。

懷王三十年（前二九九），秦軍再一次伐楚，取八城。秦昭王致書懷王，譴責他背秦和齊，約他到武關（今陝西丹鳳東南）會盟。楚懷王接信左右為難，去了怕受騙，不去怕秦發怒。昭睢和大夫屈原勸懷王不去，發兵自守。懷王子子蘭勸懷王不要斷絕與秦的友好關係。懷王來到武關，被秦將劫持，帶到咸陽，強迫他以臣禮見秦昭王，並要求楚割給巫和黔中之郡。懷王不許，被秦扣留。楚國大臣得此消息，從齊國迎回太子橫，立為王，稱楚頃襄王（前二九八－前二六三在位）。秦昭王大怒，派兵出武關攻楚，殺楚軍五萬，取析（今河南西峽）等十六城。楚頃襄王二年（前二九七），楚懷王從秦逃出，被發覺，秦派兵守住通往楚的要道。懷王從小道去趙，被拒。又往魏，在途中被秦兵捕獲。楚懷王於次年在秦病死。秦人送回懷王的屍體，楚人悲痛無比，楚南公說：「楚雖三戶，亡秦必楚。」與秦絕交。各諸侯國由此也認為秦不講信義。

評：張儀是戰國時最著名的游說之士，他取得成功的原因，在其善於利用人性貪婪的弱點。楚懷王本來是齊的堅定盟友，卻背齊投秦，終於身死異國，則是因為其目光短淺，貪圖小利，而沒有戰略的考慮。

【傳記　第三十六】

趙武靈王

趙武靈王（前三四〇—前二九五），名雍，號主父，趙國第六位君主，他實行胡服騎射，改革軍事政治，使趙國國富兵強。

趙國為戰國七雄之一。趙肅侯在位時，徙晉君，朝天子，築長城，在諸侯中很有影響。肅侯二十四年（前三二六）死，秦、齊、燕、楚、魏各出銳卒萬人前來參加葬禮。十六歲的趙武靈王即位後，增設博聞師三人，左右司過三人，以博採民意，糾正己過。又向先王之臣肥義問政，增加其俸祿，引為知己。武靈王八年（前三一八），韓、燕等國已陸續先期稱王，只有趙武靈王仍然稱君，說：「沒有王的實際，怎麼敢居其名？」趙國北邊與匈奴相鄰，東北與東胡相接，西北同林胡、樓煩接壤。這些遊牧民族常以騎兵侵擾趙的邊境。而南邊的魏國，東邊的中山國，也一再侵趙略地。九年（前三一七），三晉共擊秦，秦殺趙軍八萬，又連續取趙中都（今山西平遙西南）、西陽（今山西中陽）、藺（今山西離石西）等城邑。武靈王見各國改革，陸續富強，而趙卻屢屢被動捱打，陷入深思。他出九門，登上新築的野臺（今河北新樂），遙望齊、中山之境，下定了改革的決心。

十九年（前三〇七）正月，趙武靈王召集大臣肥義等人，在信宮討論天下大勢，五天以後，作出決策。武靈王親自帶領軍隊北略中山之地，到達房子（今河北高邑西南）。又往代（今河北蔚縣東北），北到無窮（今河北張北南），西至大河。趙武靈王在黃華山召見樓緩，說出了他長久思索、觀察和五天討論後的決策——胡服騎射。他說：「趙國四面是敵，如果沒有強兵之術，就會滅亡。我想改穿胡人服裝，騎馬射箭，以教百姓。」他知道，這一做法，與中原傳統截然不同，必然會遭到舊習俗的頑強抵抗和人們的嘲笑。他相信：「雖然天下的人都會嘲笑我，但胡地、中山一定能為我所有。」樓緩和肥義都堅決贊成，而許多宗貴大臣表示反對，說：「聖人不易民而教，智者不變俗而動。」趙武靈王的叔叔公子成稱病不朝，以示不滿。武靈王親自上門對公子成說：「服飾是為了便於用，禮俗是為了便於行。南北服飾不同，古今禮俗不一，再聰明的人也無法使其完全一樣。我實行胡服騎射，就是想利用我上黨的地形，報復中山國侵暴我國的仇恨。」公子成被說服了，第二天就穿上趙武靈王賜給的胡服上朝，趙武靈王於是正式發佈胡服令，命令軍隊脫去寬袍大袖、上衣下裙的傳統服裝，換成短衣長褲的胡服，以便於騎馬馳逐。趙武靈王並親自招募、組建、訓練了一支精銳的騎兵部隊。

二十年（前三〇六），趙武靈王巡視中山，到達寧葭（今河北石家莊西北）。又向西征討胡地，到達榆中（今內蒙古伊克昭盟東部），林胡王向趙武靈王獻馬。回邯鄲以後，趙武靈王派遣使者到秦、韓、楚、魏、齊諸國，並指派代地之相趙固負責胡人事務，徵調其軍隊。次年，趙武靈王將軍隊組建為右軍、左軍、中軍、車騎軍和胡代軍，各有將領，親自統帥，分路向中山國發動了進攻，奪取了丹丘、華陽、鴟之塞、鄗、石邑、封龍、東垣諸地，中山君獻四邑請和，趙武靈王許之，退兵。二十四年（前三〇二），趙武靈王將吏大夫的家奴都遷到九原（今內蒙古包頭西北），以充實那裏。又下令將軍、大夫、嫡子、代吏都穿胡服，學騎射，以進一步推行改革。

二十六年（前三〇〇），趙武靈王再一次率兵伐中山國，中山君逃到齊國。經過反覆征戰，趙國的疆土北邊擴大到燕、代，西邊到達雲中（今內蒙古呼和浩特西南）、九原，設置了雲中、雁門、代三郡。又從代郡開始，沿着陰山，到高闕，築北長城。

二十七年（前二九九），趙武靈王將王位傳給次子趙何，為惠文王，以肥義為相國輔佐。他自號主父，身着胡服，巡視胡地。到九原以後，想南襲咸陽，就假冒使者入秦，一路偵察形勢。秦昭王見其人魁偉且氣度不凡，下令驅逐。主父馳馬出境，秦昭王才知道這是主父，大驚失色。惠文王三年（前二九六），趙主父會合齊、燕軍隊，共滅中山，遷中山君到膚施（今陝西米脂西北）。在置酒慶賀的同時，主父封長子趙章於代地，為安陽君，派田不禮為其相。

趙章是主父的夫人韓氏所生，本已立為太子。趙武靈王十六年（前三一〇）因夢見鼓琴處女，其臣吳廣獻女孟姚（即娃嬴），有寵，立為惠后。惠后生子何，武靈王廢太子章，而傳位何，趙章對此一直不服。惠文王四年（前二九五），主父與惠文王到沙丘（今河北巨鹿東南）遊玩，異宮而居。趙章與其相田不禮率眾作亂，假稱主父之命召惠文王，肥義在惠文王之前入室，被殺。將軍高信帶兵平亂，公子成和李兌也從邯鄲趕來，召集四邑之兵，參與平亂，將田不禮殺死。趙章兵敗逃到主父之宮。公子成和李兌遂率兵攻圍該宮，將趙章及其黨羽殺死。公子成、李兌知道，如果休兵，自己就會被誅，於是繼續包圍該宮，讓宮人全部出宮，只有主父一人留在宮內。主父將宮中糧食吃完以後，連樹上的幼雀都掏出來吃了，三個月以後，餓死於宮中。

評：趙武靈王胡服騎射，在中國軍事史上是一個重大的改革。本來，中原的戰爭一直是車陣和正面衝擊戰。春秋戰國時，隨着鐵製兵器的出現，殺傷力大增。戰場也從平衍的中原擴大到北方的山林和南方的河網地區，車戰愈來愈不適應，於是步兵在戰爭中發揮的作用增大。但步兵運動慢，殺傷力也不強。趙武靈王向北方的胡人學習，改甲兵為騎兵，變車戰為運動戰，在兵制改革中先着一鞭，使趙國的軍事實力大為增強，滅中山，降林胡、樓煩，擴地千里，成為秦國向東發展的最大障礙。

【傳記　第三十七】

孟軻　荀卿

孟軻（約前三七二—前二八九），字子輿，又字子車、子居，鄒（今山東鄒縣東南）人，戰國時代著名思想家、教育家，儒家學派的重要傳人，人稱為孟子、亞聖。

孟子先世是魯國孟孫氏，後家道衰落。孟子幼年喪父，母親守着他艱苦度日。為了使孟子有個良好的成長環境，其母曾三次搬家，給予他良好的家庭教育。孟子受業於子思的門人，治儒術之道，終於精通五經，尤長於《詩》、《書》。學成以後，他到各國遊歷，想藉助諸侯的力量，實現自己的政治抱負。聽說魏惠王卑詞厚禮招賢，孟子至魏。魏惠王問他何以利吾國，孟子以不可言利而應行仁義相答。隨後到齊，遊稷下學宮，齊宣王任以為卿。宣王六年（前三一四），孟子勸齊宣王乘機伐燕。齊軍入燕，大量殺戮平民，引起燕人的反抗，被迫撤退。當時，孟軻多次勸宣王行仁政而勿圖霸業，不要俘殺燕平民，為燕國立君，宣王一概加以拒絕。孟子又到宋、魯、滕、梁等國，宣傳他的仁政的政治主張。當時諸侯們忙於富國強兵和攻城略地，雖然對孟子十分禮遇，卻都認為其主張迂闊而不可用。晚年，孟子回故鄉鄒國，與弟子萬章、公孫丑等人著書立說，發揮孔子的思想，成《孟子》七篇。

孟子認識論最根本的是心性論。他認為人的本性是天賦的、純善無惡的，對人性本質的仁義禮智等善端，不慮而知的良知，不學而能的良能，應該加以保護，存心養性，通過內在修養，達到知天、立命的聖賢人格。修身養性的方法是思誠和寡欲，排除感官物累，養吾浩然正氣，以達到萬物皆備於我的境界。孟子的道德規範主要是仁、義、禮、智，誠則是四德的抽象和概括。四德中以仁義為主，仁是人，人心，義是符合仁的行為，禮智是為實現仁義服務的。要貴義賤利，反求諸己，與人為善，實現人性的淨化，富貴不能淫，貧賤不能移，威武不能屈。人的價值集中體現在道德價值上，治國平天下都賴於個人的修身。從上述認識出發，孟子提出仁政學說。仁政施予的對象是民，民是立國之本，民為貴，社稷次之，君為輕。行仁政，就要輕其刑罰，薄其賦斂，制民之產，實行教化，以德服人，貴王道賤霸道。要實施仁政，就必須通過禪讓確立賢君，通過尊賢以任用賢能。讓勞心者治人，勞力者治於人。治於人者食人，治人者食於人。孟子通過闡發子思學說，繼承、深化、豐富和發展了孔子的思想，排斥了異端的學說，使儒學成為戰國時代的顯學，對後世儒家思想的演變有很大影響，被視為孔門儒學的正宗。其著作《孟子》是儒家十三經之一。

荀卿（約前三一三—前二三五），名況，字卿，趙國郇邑（今山西臨猗、解縣一帶）人，戰國後期著名思想家、教育家，人稱荀子，漢朝人避宣帝諱，又稱其為孫卿。

荀卿很早就遊學齊稷下學宮，後來勸諫齊閔王無效，離齊到楚。齊襄王（前二八二—前二六五在位）時，回到新恢復的稷下學宮，因德高望重，學問淵博而三次被推為祭酒（學長）。大約在秦昭襄王四十四年（前二六六）應聘至秦，對秦王講大儒「勢在人上，則王公之材也；在人下，則社稷之臣、國君之寶也」。對秦相范雎稱，秦國百姓樸實，百吏肅然，佚而治，約而祥，不煩而動，是治世的典範。回齊多年後被人讒害，又離齊赴楚。春申君用他為蘭陵（今山東蒼山縣蘭陵鎮）令。因讒言被春申君辭謝後，荀卿赴趙。趙孝成王以他為上卿，荀卿對趙孝成王講，「善附民者是乃善用兵者也」。幾年後，回楚國，重任蘭陵令。楚考烈王二十五年（前二三八），春申君被殺，荀卿被免官，家居蘭陵至死。韓非、李斯都曾是他的弟子。

荀卿的思想，凝聚於《荀子》一書中。經西漢末年劉向校定，該書共三十二篇，除《大略》、《宥坐》、《子道》、《法行》、《哀公》、《堯問》為弟子所述外，其餘都是荀子自著。荀卿不滿世道和學術的混亂，他要通過對諸子的批判，發揚儒家的思想和精神。在哲學上，荀子認為自然界與人類各有其職分，天是物質的客觀的，人是社會的能動的，人要發揮能動作用，制天命而用之。荀卿批判孟子的性善論，認為人的本性是惡，所謂善都是人為（偽）的。人們在後天環境的陶冶下，通過主觀的學習和修養，可以化惡性為善德，形成高尚的道德人格。這就是「化性起偽」。在社會觀上，他用「明分使羣」來說明國家制度和倫理道德的起源，人之所以區分於禽獸在於人能羣，而人之所以能羣是因為人有富貴貧賤之分，明分必須依靠禮義。羣體性和等級制的統一，是最理想的和諧的社會結構。在歷史觀上，荀子主張法後王，認為「捨後王而道上古，譬之是猶捨己之君而事人之君」，人們要以近知遠，善言古者必有節於今。在政治上，荀卿主張禮法兼治、王霸並用。要隆禮，以禮作為區別等級、劃分名分和職分的標準。又要明法，以法律、政令作為衡量曲直、判斷是非的準繩。強調行仁和親民，賢王應該尚賢使能，強本節用，開源節流，裕民富國，兼利天下。總之，荀卿主要繼承、發揮了孔子「外王」的方面，注重於推行王道於天下，成就裕民富國的事功，從而形成了獨樹一幟的荀學。

【傳記　第三十八】

墨翟　鄒衍　韓非

墨翟（約前四六八—前三七六），人稱墨子，祖先為宋國人，後長期居魯，戰國初期的思想家、政治家，墨家學派的創始人。

墨子的生平，散見於諸書的記載。據說，墨子出身平民，當過造車工匠，又曾向史角學習郊廟之禮。因不滿儒學禮義繁瑣，另立學說，收徒講學，成為儒家學派的主要反對者。為了實踐其政治主張，他身體力行，率徒奔波於宋、衞、楚、齊、魯、魏等國，制止了多次戰爭。在宋昭公（約前四五二—前四〇四在位）時，曾為宋國大夫。他的弟子多為下層勞動者。

《墨子》一書，今存五十三篇，多為其弟子及再傳弟子記述的墨子言行。墨子提出兼愛、非攻，尚賢、尚同，天志、明鬼，非樂、非命，節用、節葬的十大主張。他以兼愛為根本，認為人們要互相親愛和有利，愛無差等，不偏富貴，不避貧賤，天下同義，要反對違背兼愛原則的戰爭。兼愛在政治上就要尚賢，由賢者任官，甚至天子也應由賢者擔任。官無常貴，民無常賤，以尚同於天的意志。賢者要努力興天下之利，除天下之害。兼愛的理論根據是天志和明鬼，天對所有人都是一視同仁的；要相信鬼神，因為鬼神能幫助天賞善懲惡。他反對統治者繁飾禮樂、奢侈享樂的生活。反對儒家的天命說，認為壽夭、貧富、安危、治亂都是由力決定的，人們要以強和力去改變自己的生活境遇。對個人來說，強必富，不強必貧；強必飽，不強必飢。對國家來說，強必治，不強必亂；強必寧，不強必危。反對勞民厚斂，主張諸侯節省財用，使民財足而不勞。安葬要節省，衣三領足以覆惡，棺三寸足以朽骸，掘穴深不通於泉，氣不發洩則止。在認識論上，墨子提出三表法，強調認識來源於客觀感覺的經驗，事物的存在必須以人們的眼耳感知為標準。墨子的學說和主張，主要代表了下層平民的利益，所以在當時很有影響。《墨子》中還有許多關於機械製造和守城之術的內容，在科學史上也有重要地位。

鄒衍（約前三〇五—前二四〇），齊國人，陰陽家的代表人物，因其學問迂大而宏辯，人稱為談天衍，又稱鄒子。曾遊學稷下學宮，以學問重於齊。到魏，受到魏惠王郊迎。到趙，平原君待之以賓主之禮。到燕，燕昭王親自為他在前面掃塵，聽他講學，為他築碣石宮，執弟子禮。鄒衍目睹諸侯們日益淫侈，而不能崇尚德行，悉心探討治理國家的方法，對流行的陰陽五行說加以演進，提出五德終始的政治學說。春秋戰國流行的自然界的五行學說，有五行相生、五行相克的循環，五行相克是土克水，木克土，金克木，火克金，水克火。鄒衍認為，人類社會的歷史變化，也是受土、木、金、火、水五種物質元素支配的，歷史上每一個王朝的出現都體現了一種必然性，是按照五德轉移相克的次序循環的。具體說，凡帝王將興，天一定會示祥於下民。黃帝時，天先現大螾大螻，所以色尚黃，是土德。大禹時，天先現草木秋冬不枯，所以色尚青，是木德。商湯時，天先現金刃生於水，所以色尚白，是金德。周文王時，天先現火，有赤烏銜丹書聚於周社，所以色尚赤，為火德。代替火德的將是水德，色尚黑。這種觀點，論證了朝代更替是由於自然的客觀規律，為新政權取代舊政權提供了理論根據。鄒衍還提出大九州說，認為赤縣神州的中國只是天下的八十一分之一，天下每九州合為一個單位，有小海環繞，稱大九州。九個大九州有大海環繞，再往外就是天地的邊際。這種思想打破了傳統的封閉的地理概念，開闊了人們的視野。鄒衍的著作《鄒子》和《鄒子終始》，據說有十餘萬言，但早已佚失。

韓非（約前二八〇—前二三三），韓國公子，戰國時思想家，法家學派的集大成者。韓非曾以荀子為師，喜歡刑名法術之學，口吃，不善談吐，而善著書。韓非對在列國競爭中韓國日益削弱，而韓王安卻不務修明其法制，使儒者用文亂法，俠者以武犯禁十分焦急，多次上書勸其實行變法，都不為所用。於是著書立說，成《孤憤》、《五蠹》、《內外儲》、《說難》等文章數十篇，共十餘萬言。其書傳到秦國，秦王政讀了以後，十分讚賞，歎道：「啊呀，寡人能見到這個人並且與他交往，將死而無憾！」李斯說：「這是韓非著的書。」秦王政於是派軍隊攻打韓國，索要韓非。韓王安不得不派韓非於五年（前二三三）出使秦國。韓非上書秦王政，勸其先伐趙緩伐韓。李斯自知才學不如韓非，恐怕他為秦王所用，與姚賈一起進讒言說：「如今大王要兼併諸侯，而韓非一定會為韓而不為秦。如果將他放回去，將是秦的禍患。不如想法將他除掉。」秦王政於是將韓非下獄治罪，李斯派人送去毒藥，迫使其自殺。秦王政後悔，下令赦免，使者到獄中，才知道韓非已死。

《韓非子》一書，絕大部分是韓非的著作，只有極少數幾篇為後人增益。在韓非之前，早期法家的代表人物主要是吳起、商鞅、申不害和慎到。吳起和商鞅以法令求治，申不害重君王權術，慎到講權勢令行禁止。韓非吸收儒、墨、道各家之長，集前期法家三派學說精華，強調國君必須行法、執術、恃勢，使法、術、勢三者密切結合，以法為主，建立了人稱刑名法術之學的集大成的法家學術理論體系。韓非所說的法，指政策法令；術，指君主駕馭臣下的韜略和手段；勢，指君主的權力威勢。他把歷史分為上古之世、中古之世和近古之世三個階段。當今之世，人民眾而財貨寡，事力勞而供養薄，人民之間就要發生爭奪。在這種情況下，統治方法不能講仁義道德，只能靠法治。他還認為，人為了生存，都難免有欲利之心。而人和人的關係，則是利害關係。統治的方法必然只能是刑賞。他強調法莫如顯，就是要公開；法不阿貴，誅罰不避權貴，慶賞不遺匹夫；執法必須認真，賞厚必信，刑重而必，以維護法令的嚴肅性。他講統治術，要「因任而授官，循名而責實，操殺生之柄，課羣臣之能者也」。他一再申明「權勢不可以假人」，必須由君主牢牢地控制住。提出，處理政事要有分工，「事在四方，要在中央，聖人執要，四方來效」。就是具體事務由地方處理，但決定權在君主，要強化中央集權。他還提出厲行賞罰、獎勵耕戰，以法為教，以吏為師等辦法。韓非的這一套理論和意見，適應了當時建立大一統專制主義中央集權制度的需要，被秦始皇和李斯完全接受並予以實踐，在歷史上有重要作用。他過分誇大君權的作用，為後來統治者的專制獨裁提供了理論根據，又有消極影響。

【傳記　第三十九】

屈原

屈原（約前三四〇—前二七八），名平，字原，秭歸（今湖北秭歸）人，楚王的宗族，人稱屈子，戰國後期著名愛國詩人。

屈原從小受到良好的教育，博學多才，年輕時任三閭大夫，負責王族三姓事務和子弟教育。後來升任左徒（相當於副相），頗受楚懷王信任。他明於治亂，嫻於辭令，入則與王商議國事，傳佈號令，出則接待賓客，應對諸侯。眼看楚國在各諸侯國中的地位日漸削弱，屈原向懷王提出改革的建議，主要內容：一是希望楚王聖哲茂行，奮發圖強，別再自恃國大而不恤政事；二是不拘一格，舉賢授能，用他們去清明政治，團結民心；三是嚴明法令，循繩墨而不偏頗。楚懷王對這些意見很感興趣，讓他起草從事改革的憲令，並逐條實施。屈原忠誠為國的行為，受到上官大夫靳尚等人的妒忌和反對，他們散佈謠言，說：「大王讓屈原起草憲令，每一令出，屈原都宣稱是他的功勞，以為『非我莫能為』也。」楚懷王聽信讒言，疏遠了屈原。屈原在漢水上游廣漠的山野中流浪，感歎楚主昏庸，朝中邪曲害公，正直不為所容的黑暗，先寫出了《抽思》和《思美人》，接着寫出了《離騷》這一偉大詩篇，通過綺麗絢爛的文筆，傾訴自己的歷史、理想，表達出對君王昏庸、大臣腐敗的憤懣，流露出對國家和人民的深厚感情。

當時，諸侯中以秦國力量最強，其次則是齊、楚。秦國隨時都想吞併其他各國，楚國在外交上只有聯合齊國才能與秦抗衡。為了破壞楚、齊聯盟，楚懷王十六年（前三一三），秦國派張儀來楚，對楚懷王說：「大王如果能與齊國絕交，我願意將商於之地六百里獻給楚國。」楚懷王貪圖土地，與齊絕交，派人去秦國接受獻地。張儀只承認給地六里。懷王氣急敗壞地出兵攻秦，在丹陽大敗，並喪失漢中地六百里。屈原這時再一次提出與齊修好、共抗強秦的建議，懷王派他出使齊國。懷王十八年（前三一一），秦提出割漢中郡一半，與楚結盟的建議。懷王表示不願要地，要殺死張儀。張儀來到楚國以後，厚賂靳尚，通過楚夫人鄭袖向楚王求情，竟又得以釋放。屈原出使回國，問懷王：「為何不殺張儀？」懷王派人追趕，張儀已逃出楚國。懷王三十年（前二九九）秦昭王約楚懷王到武關會盟。屈原說：「秦是虎狼之國，不可信任。」力阻懷王赴會。在兒子子蘭的慫恿下，懷王來到武關，被秦人扣留，最後死於秦國。

楚頃襄王（前二九八—前二六三在位）繼位，以其弟子蘭為令尹。屈原責備子蘭不該勸懷王入秦，致其客死。子蘭大為不滿，指使上官大夫靳尚在頃襄王面前詆毀屈原，屈原第二次遭放逐。他離開郢都，順江而下，到達陵陽（今安徽青陽南）。又溯江而上，到達辰陽（今湖南沅陵一帶）。其後，下沅水，入洞庭湖。屈原長期在江南徘徊，披髮行吟於江濱湖畔，顏色憔悴，形容枯槁。據說有一位漁夫見了他，問道：「你不是三閭大夫嗎？怎麼成了這個樣子？」屈原答道：「舉世的人都混濁不湛，只有我保持乾淨；眾人都醉了，只有我依然清醒，所以被放逐。」漁夫說：「一個聖人對事物的看法要隨着世道的變化而變化。舉世混濁，你為何不隨大流、攪渾水？眾人都醉了，你為何不也吃些酒糟、喝些薄酒？何必守身如玉，清白做人，而讓君王放逐呢？」屈原答道：「剛洗頭髮的人要撣去冠上的灰塵，剛洗澡的人要拂拭衣服上的灰塵，人怎麼能讓自己清潔的身軀去接受外界的污垢呢？我寧願跳進江河，葬身魚腹，也不願自己高潔的人格受世俗的層層污染！」

頃襄王二十一年（前二七八），秦將白起率軍攻取楚都郢，西焚夷陵（今湖北宜昌東南），南攻至洞庭湖一帶。楚民塗炭，流離失所，楚王被迫遷都至陳（今河南淮陽）。已經過了湘水，到達汨羅江邊的屈原，不忍親見國家的滅亡，寫下了絕命詩《懷沙》，然後懷抱石塊，投汨羅江而死。傳說，這一天是五月初五。

屈原的作品，有《離騷》、《九歌》、《天問》、《九章》等二十餘篇，合稱《屈賦》。愛國愛民的思想和高潔的情操，構成其詩作的靈魂。在初期作品《橘頌》中，他就用「受命不遷」「橫而不流」「閉心自慎」「深固難徙」等詞語，讚頌橘樹高尚的品質和性格。在孤苦零丁的流放生活中，他最為難忘的是國無良臣，已難報國，寫道：「既惸獨而不羣兮，又無良媒在其側。道卓遠而日忘兮，願自申而不得。望北山而流涕兮，臨流水而太息。」（《抽思》）在《哀郢》中，他用「鳥飛返故鄉兮，狐死必首丘。信非吾罪而遭棄兮，何日夜而忘之」，比況自己對國家的懷戀。在《離騷》中，他決心堅守志向，「亦余心之所善兮，雖九死猶未悔」。更憤恨朝中「惟黨人之偷樂兮，路幽昧以險隘。豈余身之憚殃兮，恐皇輿之敗績」。想「乘騏驥以馳騁兮，來吾道夫先路」。他更關心人民的休戚，寫道「長太息以掩涕兮，哀民生之多艱」。指責統治者「眾皆競進以貪婪兮，憑不厭乎求索」。《懷沙》詩中，他寫道：「知死之不可讓，願勿愛兮。明告君子，吾將以為類兮。」表明了他光明磊落、捨生取義的最終抉擇。

現實主義和浪漫主義的完美結合，使屈原的詩作具有極大的藝術感染力。他的作品充滿了光明的追求，豐富的幻想，熾烈的感情，絢麗的文采，美好的傳說，樸實的風俗，形成特有的風格。在《離騷》中，他幻想到天庭去向上帝傾訴自己的委屈和宏願。寫道：「朝發軔於蒼梧兮，夕余至乎縣圃。欲少留此靈瑣兮，日忽忽其將暮。吾令羲和弭節兮，望崦嵫而勿迫。路曼曼其修遠兮，吾將上下而求索。飲余馬於咸池兮，總余轡乎扶桑。折若木以拂日兮，聊逍遙以相羊。前望舒使先驅兮，後飛廉使奔屬。鸞皇為余先戒兮，雷師告余以未具。吾令鳳鳥飛騰兮，繼之以日夜。飄風屯其相離兮，帥雲霓而來御。紛總總其離合兮，斑陸離其上下。」其意境之宏偉開闊、想像之奇異、聲勢之博大，令讀者歎為觀止。

屈原的作品往往巧妙地運用比興的手法，從而在反映現實矛盾、抒發內心情感時，婉轉深沉，避免直率淺露。例如，以善鳥香草比喻忠貞，以惡禽臭物比喻讒佞，以靈修美人比喻君王，以宓妃佚女比喻賢臣，以虬龍鸞鳳比喻君子，以飄風雲霓比喻小人。屈原還吸收楚地民歌的精華，加長了詩的句子和篇幅，在形式上對詩進行了變革，創造了騷體詩。其《離騷》詩三百七十三行，二千四百九十字，是古代最雄偉的長詩。篇幅的加大有利於表達豐富複雜的感情，增加了詩的容量。詩中長短句的變化錯綜靈活，便於抒發熾烈的激情，使詩歌跌宕雄渾，更具藝術感染力。

屈原的人格、情操、際遇、作品，對後代都有巨大的影響，他是古代第一位偉大的愛國主義詩人。

【傳記　第四十】

樗里疾　甘茂　魏冉　范雎　蔡澤

秦國自武王二年（前三〇九）設丞相一職，先後以樗里疾、甘茂、魏冉、范雎、蔡澤為丞相。本傳即為此五人合傳。

樗里疾（？—前三〇〇），嬴姓，名疾，居於渭南陰鄉樗里，以地為氏，人稱樗里子，秦孝公子，秦惠文王的異母弟，在惠文王、武王和昭王三朝為相，為人滑稽多智，秦人稱他為「智囊」。秦惠文王八年（前三三〇），樗里疾任右更，率軍奪取魏國曲沃。更元七年（前三一八），楚、趙、魏、韓、燕聯兵攻秦，庶長樗里疾率秦軍破敵於函谷關，五國兵敗走。次年，又敗韓、趙、魏軍於修魚（今河南原陽西南），斬首八萬二千，虜韓將申差。十一年（前三一四），樗里疾率軍攻降魏國焦地（今河南三門峽西），又大敗韓軍於岸門（今河南許昌西北），斬首萬人，韓送太子倉入秦為質。次年，率軍攻趙，俘其將莊豹，取藺（山西離石西）。十三年（前三一二），與魏章等率軍大敗楚軍於丹陽（今河南西峽西），虜其將屈丐，斬首八萬。繼而取楚漢中地，置漢中郡。又率兵助韓攻齊。以功封於嚴道，稱嚴君。

甘茂，楚下蔡（今安徽鳳臺）人。早年師事史舉先生，學百家之術。經張儀和樗里疾推薦，見秦惠文王，任為將，曾參與秦奪取漢中的戰役。秦武王元年（前三一〇），以庶長甘茂、張儀率兵平定蜀相陳莊之亂，樗里疾攻衞。張儀、魏章離秦。二年（前三〇九）秦設丞相，以樗里疾為右丞相、甘茂為左丞相。三年（前三〇八），為了打通去周王室的道路，甘茂率兵進攻韓國的宜陽（今河南宜陽西），五個月未下。秦派大兵增援，次年，拔宜陽，斬首六萬，又過河取武遂（今山西垣曲東南）。秦武王使樗里疾率百輛車去周，周赧王派兵卒迎接，十分恭敬。楚懷王責備周王不應如此，赧王聲言，所派兵卒名為保護，實乃防範。八月，秦武王因舉鼎受傷而死。

武王無子，諸弟爭立，武王後擁立公子壯，稱季君。惠文王妻芈氏，稱宣太后，與其異父長弟魏冉立芈氏子則（一名稷）為王，是為秦昭襄王，魏冉率軍誅公子壯，逐武王后，平「季君之亂」。昭襄王年少，宣太后與魏冉專國政。昭襄王元年（前三〇六），秦遣宣太后外族向壽平宜陽，樗里疾、甘茂伐魏國皮氏（今山西河津），未克，與魏媾和罷兵。甘茂建議昭襄王以武遂還韓，向壽、公孫奭反對無效，由此怨甘茂，向昭襄王進讒言。甘茂怕得罪，逃向齊國，途中遇到齊國派往秦國的使者蘇代（蘇秦之兄）。甘茂向蘇代說：「我從秦國逃出，妻子孩子都還留在秦國。過去有個窮女人和富女人一起紡織，窮女人說：『我無錢買燭，而你的燭有餘光，你可否將餘光分給我，既給我好處又不影響你的照明。』如今，我處於困境，而你正要出使秦國，希望用你的餘光幫助我。」蘇代答應了。到秦國公事完畢後，蘇代對昭襄王說：「甘茂不是普通的士人。他在秦國多年，對秦地形十分清楚。如果他到齊後約韓、魏反秦，對秦將很不利。」昭襄王問：「那怎麼辦？」蘇代說：「大王不如以厚禮去迎請他，如果他回來，就將他囚禁終生。」昭襄王於是以上卿之位到齊國迎接甘茂。甘茂不願回秦國。蘇代向齊宣王推薦，於是以甘茂為齊上卿，秦國也將其全家扣為人質。不久，甘茂出使楚國，秦昭襄王得訊，索要甘茂。大夫范涓對楚懷王說：「甘茂是位賢人，他當秦國丞相對楚不利。不如讓秦國以楚人向壽為相，將對楚有利。」楚懷王派使者請求秦國以向壽為相，向壽當上了秦國的丞相，甘茂無法入秦，最後死於魏國。

昭襄王七年（前三〇〇），樗里疾死，魏冉繼任丞相。魏冉推舉白起代向壽為將，於十四年（前二九三）率兵，大敗韓、魏之師於伊闕（今河南洛陽東南），斬首二十四萬，俘魏將公孫喜，拔五城，白起擢為國尉。次年，魏冉被免相。一年後，復相，封於穰（今河南鄧縣），號穰侯。十七年（前二九〇），魏冉率兵攻魏，拔河內，取大小六十餘城，魏被迫以河東地四百里獻秦，韓也以武遂地二百里獻秦。十九年（前二八八）魏冉慫恿昭襄王稱西帝，自己出使齊國，約齊閔王稱東帝。蘇秦到齊，勸齊閔王去帝號。年底，昭襄王也取消帝號。二十三年（前二八四），秦、燕、韓、魏、趙軍伐齊，秦奪陶邑（今山東定陶西北），昭襄王以其為魏冉封地。三十二年（前二七五），魏冉被任為相國，率兵進圍魏都大梁（今河南開封）。經魏大夫須賈勸說，魏獻溫地（今河南溫縣西南），魏冉與其媾和撤兵。次年，魏叛秦與齊親，魏冉領兵伐魏，取四縣，斬首四萬。三十四年（前二七三），趙、魏攻韓華陽（今河南新鄭北），韓一再派人向秦求援，秦不出兵。韓相國派田茶（一作陳筮）到秦，見魏冉。魏冉問：「韓國危急了？」田茶回答：「沒有。」魏冉氣憤地問道：「那為什麼韓國一再派使者來告急？」田茶說：「韓國如果急了就會改附別國，之所以派我來，就是還不危急。」魏冉急忙說：「你不用見大王了，我去要求發兵救韓。」秦將白起和客卿胡陽率兵援韓，在華陽大敗魏軍，斬首十三萬，乘勝取魏國的卷（今河南原陽西）、蔡陽（今河南上蔡北）和長社（今河南長葛東北），敗趙將賈偃，沉其卒二萬於河。秦軍進圍大梁，欲斬斷東方六國合縱的腰身。燕、趙往救，魏割南陽予秦，講和。韓、魏二國皆服於秦，秦設南陽郡，以宛（今河南南陽）為郡治。

范睢（？—前二五五），字叔，魏人，在魏中大夫須賈手下為門客。出使齊國時田齊襄王送給他金十斤及牛、酒，他受懷疑，魏相魏齊令人將他笞擊幾死，丟進廁中，讓賓客醉酒後便溺之。范睢買通守衞者，逃出，為魏人鄭安平收留，改名張祿。秦國謁者王稽使魏，鄭安平將范睢引薦給王稽。交談以後，王稽見范睢果然賢能，就將他私帶回秦，向昭襄王推薦。昭襄王不相信其賢能，范睢一年多沒有機會進說。

昭襄王三十六年（前二七一），魏冉與客卿竈商量，越過韓、魏，去討伐齊國，奪取剛、壽二地，以擴大其封地陶邑。范睢上書昭襄王求見。在離宮中，范睢言：「憑着秦卒之勇，車騎之眾，秦本可成就霸王之業。但羣臣都不稱職，竟閉關十五年，不敢進兵山東，原因在於穰侯未能忠心為秦，而大王也有失策的地方。」昭襄王說：「寡人希望聽到哪裏失策。」當時左右都在偷聽，范睢不敢講宮內的事，只說外朝的事，指出：「穰侯要越過韓、魏去攻打齊國的剛、壽二地，是不適當的。如果出動的軍隊少，就不足以打敗齊國，出動的兵多，又會對秦造成危害。大王可能想讓韓、魏的軍隊參與攻齊，那樣即使攻取齊地，由於離秦太遠，也只能對韓、魏有利。大王不如實行遠交近攻的辦法，先從韓、魏開始。那樣，奪一寸地秦就增一寸地，得到此二國，再迫使趙、楚歸附，齊國也會懼而事秦。」昭襄王當即拜范睢為客卿，與他商議軍事，並派兵伐魏，拔其懷、邢丘。幾年間，范睢的計謀取得很大成功，更受昭襄王信用。四十一年（前二六六），范雎對昭襄王說：「臣在山東時，只聽說秦國有太后、穰侯，而不知道有秦王的。他們如此擅權，對國家危害很大。」昭襄王感悟，於是免去魏冉的相國之職，令其左右親屬全都出關到自己的封邑去。魏冉帶了一千多輛車子的珍寶器物出關，最後死於陶。

范雎被任為丞相，封於應（今河南寶豐西南），號應侯，仍稱張祿。不久，須賈出使秦國，范雎用計將其騙至丞相府，百般侮辱後，要他：「告訴魏王，趕快將魏齊的頭送來，否則我就要屠大梁。」須賈回魏，報告了魏王，魏齊逃到趙國，藏到平原君家。四十二年（前二六五）秦軍攻韓，奪取其少曲（今河南濟源東北）、高平（今濟源南）。次年，又攻取韓國陘（今山西曲沃東北）等五城。秦昭王得知魏齊在平原君處，就寫信請平原君到秦，強迫其交出魏齊，平原君不答應。昭襄王又致信趙孝成王，要他交出魏齊，否則秦將出兵攻趙。趙王派兵包圍平原君家，趙相虞卿棄相印，與魏齊一起逃到大梁。信陵君畏秦，不敢接納，魏齊怒而自剄。趙王取魏齊頭獻秦。四十四年（前二六三），秦軍佔領太行山以南地區，使韓國本土與其上黨郡（今山西長治）交通受阻。次年奪取野王（今河南沁陽），完全封閉了韓與上黨郡的來往。趙王派老將廉頗駐守長平（今山西高平北），援助上黨。范雎用反間計，使趙王以趙括代廉頗守長平，終致秦將白起全殲四十餘萬趙軍，進圍邯鄲。五十年（前二五七）昭襄王殺白起，范雎薦鄭安平為將擊趙。鄭安平被趙軍包圍，投降，范雎以用人不當請罪，昭襄王加賜其食物，不許國人議論此事。五十二年（前二五五），范雎所薦河東守王稽又因與諸侯交通，被處死。范雎十分慚愧，從此日漸憂鬱，害怕被誅。

燕人蔡澤（？—前二三三）這時來到秦國，聲言自己一見秦王就將奪去范雎的丞相之職。范雎召見蔡澤，責其大言。蔡澤乃向其歷數古今大臣佐君成功後卻不得善終之例，勸他「何不以此時歸相印，讓賢者而授之，退而閒居，以享天年」。幾天以後，范雎入朝，向昭襄王推薦蔡澤。昭襄王召見蔡澤，聽其高論，大悅，拜為客卿。范雎馬上稱病交出相印，昭襄王遂拜蔡澤為丞相。蔡澤為相數月，有人進讒言，蔡澤懼誅，稱病辭相，稱綱成君。蔡澤在秦孝文王、莊襄王時仍任官。秦王政時，曾出使燕國，三年後，燕太子丹入秦為質。

【傳記 第四十二】

蘇秦 樂毅 田單

蘇秦（？—前二八四），字季子，東周洛陽（今河南洛陽東）乘軒里人，戰國時縱橫家，燕國謀臣。

樂毅，靈壽（今河北靈壽西北）人，魏文侯時名將樂羊之後，戰國中期著名將領，燕國破齊戰役的統帥。

田單，臨淄（今山東淄博）人，齊國著名將領，在五國破齊以後，他率軍趕走燕軍，收復了齊國河山。

燕王噲於五年（前三一六）將王位讓給大臣子之，其後國內大亂。七年（前三一四），將軍市被與太子平結黨攻子之，百姓反攻，死者數萬。齊宣王乘機派將軍匡章率五都之兵伐燕，五十餘日，取得全燕，殺燕王噲，擒子之而醢其身。齊軍大量殺戮平民，引起燕人的反抗，齊軍被迫撤退。趙國送燕公子職回國繼位，是為燕昭王。燕昭王初立，國家殘破，為了雪恥報仇，他奮發圖強，卑身事賢人郭隗，並在易水畔築招賢臺，以厚幣招引天下賢才。各國士人聞訊，紛紛來燕。其中最著名的有蘇秦、樂毅、鄒衍、劇辛等人。

蘇秦曾到齊國拜師求學，以鬼谷子為師。然後游說周顯王、秦王和趙王，都不為所用，回家後受到兄弟嫂妹妻妾的嘲笑，認為他不從事農商產業，卻以口舌為事，是太不適宜了。蘇秦閉門不出，在諸多書籍中發現了《陰符》，說：「這部書中的道理，可以用來說服當世的君主。」於是苦讀揣摩，夜半不息，瞌睡時就用錐刺自己的大腿，終於學問大進。一年以後，聽到燕王招賢的消息，來到燕國。

樂毅從小喜好兵事，在沙丘之亂以後離趙到魏，後被派出使燕國。燕昭王以客禮對待樂毅，樂毅辭讓，遂留燕為臣，任亞卿，主持政事。樂毅幫助燕昭王進行政治改革，察能授官，按功勛授祿，要求民眾按法令行事，恩惠施及平民萌隸，使燕國得以迅速恢復和發展。並建議燕國與三晉聯合，討伐齊國。

燕昭王對蘇秦的到來也很歡迎。蘇秦首先自告奮勇到齊國，向齊宣王指出，燕昭王是秦惠王的少婿，齊國不應與秦為敵。齊宣王為此將燕國的十城歸還。蘇秦向燕昭王提出振興國家報復齊國的謀劃。大體意思是使齊、宋、楚關係惡化，使齊西勞於宋，而南疲於楚，放鬆對燕的壓力，最後一舉破齊，成就燕國復興的大事。為此，他提出親自到齊國為內應。燕昭王拜蘇秦為上卿，給他一百乘車，派弟襄安君入齊為質，蘇秦隨之赴齊，在齊國為臣。其間，蘇秦曾勸阻孟嘗君去秦國，又向孟嘗君獻策扣留楚太子以與其下東國做交換。

燕昭王十八年（前二九四），孟嘗君指使田甲劫齊王，事敗。孟嘗君逃至薛，又至魏為相。燕昭王見有機可乘，與蘇秦謀劃如何對付齊國。於是蘇秦以燕使的身份，帶了五十輛車子，來到齊國，勸說齊閔王伐宋。此議正合閔王的心意，齊遂於次年第一次伐宋。燕國派了將軍張魁助齊攻宋，而齊竟將張魁殺死。燕昭王本想發兵報仇，為蘇秦和凡繇所阻，反而遣使向齊請罪。為進一步促齊攻宋，燕派兵二萬，參加五國聯合攻秦的聯軍。蘇秦也由燕到魏，以組織五國攻秦，同時與正任魏相的孟嘗君約好，一旦有機會就聯合反齊。燕昭王二十五年（前二八七），齊國派兵第二次攻宋，燕昭王乘機與魏、趙密謀攻齊。消息洩露，齊閔王命攻宋兵於八月撤回，以防燕的進攻。不久，蘇秦來到趙國，趙惠文王封蘇秦為武安君。蘇秦與趙卿韓徐為聯絡攻齊，被親齊的趙相奉陽君李兌得知，將蘇秦拘押。在燕昭王的一再干預下，蘇秦才得以釋放，隨即來到齊國，首先阻止了齊閔王將蒙邑封給奉陽君的行動，挑撥齊趙兩國的關係，奉陽君於燕昭王二十六年（前二八六）派韓徐為率兵攻齊。其後，齊閔王乘宋王偃荒淫殘暴，聯合燕兵滅宋，齊閔王更為驕橫。蘇秦和樂毅親自四處游說，加緊組織各國聯合攻齊。

燕昭王二十八年（前二八四），燕國正式與齊絕交，任命樂毅為上將軍，趙惠文王也以相國印授給樂毅。樂毅於是統率趙、秦、韓、魏、燕五國聯軍，從北部攻入齊國。一敗齊將觸子於濟西（今山東陽信），齊軍主力覆沒。再敗齊將達子於秦周（今山東臨淄西北），齊軍已無應戰之力。樂毅請秦、韓之軍先行班師，分遣魏軍前往佔領原宋國的土地，趙軍前往奪取河間（今山東高堂、堂邑）一帶。樂毅親自率領燕軍長驅而入，直逼臨淄。燕軍入齊，徹底暴露了蘇秦為燕反間的面目，齊閔王盛怒之下將蘇秦車裂而死。燕軍攻入齊都臨淄，取其寶物、祭器，運回燕國。燕昭王親自到濟上慰勞軍隊，獎賞士卒，封樂毅為昌國君。樂毅帶兵在齊繼續攻城略地。他嚴格約束士兵，禁止擄掠，禮待齊之賢人，寬其賦斂，除其暴令，修其舊政。又分兵各地，攻掠未降之城，將所收七十餘城，全部改為燕國的郡縣。齊國只剩下莒（今山東莒縣）、即墨（今山東平度東南）二座孤城。

齊閔王從臨淄逃出，到衞，又到鄒、魯，都不為其所納，最後來到莒城。楚國派淖齒率兵救齊，來到莒城，齊閔王以淖齒為相。淖齒想與燕國瓜分齊國，將齊閔王殺死。閔王的兒子法章變姓埋名，藏匿民間，為莒太史敫家的僕人。莒人殺淖齒，堅守莒城，並終於找到法章，立為齊襄王。田單本為臨淄市掾，當燕軍破城時，他逃到安平（今臨淄東北）堅守，安平失陷，他又率宗人東保即墨。即墨大夫戰死，人們推戴田單為將軍，抗拒燕軍。

樂毅率軍圍攻二邑，三年未下。有人進讒言，說樂毅想仗兵威稱王於齊。燕昭王將讒言者處死，賜給樂毅妻王后之服，派國相去立樂毅為齊王。樂毅不敢接受，致書誓死為燕效忠。燕昭王三十三年（前二七九）逝世，其子樂資繼位，為惠王。田單派人到燕施離間計，說：「聽說樂毅與新王以前就有矛盾，他之所以不下二城，是想留在齊地為王。齊人最怕的是燕軍撤換將領，那樣即墨就將會被攻破。」惠王本來就懷疑樂毅對己不忠，聽了反間之言，就派騎劫為將，召樂毅回燕。樂毅害怕被誅，逃到趙國，被封於觀津（今河北武邑東南），號望諸君，最後死於趙國。

騎劫濫殺降卒，掘墓焚屍，引起即墨人的畏懼與憤激。田單見民意可用，進一步激發軍民的鬥志。然後將甲卒埋伏，讓老弱婦女登上城牆，派使者與燕軍約降，燕軍放鬆了警戒。田單從城中找到一千多頭牛，全都披上五彩龍紋的大紅繒衣，在牛角上縛了尖刀，在牛尾上捆了浸透油脂的蘆葦。

再將城牆鑿了幾十個洞，夜裏將牛尾點火，趕出城去，五千壯士隨火牛衝出。火牛怒奔燕軍，燕軍死傷無數，城上老弱皆擊銅器助威，燕軍又驚又怕，紛紛逃命。壯士殺死燕將騎劫，大敗燕軍。田單乘勝帶兵追逐，一路收復失地，各地齊人響應，很快就將七十餘城全部收復，迎齊襄王入臨淄聽政。襄王以田單為相國，封安平君。

田單功高不傲，位尊謙遜，禮賢下士，樂善好施，深得民心。他推舉賢人貂勃在襄王左右，倖免於讒言。襄王在位十九年（前二六五）卒，其子建繼位。這一年，田單率兵攻燕，取中人（河北唐縣西南）。次年，田單到趙為相，後死於趙國。

評：蘇秦提倡合縱，身掛六國相印，以抗拒強秦的故事，在《戰國策》和《史記》中被描述得繪聲繪色。

但《戰國策》本是游説家的游説之辭，不可盡信。而《史記》所述，又與《戰國策》有許多矛盾。事實真相究竟如何？一九七三年湖南馬王堆三號漢墓出土的《戰國縱横家書》，有十八章關於蘇秦的記載，其中一半以上內容不見於上述兩書，這才揭開了蘇秦身世之謎。原來，蘇秦是在張儀以後才開始出現於政治舞臺的。他始終是燕昭王的親信，為其奔走於各國，最終成就了燕國向齊國復仇的大業。本篇中的蘇秦傳記，主要就是依據這一出土史料寫成的。

【傳記 第四十二】

孟嘗君田文 馮諼

孟嘗君田文，封於薛，又稱薛公，齊威王之孫，齊國名相田嬰之子，戰國四公子之一，以禮賢下士、才智超羣聞名。

田嬰有四十多個兒子。田文是田嬰的賤妾於五月五日所生。當時人迷信，說：「五月五日生子，男害父，女害母。」所以田嬰讓其母不要將孩子留下，其母卻偷偷地將他撫養成人。長大以後，田文有一次問父親：「兒子的兒子叫什麼？」父親說：「孫子。」「孫子的孫子叫什麼？」「玄孫。」「玄孫的孫子叫什麼？」「不知道。」田文說：「父君已經在三位齊王手下為相了，齊的國土沒有增加，而父君私家的財富達幾萬金，門下沒有一個賢者。如今父君的後宮都穿綾綺，而士人卻不得粗褐；父君的僕妾細米肉食吃不完，而士人連糟糠都吃不飽。現在父君還在盡力積蓄財富，想留給不知道怎麼稱呼的後代，忘記了公家的政事一天天地敗壞，我私下對此感到很奇怪。」田嬰由此看出這個兒子見識不凡，讓他主持家中接待賓客的事。從此，賓客越來越多，田文禮賢重客的名聲傳聞於諸侯之中。田嬰於是以田文為太子，在其死後，田文襲封於薛（今山東滕縣東南），居於薛旁的嘗邑，因此號孟嘗君，並繼父任為齊相。

為了增強政治實力，田文大力招徠各諸侯國的賓客和逃亡有罪的人，將家中的財產拿出來厚待他們，與他們吃一樣的飯，不論貴賤，親切相待。與賓客談話，總詳細地詢問其親屬的住處，並有侍史在屏風後作記錄，賓客離去，孟嘗君馬上派人去問候其親屬，贈送禮物，所以天下的士人紛紛來投奔他，食客達數千人。

孟嘗君實行遠交近攻的合縱策略，以操縱力量較弱的諸侯國，迫使強國屈服。秦昭王繼位後，與楚國親善，使齊國受到威脅。同時，韓、魏二國由於秦國的進逼，也想投靠齊國。孟嘗君於是聯合韓、魏，於齊宣王十九年（前三〇一）發動了伐楚之役。齊將匡章、魏將公孫喜、韓將暴鳶率三國聯軍，進攻楚國的方城（今河南方城東北），楚將唐昧率軍抵禦，兩軍夾沘水為陣，相持六個月。後來，匡章打聽到楚軍在水淺處守兵多，水深處守兵少，派精兵在夜間從水深處渡河發動偷襲，大敗楚軍於沘水旁的垂沙，殺唐昧，楚國向齊國屈服。

秦昭王得到孟嘗君打敗楚軍、迫其聯齊的消息，就派自己的弟弟涇陽君公子市到齊國做人質，希望孟嘗君來秦國一見。賓客們勸阻，孟嘗君不聽。蘇秦說：「我今天早上從外邊來時，見一個木頭人和泥人在談話。木頭人說：『天要是下雨，你就要爛了。』泥人說：『我是泥做的，爛了回到泥裏去。如果下雨，將你沖走，還不知道淌到哪裏去呢。』秦是個虎狼之國，而主君想去，萬一回不來，豈不要被泥人笑話嗎？」孟嘗君於是取消了秦國之行。

齊閔王二年（前二九九），孟嘗君奉派出使秦國，到秦以後，秦昭王就以他為秦丞相。趙國認為齊、秦聯盟對己不利，於是實行結秦聯宋的策略，派樓緩去秦國。有人對昭王說：「孟嘗君是齊王的宗族，又很賢明，他當秦國丞相，會先為齊再為秦，秦國很危險。」秦昭王覺得此言有理，就以樓緩為相，將孟嘗君囚禁起來，想殺死他。孟嘗君讓人找秦昭王的寵姬求救，寵姬提出要孟嘗君的白狐狸皮衣。孟嘗君有一件價值千金、天下無雙的白狐狸皮衣，但已經送給了秦昭王，怎麼辦呢？賓客們都沒了主意。這時有一個在末座的門客說：「我能把白狐狸皮弄來。」夜裏，這個門客像狗一樣鑽進秦宮府庫，將皮衣偷了出來，拿去獻給寵姬。寵姬在秦昭王面前為孟嘗君說好話，昭王就將孟嘗君放了出來。孟嘗君一出獄，就馳馬東去，更改了封傳（即通行證明）上的名字，以便出關。秦昭王很快就後悔放走孟嘗君，派人乘驛站的車馬去追趕。孟嘗君一行於半夜來到函谷關，關門緊閉，按規定雞鳴時才打開放客。孟嘗君怕被追獲，一個善學雞叫的門客就放開嗓子叫起來，頓時，附近的雞都放聲叫鳴，關門打開，交驗封傳以後，孟嘗君一行出關東去。過了一頓飯的功夫，昭王派的人追到關前，知孟嘗君已出關，只好回去覆命。

齊閔王為自己派孟嘗君去秦感到慚愧，待孟嘗君逃回國仍任他為相，主持國政。孟嘗君怨恨秦國，連續幾年，聯合魏、韓的軍隊進討秦國，破函谷關，危及咸陽。門客蘇代指出，這樣做即使奪得土地，也是魏、韓二國的，不如與秦講和，並讓魏、韓也與秦結盟，使秦、魏、韓三國都感謝主君，從而使薛世世無患。正好這時秦人提出歸還所佔韓、魏的部分土地，遂退兵而去。

孟嘗君為齊相，有食客三千人，薛邑萬戶的租稅不夠供給，就給薛人放債，想以利息來增加收入。一年以後，由於遭災，許多借債的還不上利息，眼看食客們的供給成了問題。孟嘗君很憂慮，就問手下人，有誰可以派去收債。負責管理賓客生活的傳舍長說：「代舍客馮諼雖然沒有其他技能，卻能言善辯，可以派他去。」這個馮諼，一年多以前穿了草鞋來，對孟嘗君說：「我很窮，聽說主君好士，所以來投靠。」孟嘗君將他安排到下客住的傳舍。十天以後，孟嘗君問傳舍長馮諼在幹什麼，傳舍長說：「他帶了一把長劍，每天彈着劍唱：『長劍啊，回去吧，吃飯連魚都沒有。』」孟嘗君便將馮諼遷到中等門客的幸舍去住，有魚吃了。五天以後，又問傳舍長情況，得知馮諼又彈着長劍唱：「長劍啊，回去吧，出門連車都沒有。」孟嘗君便將他遷到上等門客的代舍去住，出入都有車代步。五天以後，再問傳舍長，據說，馮諼又彈着劍唱：「長劍啊，回去吧，這裏不能當成家。」孟嘗君聽了很不高興。

馮諼被派去收債，到了薛邑，收到十萬利息錢。然後，殺了肥牛，買了許多酒，召來所有借債的人，帶來債券核對，一邊喝酒吃肉，一邊與還得起債的人商定還債日期，而那些窮得還不起債的，馮諼就當面把債券燒了，對大家說：「孟嘗君之所以放債，一是讓缺錢的人以此為本錢，二是用利息來供養賓客。這次，富的人約定了還期，窮的人燒券不用還債了。各位放開肚子吃喝。有這麼好的主君，大家可要對得起他呀！」在座的人全都站起來，再三表示感謝。孟嘗君聽說馮諼燒掉債券，派人將他叫回來，氣憤地問他為何如此。馮諼回答道：「那些無力還債的窮人，你逼債太緊，他就會逃走，錢不僅要不回來，還落下好利不愛民的名聲。倒不如把那些無用的債券燒掉，使薛民親附主君，並彰揚主君的好名聲。」孟嘗君這才恍然大悟，向馮諼表示感謝。

孟嘗君在齊國為相多年，任用賢能，努力治理，一再擊秦、伐燕，聲名大振，以致齊人只知有田文，而不知有齊王。閔王六年（前二九四），有人在齊王面前說：「孟嘗君將要反叛。」孟嘗君知道閔王懷疑自己，就指使田甲劫持閔王。劫持失敗，孟嘗君逃到封地薛，後來，又帶了賓客來到魏國，魏昭王任他為魏相。這時，齊閔王以秦國逃來的將軍呂禮為相，以與秦國和好。蘇代建議孟嘗君破壞秦、齊的關係，合縱攻齊，孟嘗君與趙將韓徐為、燕臣蘇秦相約攻齊，並給秦相魏冉寫信，說明呂禮相齊對其不利，不如勸秦王出兵伐齊。

魏昭王十二年（前二八四），燕將樂毅統率趙、秦、韓、魏、燕五國聯軍，攻入齊國，大敗齊軍。魏軍隨即前往佔領原宋國的土地，樂毅親自率領燕軍長驅而入，攻入齊都臨淄。後來，田單復國，齊襄王繼位，畏懼孟嘗君的勢力，與他連和。孟嘗君旋即逝世，歸葬於薛。他的兒子們爭立，結果齊、魏乘亂出兵滅薛，兒子們全部喪生。

評：戰國四公子都以廣致門客著稱，其目的無非是培植個人勢力，以鞏固其權勢地位。孟嘗君一再化險為夷，就是靠了門客的智慧和技能。他處理各種問題一切從個人恩怨出發，甚至連自己的國家都竭力去攻破，使齊國再也沒有與秦國抗衡的力量。這種人格，不足為訓。

【傳記　第四十三】

廉頗　藺相如

廉頗（？—前二四一），戰國時趙國名將。藺相如（？—前二六〇），戰國時趙國名相，據說是韓獻子玄孫韓康的裔孫，因韓康食邑於藺（今山西離石西），遂以為氏。他倆以智慧和勇敢，力拒強秦，維護了趙國的尊嚴和國土，又顧全大局，將相交好，傳為佳話。

廉頗很早就以勇武擔任趙將，而藺相如是趙國宦者令繆賢的門客。有一年，繆賢有罪，想逃到燕國去，藺相如阻止，問道：「主君何以與燕王相知？」繆賢答道：「我曾經隨趙王與燕王在邊境會見，燕王私下握住我的手說：『希望我們能交朋友。』看來他對我很友好，所以去投奔他。」藺相如說：「趙國強大而燕國弱小，主君又受趙王信用，所以燕王才想與你結交。主君如今想從趙國逃到燕國去，燕王害怕趙國，一定不敢留下你，而將你送回趙國治罪。主君不如赤膊背斧請罪，或許還能得到寬恕。」繆賢依計而行，果然免罪，由此知道藺相如有勇有謀，用為舍人。

趙惠文王十六年（前二八三），廉頗率兵伐齊，大敗齊師，攻取晉陽（今山東鄆城西），功拜上卿。秦昭王聽說趙國得到楚國的絕世寶玉和氏璧，派人送信給趙王，表示要以十五座城邑換和氏璧。趙惠文王與廉頗等大臣商議辦法，想：如果將璧給秦國，怕受其欺騙，得不到城邑；如果不給，又怕秦國派兵來攻。正在左右為難之際，經宦者令繆賢推薦，趙惠文王召見藺相如，問他辦法。藺相如說：「秦國用城與趙交換璧，趙國不給，是趙國理虧；趙國給了璧，秦國不給城邑，是秦國理虧。比較而言，寧可給璧讓秦國理虧。」又表示：「如果實在找不到人，臣願意帶了璧出使秦國。城邑給了趙國就將璧留在秦國，否則，臣一定完璧歸趙。」

秦昭王在章臺宮接見藺相如，拿到和氏璧以後，將璧給美人和左右的人傳看。藺相如見秦王沒有給趙國城邑的意思，就說：「這塊璧有瑕疵，請讓臣指給大王看。」秦王將璧交給藺相如，藺相如馬上後退到柱子跟前，怒髮衝冠，對秦王說：「平民來往都講究信譽，何況是大國呢！臣看大王根本沒有給趙國城邑的意思，所以將璧要回。大王如果強逼，臣的頭顱將和璧一起撞碎在柱子上。」秦王怕璧被撞碎，連聲道歉，叫官員拿來地圖，指着地圖，告訴他哪十五座城給趙國。藺相如知道秦王並無誠意，就說：「和氏璧是天下相傳的珍寶。趙王送璧時曾齋戒五天，以示誠敬。如今大王也應齋戒五天，設九賓大禮，臣才敢呈上玉璧。」秦王想不能強奪，只好答應齋戒五天。藺相如被安排在廣成傳舍住宿，估計秦王終究不會給趙國城邑，就讓隨從換了粗衣從小道將和氏璧帶回趙國。五天以後，秦王設九賓之禮於宮廷，讓人將藺相如領來，聽其一說，才知道璧已送回趙國，十分憤怒。手下要拉藺相如去殺，秦王想，殺了他也得不到和氏璧，反而使秦、趙絕交，不如禮待他，讓他回國。藺相如回到趙國，被拜為上大夫。

秦國沒有得到和氏璧，惱羞成怒，連年派兵攻打趙國，殺其士卒，奪其藺、祁（今山西祁縣東南）、離石（今山西離石）等城，並派使者約趙王在澠池（今河南澠池西）友好會見。趙惠文王害怕像楚懷王一樣被劫持，想拒絕。廉頗與藺相如商議後說：「大王如果不去，就顯得趙國怯懦軟弱。」趙惠文王由藺相如陪同赴會，廉頗留守國內，並約定如果趙王三十天內不回國，就立太子為王，以斷絕秦王的要挾。在澠池，秦王酒喝到高興處，說道：「寡人聽說趙王喜好音樂，能否請你彈瑟助興。」趙王彈瑟，秦國的御史當場記道：「某年月日，秦王與趙王一起飲酒，命趙王彈瑟。」藺相如不甘趙王受辱，走上前去，說：「趙王聽說秦王擅長秦國音樂，請大王敲擊瓦盆，以相娛樂。」秦王發怒，斥責藺相如。藺相如拿了瓦盆上前，跪着請秦王敲擊，秦王不答應。藺相如說：「五步之內，我的血將濺到大王的身上。」秦王手下的人想殺藺相如，藺相如瞪目呵斥，那些人都嚇退了。秦王沒有辦法，只得敲了一下瓦盆。藺相如招呼趙國御史，寫下了：「某年月日，秦王為趙王敲瓦盆，以娛樂助興。」秦國大臣說：「請趙國拿出十五座城邑為秦王祝壽。」藺相如也說：「請秦國以咸陽給趙王祝壽。」會見結束，秦王始終不能佔到便宜，想動武，趙國又盛兵以待，所以一直沒有敢輕舉妄動。

會見回國，藺相如以功拜為上卿，位置在廉頗之上。廉頗心中不服，揚言：「我見到藺相如，一定要羞辱他。」藺相如聽到此話，就稱病不再入朝，以免與廉頗見面爭位。出門見到廉頗，也繞道而去。藺相如的舍人們對此很不滿意，說：「我們之所以離開家人到主君門下，是仰慕主君的高尚道義。現在廉頗這樣蠻橫，主君竟害怕地躲着他，也太令人感到羞恥了。請讓我們告辭吧！」藺相如說：「我連秦王都不怕，怎麼會怕廉將軍呢？但我想，強秦之所以不敢對趙國動武，是因為有我和廉將軍在。兩虎相鬥，必有一傷。我這樣做，是先國家後私仇呀！」廉頗聽到這一席話，慚愧不已，馬上赤膊背荊，登門向藺相如請罪，兩人和好，並結為生死之交。趙國在廉頗、藺相如等人治理下，社會安定，民富國強。廉頗帶兵兩次攻齊，敗其軍，奪其幾邑（今河北大名東南），攻魏，拔其防陵（今河南安陽南）、安陽（今安陽東南）。藺相如帶兵攻至齊國平邑。

趙惠文王三十三年（前二六六）逝世，其子丹繼位為趙孝成王。趙孝成王四年（前二六二），秦軍伐韓，迫使其獻出上黨。上黨郡守馮亭不願歸秦，以郡投趙，趙派廉頗率軍守長平（今山西高平西北），以聲援上黨。次年，秦軍攻取上黨，隨即向長平發動進攻，趙軍一再失利。廉頗遂改變戰略，加固壁壘，以守為攻，避免決戰，想等秦軍疲憊，再予反擊。秦軍一再挑戰，趙軍都不予理睬。趙孝成王六年（前二六〇），秦用反間計，說廉頗怯戰，趙王不顧重病中的藺相如反對，以趙括代廉頗為將，結果全軍覆沒，四十萬將士被坑殺。藺相如病逝。次年，秦軍進圍趙國都城邯鄲，幸有楚、魏來救，才得以解圍。趙孝成王十五年（前二五一），燕軍乘趙國長平之戰元氣大傷，出兵伐趙，以栗腹攻鄗（今河北高邑東南），爰秦攻代（今河北蔚縣東北）。廉頗率軍迎戰，大敗燕軍，擒栗腹，並進軍圍燕，燕割五城請和。廉頗以功封於尉文，號信平君，代理相國。後來，廉頗帶兵伐魏，拔其繁陽（今河南內黃東北）。

趙孝成王二十一年（前二四五）逝世，其子趙悼襄王繼位後，派樂乘取代廉頗。廉頗憤而兵攻樂乘，樂乘敗走。廉頗也逃到魏國大梁。廉頗在魏不被信用，得知趙國一再受秦軍侵犯，很想回趙效力。趙悼襄王也想起用廉頗，就派使者到魏，看廉頗還能否帶兵打仗。廉頗的仇人郭開給使者很多金子，讓他說廉頗的壞話。使者到魏，廉頗當他的面一頓飯吃了一斗粟、十斤肉，又披甲上馬，以表示自己豪氣不減當年。使者回去向趙王報告說：「廉將軍雖然老了，還能吃飯，但陪臣坐了一會兒功夫，就拉了三次屎。」趙王聽信讒言，不再用廉頗。楚考烈王聽說廉頗在魏，派人將他迎到楚國。廉頗當了楚國將軍，卻總打不了勝仗，最後死於壽春（今安徽壽縣）。

評：藺相如面對強秦，智勇無畏，為了國家利益，對廉頗百般忍讓，終於將相和好。這種精神，是十分可貴的。

【傳記 第四十四】

趙奢 趙括 白起

趙奢，號馬服君，戰國時趙國名將。

趙奢本是一個負責收取土地租稅的田部吏。趙惠文王二十八年（前二七一），平原君家仗勢拒交租稅，趙奢不畏強權，以法懲治，將平原君家的九個管事者處死。平原君非常憤怒，要殺趙奢。趙奢對平原君說：「君是趙國的貴公子，卻放縱家人不奉公守法，使法制受到削弱，法制削弱就會使國家削弱，國家削弱諸侯就會乘機侵犯，如果國家被滅，君還能有這樣的富貴嗎？君這樣的貴戚不應該因為租稅的事讓天下人看不起。」平原君看出趙奢是一個不可多得的賢才，向惠文王推薦。惠文王讓趙奢負責全國的租賦，趙奢致力整頓，使賦稅負擔平均，民有餘糧，國家的府庫也充實了。

次年，秦軍在中更胡陽率領下進擊韓國，越過上黨，進圍韓、趙邊境的閼與（今山西和順），韓求救於趙。趙王與廉頗、樂乘等大將商討對策，兩人都說：「那裏道路很遠，地勢狹險，難以救援。」趙王又問趙奢，趙奢回答道：「閼與道遠而且狹險，就好像兩隻老鼠在洞穴中爭鬥，勇敢者就可以獲勝。」趙王派趙奢率兵救韓。為了給敵人造成錯覺，尋找有利戰機，軍隊開拔三十里以後就駐紮下來，構築壁壘。趙奢給全軍下命令：「誰要進言軍事就處死！」這時，一支秦軍進抵武安（今河北武安）西邊，大聲鼓噪。一位負責偵察敵情的偵候建議立即前去救武安，趙奢將他處死。趙軍停留二十八天沒有前進。秦軍的偵探來此被捉，趙奢用好吃的招待以後，放他回去。秦將聽到偵探報告，認為趙軍是膽怯而不敢前進。送走秦軍偵探之後，趙奢下令全軍立即開拔，急行軍，兩天一夜，就到了閼與附近。趙軍的壁壘剛剛修好，秦軍也大批趕來，與趙軍對峙。臨戰之前，軍士許歷建議道：「從戰場地形看，誰先佔領閼與北山，誰就能取勝。」趙奢馬上出動一萬將士登上北山。秦軍急忙派軍隊爭奪，趙軍居高臨下，向秦軍發動攻擊，秦軍大敗退走，閼與之圍解除。戰後，趙奢被賜號為馬服君，與廉頗、藺相如地位相當，幾年後病死。

趙括

（？—前二六〇），趙奢之子。他從小隨父學習兵法，不幾年就熟讀兵書，講起來頭頭是道，自以為天下第一。父子倆曾辯論軍事，兒子竟然得勝，但趙奢堅持認為兒子並不真懂兵法，對妻子說：「打仗是出生入死極其危險的事，兒子卻把它說得那麼容易。今後趙國不用他也就罷了，假如讓他當統帥，一定會喪師辱國。」

趙孝成王四年（前二六二），秦軍伐取韓野王（河南沁陽），斷絕上黨與新鄭的交通，迫使韓獻出上黨。上黨郡守馮亭不願歸秦，以全郡十七座城獻趙。趙豹認為這將給趙帶來災禍，平原君卻主張接受。趙王給馮亭以華陽君的封號和三萬戶食邑，派廉頗率軍守長平（今山西高平西北），以聲援上黨，防禦秦軍。次年，秦軍在王齕率領下攻取上黨，隨即以優勢兵力向長平發動進攻，趙軍一再失利。廉頗遂改變戰略，加固壁壘，以守為攻。秦軍一再挑戰，趙軍都不予理睬。六年（前二六〇），秦相范雎施反間計，以重金賄賂趙王親信，散佈謠言說：「廉頗怯戰，快投降了。秦人最害怕的是趙括，他要是統帥趙軍，一定能打勝仗。」趙孝成王知道趙括善談兵法，就決定以其接替廉頗與秦軍作戰。重病中的藺相如聽到消息，強撐病軀進諫道：「大王僅憑虛名就委趙括以重任，就像膠柱而鼓瑟一樣不當。趙括只會背誦其父留下的兵書，根本沒有在複雜實戰中隨機應變的能力。」趙王不聽勸阻，正式下令以趙括為將。趙括的母親上書說：「趙括不能為將。」趙王問其原因，趙母說：「當年他父親為將，與部下關係十分融洽，常常給士卒端飯送湯，大王的賞賜也都拿出來分給大家；一接到出征命令，就不再過問家事。趙括就不同了，他才當大將就要部下向他跪拜；大王賞賜的金帛他都拿回藏在家裏。這樣的人怎麼能當好將軍呢？」趙孝成王拒不改變意見。趙母說：「如果這樣，他萬一出了差錯，請勿將我們家屬連坐。」

秦昭王得知趙括為將，知道戰爭已經勝利在望。於是增兵長平，並且將老將白起調來指揮作戰，以王齕為副將，以儘快結束戰爭。

白起（？—前二五七），據說是白乙丙的後裔，郿（今陝西眉縣）人，秦國著名戰將。他長期生活於軍旅之中，擅長用兵。秦昭王十三年（前二九四），白起任左庶長，帶兵攻取韓國新城。次年，升任左更，在伊闕（今河南洛陽東南）大敗韓、魏聯軍，俘魏將公子喜，斬首二十四萬，以功遷國尉。十五年（前二九二），他升任大良造，率軍攻魏，連克六十一城。二十八年（前二七九），白起率軍攻楚別都鄢（今湖北宜城），楚人防守嚴密。白起用水攻之法，沖垮城牆，淹死楚軍民數十萬。又連克鄧、西陵等城。次年，攻取楚都郢，西燒夷陵，佔領洞庭湖沿湖的廣大地區，秦設南郡，封白起為武安君。下年，白起率軍定巫（今四川巫山北）、黔中（今湖南常德），秦置黔中郡。三十四年

（前二七三），趙、魏聯合攻韓華陽（今河北新鄭北），秦派白起往救，斬首十三萬，俘三敵將，在打敗趙將賈偃以後，將趙卒二萬人全部沉入河中淹死。四十二年（前二六四），白起伐韓，拔九城，斬首五萬。六國君臣聽到白起的名字，無不戰慄畏懼。所以，秦昭王下令：「對白起來長平前線嚴加保密，洩密者斬！」趙括來到長平，馬上更換將領，下令出擊。白起讓部下假裝戰敗，向後撤退，趙括輕率地率主力追來。秦軍退入壁壘，頑強抵抗。趙軍輪番攻打，毫無進展。白起出動兩支奇兵，迅速地從兩側包抄過來，將趙之前軍與後軍截為兩段。又派兩萬五千名精兵開赴趙軍後邊截斷其糧道。另派一萬五千名騎兵馳向趙軍大本營，切斷其各營壘間的聯繫。四十五萬趙軍頃刻間被分割為幾大塊，主力則被截留在兩軍營壘間的曠野，處於秦軍的重重包圍之中。趙括一再指揮反包圍，都被打回，不得不就地築壘堅守，等待援軍。秦軍則在其周圍築起營壘，以阻其突圍。趙王派使者向齊、楚求援，並請求齊國接濟糧食，都遭到拒絕。趙軍從八月到九月，斷糧四十六天，餓急了的士卒竟有殺了同伴吃肉的，軍心大亂。趙括組織四支突擊隊輪番向秦軍陣地攻擊，都失敗了。趙括孤注一擲，親自帶領最精銳的士卒衝向秦軍，秦軍萬箭齊發，趙括當場喪命，趙軍失去指揮，亂作一團。白起下令發起總攻，趙軍死傷慘重，剩餘的全部投降。白起怕降卒為亂，下令將四十萬降卒全部活埋，只留下年幼的二百四十人，遣送回趙國。

秦昭王四十八年（前二五九）九月，秦出兵攻趙，白起認為時機不到，而託病不行。秦王改派王陵率軍攻趙。次年初，王陵在邯鄲城下一再失利，傷亡四千人。秦昭王欲起用白起，白起說：「秦軍雖在長平打敗趙軍，自己也死亡過半。況且邯鄲很難攻破，諸侯援軍來的很多，秦軍怎能不打敗仗？」昭王無奈，只得以王齕代替王陵，繼續圍攻邯鄲。秦昭王五十年（前二五七），楚國春申君和魏公子無忌率數十萬軍隊救趙，秦軍傷亡很大。白起聽到戰報，說：「大王不聽我的話，現在看他怎麼辦？」昭王聽到此話，非常憤怒，強令白起掛帥出征，白起自稱有病，拒不聽命。於是免去白起的軍職，令其遷居陰密（今甘肅靈臺西）。白起出咸陽西門四十里，至杜郵，秦昭王派使者送來利劍，賜令自盡。白起拿起劍，說：「我有什麼罪而令我自殺？」過了一會兒又說：「長平戰後我把四十萬降卒都坑殺了，也確實該死。」說完飲刃自盡。這是秦昭王五十年十一月的事。

評：長平之戰，雙方投入一百多萬兵力，經過長達近三年的戰爭，以趙全軍覆沒告終。至此，原本兵力強大的趙國失去了與秦抗衡的能力，東方六國先後敗在秦軍手裏，秦國獨霸天下的形勢形成。

【傳記　第四十五】

平原君趙勝　虞卿　魯仲連

平原君（?—前二五一）趙勝，趙惠文王之弟。在趙惠文王和孝成王時三任國相，封於東武城（今山東武城西）。在弟兄中，平原君最為賢能。他禮賢下士，賓客達數千人，是著名的戰國四公子之一。

平原君家的住宅與民居相連。有一次，平原君的美人在樓上看見鄰居家的跛子拖着蹣跚的步子去打水，大笑起來。第二天，跛子來見平原君，說：「君有善待士人的美名，但你家的美人竟然嘲笑我的殘疾，請將美人的頭砍下來給我。」平原君笑了笑，說：「好。」跛子走後，平原君說：「你們看這個小人，因為我的美人笑了他，就要美人的頭，不也太過分了嗎！」一年以後，門下的客人有一多半不辭而別。平原君感到奇怪，問：「我待客從不失禮，為什麼這麼多的客人走了？」有個門客說：「由於主君不殺嘲笑跛子的美人，他們認為主君是愛色賤士，所以走了。」平原君知道美女易找而賢士難求，於是殺了美人，提了頭親自登門向跛子道歉。離去的門人聽說此事，又陸續回來了。

虞卿（?—前二三五?），著名游說家和學者。他穿着草鞋戴着長柄笠，游說趙孝成王。第一次見面，趙王賜給他黃金百鎰，白璧一雙；第二次見面後，就被任為上卿。

孝成王四年（前二六二），趙國上黨郡守馮亭不願歸秦，將全郡獻趙。平原君說：「出動百萬大軍攻戰一年，不一定能得到一座城邑。如今坐在家裏就送來了十七座城邑，是大好事，不能失去這個機會！」孝成王與平原君意見相同，接受了上黨，派廉頗出守長平。秦軍來攻，趙軍失利，死了一位都尉。趙王想增兵再戰，召見樓昌和虞卿商量辦法。樓昌主張派重要使臣與秦媾和，虞卿表示反對，建議：「不如派使節帶了重寶到魏、楚二國去，秦國得知此事，以為三國將要合縱反秦，一定會恐慌，這時再與秦媾和，就能成功。」趙王不聽虞卿的意見，派鄭朱到秦國講和。趙王告訴虞卿：「秦人已經接納了鄭朱。」虞卿說：「大王媾和肯定不能成功，而趙軍卻要被打敗了。為什麼呢？諸侯國祝賀勝利的使者都在秦國，鄭朱去秦，秦王和范睢一定會尊崇他，讓諸侯們以為秦與趙媾和了，這樣楚、魏都不會來救趙國，秦國知道諸侯不救趙，一定不會與趙媾和。」秦國果然尊崇鄭朱，不與趙媾和，反而派出大軍增援長平，終於造成趙四十餘萬將士覆沒的慘劇。

秦軍乘勝進圍趙都邯鄲，經蘇代向秦相范睢游說，才以趙割六城的條件罷兵。趙王派趙郝與秦相約結和獻城之事，虞卿對趙王說：「秦軍其實是疲憊不堪才退走的。大王這時卻割城給秦，簡直是幫秦人進攻自己。明年秦軍再來進攻，大王就沒有救了。不如不與秦媾和，以六城給齊，使秦、齊仇恨加深，齊得到六城，一定會與趙合兵攻秦，趙又可以佔秦國土地得到補償。」孝成王聽從虞卿的意見，派他去見齊王建，謀劃兩國合縱伐秦之事。不久，魏人也要求參加合縱。趙孝成王與虞卿商量，虞卿說：「魏王錯了。」趙王說：「所以寡人沒有答應他。」虞卿又說：「大王錯了。」趙王說：「魏王請求合縱，你說魏王錯了；寡人不答應他，你又說寡人錯了。那麼，這件事是終究不可以了。」虞卿說：「臣聽說，小國與大國合縱，有好處則大國佔便宜，有壞處則小國承擔災禍。如今，魏以小國承擔了災禍，而你以大國拒絕了好處，所以我說，大王和魏王都錯了。我認為，兩國應該合縱。」趙與魏於是結成反秦聯盟。

不久，平原君被誘騙到秦國，秦要他交出藏在他家的范雎的仇人魏齊，平原君拒絕交出。秦國派使者向趙王要魏齊，說：「得不到魏齊的首級，我就不讓你的弟弟出關。」魏齊逃到虞卿家，虞卿棄相印，與魏齊一起逃到魏國。由於信陵君一時不敢接納，魏齊憤而自盡，趙王取了魏齊的首級給秦，平原君被放了回來。虞卿因此絕意仕進，埋頭著書，總結自春秋以來的興亡得失，寫成《節義》、《稱號》、《揣摩》、《政謀》等八篇，合稱《虞氏春秋》。

趙孝成王七年（前二五九），秦軍由王陵率領，包圍邯鄲。趙人奮勇抗擊，秦軍失利。次年，秦昭王增兵前線，以王齕代王陵為將，攻圍邯鄲。平原君受命去楚求援，他決定帶門下文武皆備的二十名食客去楚，說：「如果靠文的一手能辦成，最好。文的不行，也得讓楚王歃血為盟，答應此事。」他從門客中挑選到十九名人選，還差一名。有一個叫毛遂的門客自薦說：「臣請求做第二十名。」平原君問道：「先生在我趙勝門下幾年了？」「三年。」平原君說：「賢士在世上，就好像錐子在袋子裏，總會露出錐尖來的。先生在我門下三年，竟沒有聽到人稱頌你，看來先生沒有什麼本領，還是留下吧！」毛遂說：「臣今天就是請求放到袋子裏，使臣能脫穎（錐頭）而出，不只是露出一點點錐尖。」

平原君帶了毛遂等人去楚國，一路上，十九人都被毛遂的談吐折服了。平原君與楚考烈王從早晨談到中午，都沒有結果。其他人對毛遂說：「先生上。」毛遂按劍上殿，對平原君說：「合縱抗秦的好處，兩句話就可以說清，為何談了半天還沒有結果？」楚王問：「這位是誰？」平原君說：「是我的舍人。」楚王呵斥道：「下去！我與你的主君談話，你上來幹什麼！」毛遂按劍上前，說：「大王之所以呵斥毛遂，是因為你的人多。現在，十步之內，大王人多也沒有用，大王的命在我毛遂手裏。楚國力量很強，卻被白起這小子打得大敗，太令人羞愧了。合縱是為了楚國，而不是為了趙國。」楚王於是答應與趙合縱，發兵救趙。回到趙國，平原君以毛遂為上客，讚揚道：「毛先生三寸之舌，強於百萬之師。我趙勝也太不善於看人了。」

邯鄲被圍困三年，居民飢餓無奈，易子而食，析骨而炊，而秦軍卻加緊了進攻。眼看趙人抵擋不住，就要投降，平原君十分憂愁，邯鄲傳舍吏的兒子李談對平原君說：「如今國家危急，居民無糧，士卒無兵器。主君如能讓夫人以下的人編入軍隊中，拿出家財分給士卒，士卒們一定會感激主君的恩德。」平原君採納李談的意見，組成了三千人的敢死隊，李談也加入其中，向秦軍衝去，秦軍被打退了三十里。

再說，魏安僖王在趙一再請求下，派將軍晉鄙率十萬兵救趙，卻又害怕秦軍，停留在鄴（今河南磁縣南），築壁堅守，觀望戰局。同時，魏王派將軍新垣衍從小道進入邯鄲，對趙王說：「秦國之所以攻趙，是秦王想稱帝。趙國如果派使者去尊稱秦昭王為帝，他一定會高興地撤軍而去的。」

這時，齊國高節之士魯仲連正好也在圍城之中，聽到此事，通過平原君的介紹見到新垣衍，說：「秦是個崇尚殺人立功的國家，如果秦國稱帝，我魯仲連寧可跳進東海自殺，也絕不當他的順民。如今你們魏人是不知道秦國稱帝的害處，我可以讓秦王把魏王給烹成肉泥。」新垣衍很不高興地問道：「先生怎麼能叫秦王把魏王烹成肉泥？」魯仲連說：「當年，九侯將漂亮的女兒獻給紂王，紂王嫌醜，反而將九侯烹成肉泥。鄂侯爭辯了幾句，也被做成乾肉。如今，秦、魏都是萬乘之國，都是王，魏國為何要看着秦戰勝稱帝，然後來將自己烹成肉泥呢？況且，秦王的欲望是沒有止境的，稱帝以後，就要更換諸侯的大臣，控制各個諸侯，到那時候，將軍你還能得到魏王的寵信嗎？」聽了這一席話，新垣衍終於知道了秦稱帝的利害，不再勸趙王奉秦為帝。這時，春申君率領的楚軍和信陵君從晉鄙那裏奪來的魏軍趕到，三國軍隊大敗秦軍於邯鄲城下，秦將鄭安平以二萬人投降，王齕解圍而去。這是趙孝成王九年（前二五七）的事。

戰後，平原君想分封魯仲連，魯仲連堅決辭讓。平原君設酒宴，以千金之禮為魯仲連祝壽，魯仲連笑道：「如果說天下之士有什麼可貴之處的話，就在於他們能為人排除憂患、消釋困難、解脫紛亂，而不取任何報酬。如果要報答，那是商賈的行為，我魯仲連絕不這樣幹！」說完，告辭而去，不知所終。

平原君於趙孝成王十五年（前二五一）逝世，他的後代襲封，最後與趙國一起滅亡。

【傳記 第四十六】

信陵君魏無忌

信陵君（？—前二四三）魏無忌，魏昭王的小兒子，魏安僖王的異母弟弟。其封邑在信陵（今河南寧陵西），故稱信陵君，戰國四公子中最有賢名的一位。

信陵君為人特別仁愛，而且禮賢下士，士人不論能力高低、品行如何，他都非常謙遜地待之以禮，從來不敢因為自己貴為公子而稍有驕色，所以四方之士都來投奔他，食客達三千人。魏都大梁夷門監者侯嬴是一個七十歲的隱士，家裏很窮。信陵君帶了貴重的禮品送他，侯嬴拒絕接受。信陵君於是大擺酒宴，賓客們坐定以後，自己親自駕車去請侯嬴，侯嬴整整自己的破衣服坐到車上，信陵君非常恭敬地執着繮繩。侯嬴說：「我有個朋友是市閭的屠戶，請公子繞道去一下。」信陵君駕車入市，侯嬴下車後，故意與朋友朱亥站在那兒說了好長時間的話，信陵君一直臉色和藹，耐心等待。這時，魏國的將軍、宗室、賓客坐滿宴堂，等着公子敬酒，而市上的人卻在圍觀公子為侯嬴駕車。隨從的騎士都在心裏罵侯嬴，侯嬴見公子的臉色始終不變，就上了車。到了信陵君家，信陵君請侯嬴坐在上座，向尊貴的客人一一介紹，還一再向侯嬴祝酒。侯嬴這才說：「我這樣一個看城門的窮人，之所以委屈公子為我駕車繞道等待，其實是為了成就公子的名聲，市上的人都會以我侯生為小人，而以公子為長者能禮賢下士。」酒宴以後，侯生對信陵君說：「朱亥是一位很賢能的人，人們都不了解他，公子要和他好好相交。」信陵君多次去拜訪，朱亥都不回謝，信陵君感到很奇怪。

信陵君的食客本領各不相同，有些人被他派到各國去打探情況，隨時報告。有一次，他正與魏安僖王下棋，忽然北方傳來烽煙，說是「趙軍來犯，即將入境」。魏王馬上丟下棋子，要與大臣商量軍情。信陵君說：「大王不必驚慌，趙王是在圍獵，不會入寇。」魏王惴惴不安地重又繼續下棋。一會兒，北方的消息傳來，說：「趙王正在打獵，沒有入寇。」魏王大驚，問道：「公子何以知此？」信陵君說：「我的食客中有人能探聽到趙王的秘密，每當趙王有事，食客就向我報告。」魏王由此知道信陵君太賢能了，而不敢讓他參與國政。

魏安僖王二十年（前二五七），秦軍包圍趙都邯鄲。趙國平原君的夫人是信陵君的姊姊，一再給魏王和信陵君寫信，請求派兵救趙。魏安僖王派將軍晉鄙率十萬兵救趙。秦昭王得到消息，馬上派使者威脅魏王：「我軍很快就要攻下邯鄲，諸侯誰敢救援趙國，我將隨後移兵去攻打。」魏王害怕了，就派人讓晉鄙停留在鄴（今河南磁縣南），築壁堅守，觀望戰局。平原君派人給信陵君送信，責備說：「我趙勝之所以與你家結為姻親，是因為公子講義氣，能急人之難。如今邯鄲眼看不得不降秦，而魏國的援兵卻總是不來，你算什麼急人之難？況且，你即使看不起我趙勝，也不能不可憐你的姊姊！」信陵君多次向魏王請求，又讓賓客中的辯士給魏王講道理，魏王害怕秦人，就是不聽。信陵君實在沒有辦法，於是召集賓客，組織了一百多輛戰車的隊伍，要去與秦人拚命。經過夷門時，信陵君向侯嬴告辭。侯嬴說：「公子好自為之吧，老臣不能隨你去。」信陵君走了幾里以後，越想越不痛快，就返回夷門，問侯嬴：「我有什麼事做得不合適？」侯嬴說：「我知道公子要回來。」接着，侯嬴說：「公子帶這點人去邯鄲，就好像以肉投餓虎一樣，毫無用處。我打聽到兵符藏在大王的卧室裏，只有大王寵愛的如姬能竊出來。如姬有個殺父的仇人，公子派人去把這個仇人殺了，如姬就會替你將兵符竊出來。」信陵君依計而行，果然得到兵符。信陵君再次來向侯嬴辭行，侯嬴將朱亥推薦給公子，說：「他是一位大力士，公子去合符，晉鄙如果不聽，就讓朱亥將他打死。」

信陵君一行來到鄴地軍營，謊稱魏王命他來代替晉鄙統帥軍隊，晉鄙合兵符時對信陵君單車前來產生懷疑。朱亥掄起袖中藏着的四十斤鐵椎，一下子就將晉鄙打死了。信陵君對軍隊進行整編，從中選出八萬人，向秦軍發動進攻，打敗了秦軍，解除了邯鄲的包圍。

信陵君竊符救趙，使魏王十分憤怒。信陵君害怕被誅，於是讓將領帶兵回魏，自己留在趙國，趙王以鄗（今河北高邑）作他的湯沐邑。信陵君在趙國十年，結交了博徒毛公、賣漿者薛公這兩位隱士。秦國得知信陵君留趙不歸，就連年攻打魏國，奪取了高都（今山西晉城）、汲（今河南汲縣西南）等城邑。魏安僖王派使者到趙請公子回去。信陵君怨恨魏王，拒絕回國，還禁止門客與魏使接觸。毛公和薛公求見公子，說：「公子在趙國之所以受到尊重，是因為有魏國在。如今秦軍攻魏，公子不管，萬一魏國被滅，公子有什麼臉面見天下人？」他倆的話還沒有說完，信陵君已經變了臉色，立即要了車駕，疾馳回魏。

魏安僖王三十年（前二四七），回到魏國的信陵君被授予上將軍的印綬。諸侯們聽到信陵君回國的消息，都派了軍隊前來援救。信陵君統領魏、楚、燕、韓、趙五國兵，大敗秦軍於河外，秦將蒙驁敗逃，五國兵追擊至函谷關而還。信陵君威震天下。秦相呂不韋派人帶了一萬金到魏，尋找晉鄙的門客，讓他散佈謠言說：「公子逃亡在外十年，現在統領五國軍隊，諸侯們只知道有魏公子，而不知道有魏王。公子想乘機南面而王，諸侯們懼怕，也準備擁立他。」秦國使者也多次到魏國假裝祝賀，詢問：「公子是否立為魏王了？」魏安僖王每天聽到這些謠言，不能不信，終於派人代替信陵君為將。信陵君知道自己又一次遭到讒害，鬱鬱不樂，稱病不再上朝，與賓客們整日整夜地喝酒，頻繁地接觸婦女。這樣過了四年，終於因飲酒過度而死。

【傳記 第四十七】

春申君黃歇

春申君（？—前二三八）黃歇，楚國賢士，歷仕楚頃襄王、考烈王，使楚國在非常艱難的條件下生存下來。在戰國四公子中，他執政時間最長。與其他三公子不同的是，他並非王室公子，而是靠自己的才能和智慧榮登相位，受封為君。

春申君曾遊學各地，以博聞善辯著稱。楚頃襄王二十一年（前二七八），秦將白起率兵進攻楚國，取其郢都及大片國土。二十六年（前二七三）秦決定聯合魏、韓二國之兵，由白起率領，企圖一舉滅楚。這時，楚王派黃歇出使，到達秦國，聽到秦國的出兵之計，立即上書秦昭王，陳說利害，離間秦與韓、魏的關係，以阻止對楚的進攻。他的上書中說：「天下最強的就是秦、楚二國。大王欲伐楚，就好像『兩虎相鬥，駑犬得利』一樣，只能是肥了韓、魏兩國，又會使齊更強，十分失計。不如先與楚親善，集中力量攻韓，逼魏，取齊，最後再使燕、趙、楚屈服。」秦昭王覺得他說得很有道理，馬上讓白起停止出兵，與楚約為盟國。

秦、楚結盟次年，左徒黃歇以太子傅的身份陪同楚太子完到秦國為質子，一留就是幾年。三十六年（前二六三），頃襄王病重，太子卻無法回楚。黃歇知道太子與秦丞相范雎私交很深，就對范雎說：

「現在楚王病得很厲害，秦王不如讓太子回去，太子得立為王，對秦國和丞相一定會感恩戴德，兩國關係更加親密。如果不讓太子回國，楚國立別人當王，必定不會事秦。」范雎將此稟告秦王。秦昭王說：「讓太子傅先回國看看楚王的病情再說。」黃歇看出秦王不願讓太子回楚，就讓太子打扮成車夫，為楚使駕車逃出秦國。估計太子已經出關，黃歇求見秦昭王，說：「楚太子已經回國，大王就處死我黃歇吧！」范雎對秦王說：「黃歇作為人臣，能以生命去殉其主，十分可貴。太子繼位以後，一定會重用他，不如赦他無罪放他回去，也可藉此親近楚國。」秦昭王點頭稱是。

黃歇回楚三個月，楚頃襄王死，太子完繼位，為考烈王。黃歇任國相，號春申君，封以淮北十二縣。春申君勵精圖治，決心重振楚國雄風。他效法孟嘗、信陵、平原三公子，大力招徠賓客，給賓客非常優厚的生活待遇。趙公子平原君曾派他的賓客到楚國，為了誇耀其生活豪侈，此賓客用玳瑁簪綰頭髮，用珠玉瓖嵌劍鞘。但到春申君的賓舍一看，其三千賓客人人衣着華麗，上客的鞋子都是用寶珠鑲飾的。平原君的使者自愧不如。春申君最著名的賓客有兩位：一位是學者荀卿，擔任蘭陵令，使地方得到很好的治理。另一位是朱英，觀津（今河北武邑東）人，足智多謀，一直在春申君身邊，為他出謀劃策。

考烈王五年（前二五八），秦圍趙都邯鄲，春申君率十萬兵前往救援，與魏、趙一起解除了邯鄲的包圍。八年（前二五五），春申君將兵北伐魯國，取徐州。十二年（前二五一）秦昭王逝世，春申君至秦弔唁。十四年（前二四九），考烈王親自統兵滅魯，將魯頃公遷於卞（今山東泗水東）。次年，春申君因封地近齊，獻出。根據他的要求，楚王將他封到江東吳地（今江蘇蘇州）。春申君在吳國廢墟上興建了豪華的宮城，並改破楚門為昌門。

在春申君的組織下，楚國聯合趙、魏、韓、衞，以楚考烈王為縱長，於二十二年（前二四一）攻秦，取壽陵，至函谷關。秦兵出擊，五國之師敗走。考烈王埋怨春申君，從此兩人關係疏遠。次年，門客朱英觀察列國形勢，指出：「以前二十年，秦國沒有向楚國進攻，是因為交通不便。自從魏國將許、鄢陵割讓以後，秦的邊界離楚都陳僅有一百六十里，秦、楚之間的戰爭很快就要爆發。」春申君於是向楚王建議，將都城遷到壽春（今安徽壽縣），以避強秦。春申君自己也致力於經營其封地，以代相的名義，回吳享樂。

楚考烈王沒有嫡子。趙人李園得知此事，帶了妹妹來楚，投靠春申君，為舍人，然後找機會讓其妹得幸於春申君。知道妹妹有了身孕後，李園讓妹妹勸春申君隱瞞懷孕之情，將其進獻於楚王，將來生了兒子為楚王，就可以保持春申君的地位。春申君聽從了李氏的意見，將其獻於楚考烈王。李氏受到寵幸，生了兒子，立為太子，自己被立為王后，李園也得到重用。二十五年（前二三八），考烈王生病，朱英建議春申君防備李園加害，並提出在楚王死後先下手殺掉李園。春申君自以為與李園關係很好，不相信會有此事。朱英怕自己連累被殺，於是逃走。十七天以後楚考烈王死，李園立即進入王宮，並將自己豢養的敢死士埋伏在壽春棘門之內。春申君一入棘門，就被殺死，全家被滅。李氏子悍繼位，為楚幽王。

楚幽王在位十年死去，其弟猶繼位，為哀王。兩個月以後，其庶兄負芻殺哀王自立。五年（前二二三）被秦所滅。

評：春申君曾經是戰國四公子中聲名最大的一個，看他當初勸阻秦昭王伐楚，以及設計讓楚太子從秦國逃出，是多麼的智慧！然而到他晚年，許多人都知道李園想殺他滅口，門客朱英也向他獻出了避禍滅李的計謀，他還執迷不悟，以致身死族滅。「當斷不斷，反受其亂」，晚年的春申君是多麼昏聵！

【傳記 第四十八】

燕太子丹　荊軻

燕太子丹（？—前二二六），又稱燕丹，燕王喜之太子，為了挽救燕國，他指使荊軻刺殺秦王，事敗身死，這是秦統一之前最後一件諸侯反抗秦國的大事。

燕太子丹少年時代曾為質於趙，與在邯鄲出生的趙政是好朋友。後來，趙政回秦繼承王位，呂不韋為相國，為了進一步削弱趙國力量，派蔡澤至燕為相，三年以後，燕王喜以太子丹為質於秦，以表明燕不欺秦。秦王政九年（前二三八）親政，太子丹這時正在秦當質子，秦王政不顧兩人少年時的友情，對其非常無禮。太子丹害怕被殺害，於秦王政十五年（前二三二）要求回國，秦王政回答道：「等天下粟、馬生出角來，就讓你走。」太子丹見祈求無望，就化裝逃回燕國。他看出秦王想滅六國，而且已經兵臨易水，即將伐燕，為了存燕，就與太子傅鞠武商量辦法，鞠武讓他從長計議，等待時機。

不久，秦將樊於期（據楊寬《戰國史》說，即桓齮）得罪秦王逃來燕國，太子丹收留了他。鞠武怕引起秦人攻燕，勸太子丹將樊送往匈奴，與三晉、齊、楚聯合，與匈奴講和，然後才可以報復秦國。太子丹認為此法曠日持久，難以等待。鞠武於是將智深沉勇的處士田光介紹給太子丹。太子丹非常恭敬地迎接田光，對他說：「秦、燕勢不兩立，請問先生怎麼辦？」田光說自己已經年老力衰，不能對國事有所圖，但他的朋友荊軻卻可成就大事，並答應將荊軻介紹給太子丹。太子丹將田光送出大門，叮嚀道：「我們今天商量的是國家大事，你千萬不可洩露出去！」

荊軻（？—前二二七），據說本是齊國慶氏的後裔，人稱慶卿，後遷居衞國，始改姓荊。他喜好讀書擊劍，曾向衞元君游說，不為所用。秦王政六年（前二四一），秦取衞濮陽（今河南濮陽西南），作為秦東郡的治所，將衞元君遷至野王（今河南沁陽），成為秦的附庸。荊軻於是到四方遊歷，結識了許多豪傑志士。在榆次，他與蓋聶討論劍法，話不投機，蓋聶怒目而視，他就揚長而去。在邯鄲，他與魯句踐弈棋賭博，爭棋路，魯句踐對他加以呵斥，他仍是不予計較，悄然離去。隨後，荊軻來到燕國，與當地的狗屠夫和擅長擊筑的高漸離交上了朋友。荊軻喜好喝酒，整天與狗屠夫、高漸離一起在街市喝酒，然後，高漸離擊筑，他和着樂聲唱歌，唱着唱着就哭起來了。田光也與荊軻成為至交，知道他並非等閒之輩。

田光決定以自己的生命來激勵荊軻為太子丹效力，對荊軻講了將他推薦給太子丹的事，希望他能很快到太子宮去，說完就自殺而亡。荊軻見太子丹，告訴他田光已死。太子丹再三跪拜，淚流滿面，後悔不迭。太子丹對荊軻說：「秦王要兼併天下之地，臣服海內之人，貪婪至極。現在，秦國已經滅了韓國，又南伐楚，北討趙。趙國支持不住，肯定要降秦，接下來就是燕國了。燕國力弱民少，根本不是秦國的對手。而各諸侯國害怕秦王，又不敢合縱。我私下以為，如有一位勇士出使秦國，以重利相誘，劫持秦王，迫使他全部歸還諸侯的土地，那當然最好不過了。如若不行，乾脆殺了他，然後乘其內亂，諸侯合縱，一定能打敗秦人。只是我至今還不知道派誰合適，請荊軻幫我留意。」荊軻思忖再三，回答道：「這是國家大事，我才幹駑下，恐怕不能勝任。」太子丹急忙叩頭，再三請求他不要推辭。荊軻終於答應了，太子丹馬上尊荊軻為上卿，安排他住在最好的房舍裏，每天去問安，供給他三牲具備的飲食，送給他各種珍寶，車騎美女由他隨意享受。

秦王政十九年（前二二八），秦將王翦率兵破邯鄲，俘趙王遷，隨即北進，兵臨易水，作攻燕的準備。太子丹見情況已萬分危急，就催促荊軻上路。荊軻說：「要到秦國去，必須有信物，否則秦王不會相信。秦國以金千斤和邑萬家懸賞緝拿樊將軍，希望給我樊將軍的首級與燕國督亢的地圖，拿去進獻，秦王一定會高興地接見我，我這才能實現計劃。」太子丹說：「樊將軍在危難之際來投奔，我不忍心殺他，請你另想辦法。」荊軻見此，就自己去見樊於期，說：「秦國也太狠毒了，把將軍的父母宗族都戮沒，又以重金大邑求購將軍的首級，將軍怎麼辦？」樊於期仰天長歎，流着淚說：「我恨透了秦王，只是不知怎麼辦。」荊軻就說：「我有辦法既能為將軍報仇，又能解燕國的憂患。」「什麼辦法？」「希望能得到將軍的頭顱，拿去獻給秦王，在秦王見臣時，臣左手揪住他的袖子，右手持刀刺進他的胸膛。將軍覺得如何？」樊於期知道自己的仇能報了，毅然自刎。太子丹聽到消息，急忙趕來，伏屍痛哭，然後將樊於期的頭顱裝進一隻匣子裏。

荊軻帶了一把塗滿劇毒藥物的匕首，以十三歲就殺人不眨眼的勇士秦舞陽作為副使，從薊都（今北京）出發。太子丹和賓客都穿了白衣服為他送行。到了易水邊上，祭了道路之神，就要上路了，高漸離擊筑，荊軻和着筑聲唱起了變徵之歌，人們無不涕淚交加，痛切異常。荊軻唱道：「風蕭蕭啊，易水寒；壯士一去啊，不復還！」樂調由淒厲變為悲壯，送行的人都怒髮衝冠、熱血沸騰。荊軻毅然登車西去。

到秦以後，荊軻給秦王寵臣中庶子蒙嘉送了千金的厚禮，請其向秦王稟報燕使前來進獻樊於期頭和督亢地圖的消息。秦王政大喜，穿了朝服，設九賓的隆重禮節，在咸陽宮接見燕使者。荊軻捧着裝有樊於期頭的匣子，秦舞陽捧着裝地圖的匣子，走了進來。到了宮殿臺階前，秦舞陽突然嚇得變了臉色，大臣們都感到奇怪。荊軻笑着看了秦舞陽一眼，說道：「北方蠻夷小人，從來沒有見過天子，所以害怕了。請大王原諒。」秦王對荊軻說：「把秦舞陽捧的地圖拿來。」荊軻送上地圖，秦王打開地圖，一把匕首露了出來。荊軻左手揪住秦王的袖子，右手拿起匕首就向秦王胸部刺去。秦王一驚，站了起來，掙斷了衣袖。秦王想拔劍，劍太長，又硬，一下子拔不出來。荊軻追刺秦王，秦王繞着柱子跑。大臣們一時都驚愕得不知所措，而帶有武器的侍衞郎中又都在殿下，沒有詔諭不能上殿。情況太突然，來不及召郎中上殿，所以荊軻還在追逐秦王。侍醫夏無且首先清醒過來，提起手上的藥袋就向荊軻砸去，其他人叫喊道：「大王背劍！」秦王猛地將劍轉到背後，拔出劍就將荊軻的左腿砍斷。荊軻跪在地上，將匕首用力投向秦王。秦王一閃，匕首嵌在了銅柱上。秦王將荊軻連砍八劍。荊軻倚着柱子大笑，說：「我之所以沒有成功，是想生擒你，以迫使你將諸侯的土地退還。」郎中們衝上殿，將荊軻殺死。

秦王政憤怒地下詔，增兵遣將，由王翦統帥伐燕。二十一年（前二二六），攻克燕都薊，燕王和太子丹退保遼東，秦將李信緊追不捨。代王嘉致信燕王喜，說道：「秦軍之所以追得這麼緊，是想得到太子丹。如果大王能殺了太子丹獻給秦王，燕國就能保住。」太子丹逃到衍水（今遼寧太子河）上，燕王派人斬了太子丹的頭顱獻給秦，但秦軍並沒有停止進攻。二十五年（前二二二），秦將王賁攻取遼東，俘燕王喜，燕國滅亡。

秦王政二十六年（前二二一）滅六國，建立了統一的專制政權。高漸離埋名改姓，在宋子縣當傭人。後來，縣人知道他擅長音樂，尊為上客。秦始皇聽說，召見他，有認識的人說：「這是高漸離。」秦始皇不忍殺他，將他的眼睛熏瞎，讓他為自己擊筑。久而久之，秦始皇與他逐漸接近。高漸離暗地裏將筑裏灌進鉛，在一次演奏時，突然舉起筑撲打秦始皇，卻沒有打中。秦始皇將高漸離誅殺。

【傳記　第四十九】

呂不韋

呂不韋（？—前二三五），陽翟（今河南禹縣）人，戰國後期著名政治家，擔任秦相國十三年，為秦最後統一六國奠定了基礎。

呂不韋長期販賤賣貴，積累了千金的家產。但他不滿足於大商人的地位，一直在尋找機會，投身政界。秦昭王四十二年（前二六五），他在邯鄲經商時，得知秦質子子楚十分可憐。原來，子楚是秦昭王太子安國君的庶子。當時，秦一再進攻趙國，趙對子楚很不友善。子楚因是庶孫，經濟十分拮据，更沒有繼承王位的可能。呂不韋發現此人是奇貨可居，回家問父親：「耕田能得幾倍利？」父親回答：「十倍。」「做珠寶買賣呢？」「一百倍。」「立一個國君呢？」「無數的利。」呂不韋說：「如今下苦力種田，不夠吃穿。要是立一個國君，連子孫都有享不盡的榮華富貴。我的決心定了。」他找到子楚，說明了自己為他謀取秦國國君寶座的計劃。子楚說：「你的計謀若能成功，我將以秦國的大權與你共享。」

呂不韋拿出全部家產，一半供給子楚優裕的生活和結交賓客，另一半全部買成珍寶奇物，親自帶到秦國，獻給安國君寵幸的華陽夫人，並告訴她：「子楚將您看作是他的上天，常常因為思念太子和夫人而日夜哭泣。」華陽夫人大喜。呂不韋又讓華陽夫人的姐姐勸她：「我們女人，靠美貌來取悅男人，一旦年老色衰，就很可憐。你沒有孩子，不如將子楚立為嫡子嗣，你的終生榮華就有保障了。」華陽夫人覺得此言有理，向安國君要求，安國君當即答應，讓人刻了玉符，正式以子楚為嫡子嗣。從此，子楚在諸侯中的聲譽越來越高。

呂不韋新娶年輕貌美能歌善舞的邯鄲女子趙姬，懷了身孕。在一次酒宴上，子楚見到趙姬，驚其姿色之美，乘勸酒的機會，向呂不韋索要。呂不韋十分生氣，但轉念一想，自己為了子楚把家產全都搭進去了，這個女人說不定還有大用哩，於是把趙姬獻給了子楚。據說，趙姬隱瞞了懷孕的事情，到十二個月時，生下兒子，取名政，就是後來的秦始皇。母以子貴，趙姬被子楚立為夫人。

秦昭王五十年（前二五七），秦軍進攻趙都邯鄲，趙王要殺死子楚。呂不韋用六百金買通看守，讓子楚逃回秦國，又藏起趙姬母子。秦昭王在位五十六年去世，安國君繼位，為孝文王。一年後（前二五〇），孝文王死，子楚繼位，為莊襄王，呂不韋為丞相，封文信侯。三年以後（前二四七），莊襄王死，十三歲的太子政繼位，呂不韋被尊為相國，敬稱為「仲父」（叔父），掌握着國家的全權，有家僮萬人。

作為丞相和相國的呂不韋為秦國的統一事業做出了重要的貢獻。軍事上，他於莊襄王元年帶兵滅了東周君，獲得其河南、洛陽、穀城、平陰等七邑，以河南洛陽十萬戶為自己的食邑。又派蒙驁、王齕等大將出征，奪得韓、趙、魏的許多地方，設三川郡、太原郡。秦王政六年（前二四二），他又指揮秦國大軍粉碎了楚、趙等國合縱對秦的軍事進攻，並乘勢攻取了魏、趙、衞的許多土地，設東郡。從此，東方各國已不再有多少反擊秦軍的能力，在疆土廣大、兵強馬壯的秦國面前，各諸侯國君就像秦郡縣長官一般。在外交上，他將東周君安置於陽人地，使其奉周的祭祀，博取了存亡繼絕的名聲，還用反間計，除掉了東方最有實力的魏信陵君。又任用年僅十二歲的甘羅出使趙國，割得其河間五城，並唆使趙出兵攻燕，奪得上谷三十城，以其中三城給秦。呂不韋的外交靈活而不拘成式。趙國建信君抱怨道：「文信侯對我，也太不講禮讓了！」門客希寫譏諷他不如商賈，說：「一個好的商人不與別人爭價錢，而是注意捕捉時機，買進賤的，在價高時賣出。如今，你無力與文信侯抗爭，卻埋怨他不講禮讓，我私下以為不應如此。」在內政和經濟上，呂不韋調整統治集團內部關係，對國民施以恩惠。秦王政三年四年，連續遭災，呂不韋下令，百姓交納一千石粟米，就給予一級爵位，獲得了大量糧食用於救災。為了發展關中的農業，呂不韋任用韓國水工鄭國，開鑿了溝通涇水和北洛水的渠道，使兩岸四萬多頃鹵地變為旱澇保收的良田。

為了兼併天下，呂不韋大力招徠、豢養和任用士人。東方各國士人聞訊紛紛前來，其門客達三千人。呂不韋對這些士人量才使用，把他們安置於能充分施展其才幹的崗位上。呂不韋組織門客，探討天地人事，總結歷史經驗，擷取諸子百家有利於統一和治理的思想主張，撰成了包括一百六十篇論文、共二十六卷的著作《呂氏春秋》。該書分為八覽、六論、十二紀。提出：天下是天下人的，為國者立公破私，才可以得天下。樹立君主是為了維護羣體和國家的利益，君主的責任是充分發揮臣僚的積極性，自己則無智、無能、無為。君主要順民心，以仁義治理之，以愛利安撫之，以忠信引導之，盡力為民眾去災致福。不可濫用民力，不能奢侈腐化，否則不當為君。大臣們應該親信合作，忠君利國，成就大事，君主若以黑為白，臣不能聽從。呂不韋認為，該書具備了古今天下萬物的事理，是進行統一戰爭和戰後建立清平社會的最佳政治學說，因此，將該書公佈於咸陽市門，把一千金懸掛在上邊，宣稱，天下遊士賓客只要能對該書更改一字，就賞給這一千金。

太后趙姬年輕守寡，時常與呂不韋來往。眼看着秦王政漸漸長大，而太后淫亂不已，呂不韋恐怕禍害到自己，於是找到一個陽具很大的叫作嫪毒的人當舍人。在一次玩樂時，呂不韋讓嫪毒以陽具轉着桐木的小輪作表演，並有意把消息傳給太后。太后果然想得到嫪毒。呂不韋讓人將嫪毒的鬍鬚拔去，冒充宦者，送進宮中侍候太后。太后與嫪毒歡愛無比，不久懷孕，怕別人知道，就搬到雍地（今陝西鳳翔）居住。嫪毒隨時侍奉於太后左右，得到許多賞賜，受封為長信侯，宮室、車馬、衣服、苑囿、騎射、圍獵，縱情享受。朝中之事不管大小，都由嫪毒決定，他有家僮數千人，門客一千多人。河西太原郡也改成了毒國。

秦王政九年（前二三八），嫪毒在內宮與人下棋賭酒，酒醉發生爭鬥，嫪毒瞪眼呵斥道：「我是大王的假父，你是什麼東西，竟敢與我打鬥？」此人氣憤不過，向秦王揭發：「嫪毒是假宦官，經常與太后淫亂，生了兩個孩子，都藏起來了。他還與太后合謀：『大王就要死了，以我們的兒子繼承王位。』」秦王政下令官府調查，嫪毒狗急跳牆，發動叛亂，被秦王政平定。九月，秦王誅滅了嫪毒三族，殺死太后生的兩個兒子，並且將太后軟禁於雍地。事情牽連到呂不韋，秦王念呂不韋輔佐先王功勞很大，又有許多人說情，才沒有將其下獄。

秦王政十年（前二三七）十月（秦以十月為歲首，十年十月，與九年九月只差一月），由於嫪毒事件的牽連，呂不韋被免去相國職務，遷到封邑河南居住。諸侯各國聞訊，紛紛派人前來邀聘。秦王政恐怕出現變亂，於十二年賜書呂不韋道：「你對秦國有什麼功勞，秦封你為文信侯，食邑十萬戶？你與秦有什麼親屬關係，卻號稱『仲父』？你和你的家屬都要遷到蜀地去！」呂不韋見大勢已去，害怕被誅殺，於是飲鴆酒自盡。門客舊屬紛紛前來弔喪，將他安葬於洛陽北邙山。十九年（前二二八），太后死，與莊襄王合葬於芷陽（今陝西西安霸橋）。

評：在中國歷史上，呂不韋是為數不多的出身於商人的大政治家。他瞅準對象，抓住契機，投資政治，憑藉商人的狡黠，用智慧、金錢、游說、女色，鋪平了自己的希望之路。他勇於進取，不懈地追求，不斷地創造成功，為秦的統一事業做出了貢獻。雖然他被歷代的衛道士貶得一無是處，卻「相業甚偉，兼能文章」（清人吳汝綸語），歷史功績永垂史冊。至於他與秦王政的矛盾，其實只是權力之爭。試想，一個年過二十的剛烈君主，怎能容忍大權旁落，而不去奪回本屬於自己的權力呢？呂不韋的悲劇，在於他貪戀權勢，沒能及時交權。

【傳記 第五十】

王翦 李信 蒙恬

王翦（？—前二二〇），頻陽（今陝西富平東北）東鄉人，秦國名將。據說，周靈王太子宗敬，人稱王家，因以為氏，王翦是宗敬的十四世孫。

李信，秦將，曾多次作戰建功，年輕氣盛，異常勇武。

蒙恬（？—前二一〇），先世為齊國人。其祖父蒙驁自齊入秦，歷仕昭王、莊襄王、秦王政三朝，南伐東討，屢立戰功，於秦王政七年（前二四〇）去世。其父蒙武亦為大將，在秦統一戰爭中建立了功勛。蒙武有子蒙恬、蒙毅。蒙恬曾經學習獄法，任獄訟文書之官。

王翦自幼好兵，後來成為秦王的侍從。秦王政向他學習兵法，尊稱為王將軍。十一年（前二三六），親政不久的秦王政，就以王翦為將軍，與桓齮、楊端和分路出兵，以救燕為名，進攻趙國，奪取其漳水流域的閼與（今山西和順）等九城。三路大軍又併由王翦指揮，王翦對軍隊進行整編，士卒及斗食以下的軍官十抽其二，以精兵對頑強堅守的軍事重鎮鄴（今河北臨漳）發動進攻，僅十八天時間，就攻得該城，為秦滅趙鋪平了道路。其後，秦軍與趙將李牧反覆爭奪，李牧雖多次取勝，但其兵力損失嚴重，國土也喪失頗多。十七年（前二三〇），趙國大旱，饑荒。秦國乘機於次年派大兵伐趙，王翦率上郡兵直下井陘（今河北井陘）。趙將李牧、司馬尚迎戰，秦以反間計使趙殺李牧，廢司馬尚，以趙蔥、顏聚代之。經過一年多的征戰，王翦大破趙軍，殺趙蔥，敗顏聚，克邯鄲，俘趙王遷。秦設邯鄲郡。趙王遷的異母弟公子嘉率其宗族數百人逃到代（今河北蔚縣東北），自立為代王。

二十年（前二二七），燕太子丹使荊軻刺秦王，事敗，秦王派王翦、辛勝率兵攻燕，在易水之西大敗燕軍。次年，取薊城，燕王喜逃至遼東。秦將李信率兵緊追不捨，太子丹逃至衍水，燕王不得不殺太子丹獻秦。王翦之子王賁此時也成為將軍，帶兵於二十二年（前二二五）滅魏。

秦國攻滅三晉，奪燕都，並一再打敗楚軍，秦王政決定乘勝一舉攻滅楚國。他問李信：「我想攻取楚國，你看需要多少軍隊？」李信回答：「有二十萬就足夠了。」秦王政又問王翦，王翦說：「非六十萬不可。」秦王政說：「王將軍真是老了，怎麼這樣膽怯！」於是以李信為主將、蒙恬為裨將，率領二十萬軍隊伐楚。王翦見自己的意見不為秦王所用，就以生病為由，告老還鄉。秦軍兵分兩路，李信軍攻平輿（今河南平輿北），破鄢郢（今安徽壽春），蒙恬軍攻寢（今安徽臨泉），連敗楚軍，兩軍會師城父（今安徽亳縣東南）。楚軍在老將項燕指揮下，尾追李信軍三天三夜不停頓，終於攻破其兩壁，殺七都尉，秦軍敗走。消息傳到咸陽，秦王政大怒，親自趕到頻陽，向王翦道歉說：「寡人不聽將軍之計，果然兵敗。現在楚軍日益西進，將軍雖然有病，能忍心丟下寡人不管嗎？」王翦說：「臣年老糊塗，大王還是另擇良將吧！」秦王政說：「算了，將軍不必再說。」王翦說：「大王一定要用臣，非要六十萬兵不可。」秦王政應允。

二十三年（前二二四），王翦率六十萬大軍出咸陽，秦王政親自到灞橋餞行。酒酣之際，王翦請求朝廷賜給他很多良田美宅園池，秦王政不解地問：「將軍出征，還擔心貧窮幹什麼？」王翦說：「在大王手下為將，有多大戰功也不予封侯，所以，在大王正信用臣時，請賜這些作為兒孫的產業。」秦王政大笑。王翦出關之前還五次派使者向秦王要求賜給良田。手下的將領們都困惑不解，王翦這才吐露心跡，說：「大王驕矜而不相信人，如今將全國的甲兵都交給我指揮，我如果不多多地要求田宅讓他認為我胸無大志，豈不是讓他懷疑我嗎？」王翦領兵至大梁以後，轉而南下，拔楚舊都陳，西越潁水，進抵平輿。楚人出動全部軍隊由項燕率領前來迎戰。王翦命令部隊構築堅固的壘壁防守，不與楚軍交戰。楚軍多次挑戰無效，只得向東撤退。王翦立即以壯士為先鋒，出動追擊，大破楚師於蘄（今安徽宿縣東南）南。項燕立昌文君為楚王，反秦於淮南。王翦、蒙武率兵繼續攻楚，於二十四年（前二二三）破楚軍，攻入壽春，擄楚王負芻，昌文君死，項燕自殺，楚亡。秦在楚地設楚、九江、長沙三郡。王翦軍乘勝南征百越之君，平定江南，設會稽郡。二十五年（前二二二），王賁率大軍攻取遼東，擄燕王喜，燕亡。王賁回軍攻代，擄代王嘉，趙亡。二十六年（前二二一）王賁、蒙恬率兵自燕南攻齊，突襲臨淄，齊人不敢反抗，齊王建降，齊國亡。至此，秦兼併天下。

秦王朝建立不久，王翦與李信先後逝世，蒙恬任治理京師咸陽地區的內史。這時，北方的匈奴騎兵經常入境掠奪，嚴重地影響邊境地區人民的生產和生活。秦始皇於統一的次年，就親自到接近匈奴的隴西（今甘肅臨洮）、北地（今甘肅慶陽西南）二郡巡視。三十二年（前二一五），蒙恬率三十萬大軍北伐，一舉奪回河南地（今寧夏靈武至內蒙古杭錦後旗以南地區），又繼續驅逐匈奴，收復黃河以北到陰山的大片疆土，新設三十四縣，置九原郡。為了防禦匈奴騎兵的內犯，蒙恬主持了修築長城的國防工程。在蒙恬的規劃和指揮下，從各地徵發來的五十多萬民工，一路依據地形，佔據險要，塹山填谷，逶迤而東，把原來秦、燕、趙北邊的長城都利用起來，修成了西自臨洮（今甘肅岷縣），東至遼東（今遼寧遼陽北），蜿蜒萬餘里的長城。從三十五年至三十七年（前二一二—前二一〇），蒙恬又負責由關中而北而西，修築了兩條連接京畿地區和邊防線的專用道路——直道。一條由雲陽（今陝西淳化西北）北達九原郡，全長一千四百餘里。另一條由雲陽向西北，沿子午嶺，經今甘肅華池，向西，入今寧夏境，直抵北地郡北。這一路開山填溝，挖石築路，工程十分艱難。直道的修成，加強了中央和邊防的聯繫，促進了邊地的開發，維護了統一。其間，蒙恬還負責將數萬內地居民遷移至九原、北河、榆中等地。蒙恬將兵在上郡駐紮十餘年，威振匈奴，匈奴單于頭曼因畏懼而率眾北徙。秦始皇對蒙恬兄弟十分信任。

秦始皇三十七年（前二一〇）死，胡亥、趙高發動政變，偽造秦始皇遺書，賜令擔任監軍的公子扶蘇和蒙恬自殺。使者將詔書送到上郡，扶蘇哭着進內舍要自殺，蒙恬對詔書產生懷疑，勸扶蘇向咸陽問訊後再作決定。扶蘇仁弱，說：「父賜子死，還問訊什麼？」自殺而亡。蒙恬拒絕自殺，被關押於陽周獄中。胡亥見扶蘇已死，想釋放蒙恬，被趙高所阻。胡亥等人殺死蒙毅，派使者至陽周獄中，蒙恬上書道：「蒙氏三世建功於秦，從無二心。臣將兵三十萬在外，要反抗是很容易的。臣之所以以死守義，是不敢玷辱先人的教誨。」使者逼其自盡，蒙恬長歎道：「我有什麼對不起天的，這樣無罪而死？」終於吞藥自殺。

【傳記　第五十一】

李斯

李斯（？—前二〇八），楚上蔡（今河南上蔡）人，秦著名謀臣、丞相，佐助秦始皇統一六國，建立大一統專制王朝。秦始皇死後，他又助胡亥為虐，最後被夷三族。

李斯年輕時曾在郡裏擔任管文書的小吏，後來向荀卿學帝王之術。經過長期的鑽研，他對荀卿的仁義之說產生了懷疑，說：「秦國四代以來不斷取得勝利，兵強海內，威行諸侯，並不是靠行仁義，而是根據形勢採取的策略。」荀卿說他這是「不求之於本，而索之於末」。儘管先生批評，李斯還是嚮往秦國，認為只有在那裏才能建功立業。他向先生告辭道：「如今秦王欲吞併天下，稱帝而治，正是布衣大肆游說的最好時機。人最可悲的是身處卑下之位而不設法改變。我要西去游說秦王。」

秦莊襄王三年（前二四七），李斯來到秦國，正逢莊襄王死，十三歲的秦王政繼位，國家大權操在相國呂不韋手裏。李斯投靠呂不韋，逐漸取得信任，為其舍人，又被送至秦王政處為親信侍從的郎官。李斯勸秦王政在這諸侯力弱、秦國強盛之時，迅速滅諸侯，成帝業，為天下一統。秦王政因此拜李斯為長吏，又升為客卿。按照他的計謀，派遣謀士帶了許多金玉到東方六國游說，或以金錢賄賂其服秦，或以武力殺其將相，或以讒言離間其君臣，然後以將軍領兵攻城略地，吞滅各國。九年（前二三八）平嫪毒之亂，秦王政親政。十年（前二三七），發現韓國水工鄭國為間諜事，在宗室大臣的鼓噪下，秦王下令驅逐一切客籍官員。李斯上《諫逐客書》，指出秦的富強多是任用外來士人的結果，不問是非曲直，一律逐客，是幫助敵國、損民益仇、虛內樹怨的不當舉動，這樣，秦怎麼能跨海內、制諸侯呢？李斯的上書打動了秦王政，逐客令撤銷，秦重新任用客籍官員。李斯恢復官職，建議秦王先奪取韓國，以恐嚇其他諸侯國。秦國隨之一再派兵攻韓，終於在十七年（前二三〇）滅韓。李斯主持國政。

秦王政二十六年（前二二一）滅六國，對建立什麼樣的政治制度，朝廷大臣發生爭論。丞相王綰要求分封諸子，大臣們多表示贊同。廷尉李斯上書反對道：「當年周天子分封的子弟同姓很多，後來諸侯互相攻伐，周天子無法禁止。如今天下統一，應該實行郡縣制，給子弟功臣以豐厚的賞賜和供給，不僅容易控制，也不會出現異心，是安定國家的好方法。設諸侯是不恰當的。」秦始皇支持李斯，終於廢除了分封制，在全國推行郡縣制。秦始皇巡視天下，都由李斯陪同，一路刻石立碑，由李斯撰文讚頌秦始皇統一之功和實行的新政策。

三十四年（前二一三），秦始皇在咸陽宮設酒宴大會羣臣，博士淳于越又提出，應該實行分封制，讓子弟功臣分鎮各地，否則發生突然事變，將無人相救。已經擔任丞相的李斯駁斥道：「五帝的政策不相重複，三代的措施不相因襲，一切都要隨着形勢的變化而變化。現在天下已定，法令一統，這些書生不師今卻學古，用其來批評當朝政治，擾亂民心。臣建議，將《秦記》以外的諸侯史書都焚毀，凡不是博士官收藏的《詩》、《書》、百家語，全部交給地方官銷毀。敢私下談論《詩》、《書》的處以棄市之刑，以古非今的族滅，官吏知情不報的與之同罪。令下三十天仍不燒書的，處以黥刑，罰為城旦。只有醫藥、卜筮、種樹的書不燒。有人想讀書，就以吏為師。」秦始皇下焚書令，沒收天下《詩》、《書》、百家語，全部焚毀，使天下人無法以古非今。

這時的李斯權傾內外，尊寵已極。他的長子李由擔任三川郡守，幾個兒子都尚公主，女兒都嫁給帝室公子。有一次李由回咸陽省親，京師百官之長都來祝賀，門庭的車騎竟達千數。李斯深知物極必反之理，長歎道：「啊呀！吾聽老師荀卿說過，『事物最忌太盛』。我本是上蔡的一個布衣，如今貴為丞相，富貴已到極頂了。物極則衰，以後還不知道怎麼收場哩！」

三十七年（前二一〇）十月，李斯、中車府令趙高和公子胡亥陪同秦始皇出巡。先到了會稽，然後北行，七月到達沙丘（今河北平鄉東北），秦始皇病重而死，遺詔公子扶蘇到咸陽會葬。由於事前沒有立太子，李斯怕皇帝的死訊引起大亂，於是秘不發喪，繼續北巡。趙高陰謀立公子胡亥為帝，軟硬兼施，迫李斯就範。然後三人合謀，篡改秦始皇的遺詔，迫令扶蘇自殺，關押蒙恬。

回到咸陽以後，胡亥繼位為秦二世皇帝，趙高任郎中令，經常侍候在秦二世身邊，處理國家大事。繼而更改法律，實行嚴酷政策，將大臣、公子、公主任意處死，大興工程，加重賦斂和徭役，使人人自危，萬民欲反。終於陳勝振臂一呼，天下響應。李斯多次想勸諫二世，都被回絕。二世反而責備李斯作為丞相，為何不能讓皇帝放肆地享樂，反而使「盜賊」如此猖獗。陳勝起事軍途經三川，李由未能禁止，朝廷派人查處。李斯膽戰心驚，想起了年輕時的一件事：在當郡小吏時，他看到吏舍廁所中的老鼠，吃的是髒東西，見了人和犬就嚇得亂跑。又在郡倉中見到老鼠，吃的是糧食，住的是大房子，見了人和犬毫無畏懼。當時，他就感歎：「人的命運好壞，也和老鼠一樣，全在於所處的地位啊！」為了取得高貴的地位，他用盡心計，奮鬥多年，現在又到了關鍵時刻。為了保住爵祿，他決定改弦更張，阿附二世，上書建議二世嚴厲地督責大臣，以嚴刑處罰百姓，使他們不敢有其他想法。二世於是實行更加恐怖的政策，以致路上刑徒相伴，每天處死的人成堆。

隨着時間的推移，趙高的野心更大，他一邊切斷二世與大臣的聯繫，一邊設計除掉李斯。趙高問李斯：「現在天下大亂，皇帝還整天享樂，君為何不勸諫？」李斯說：「我早就想勸諫。只是皇上深居後宮，我無法見面。」趙高說：「君真想進諫，我看皇上有空閒就告訴你。」趙高等二世與妃嬪玩得正高興時，就叫李斯到宮門求諫。如此再三，二世憤怒地說：「我閒的時候，丞相不來；一玩得高興，他就來了。丞相是不是因為我年輕看不起我？」趙高乘機說：「沙丘之謀，丞相是參與者，如今陛下當了皇帝，他並沒有加貴，所以想裂地為王。另外，反叛的陳勝是丞相鄰縣的人，所以陳勝的兵過三川時，李由不肯進擊。而丞相和兒子一直文書往來，也不知道想幹什麼。」二世聽此，就派人查處李由通「盜」的情況。李斯得知趙高進讒言的事，上書二世，說：「趙高有劫君篡位的野心，陛下不可不加以防備。」二世不相信趙高有篡權之心，就將李斯上書的內容告訴趙高，趙高說：「丞相最怕的就是我趙高，他想將我害死，好學田常篡權。」二世於是下詔，將李斯交郎中令趙高審治。

李斯身陷囹圄，仰天長歎道：「太可悲了，無道的君主，怎能為他出謀劃策。如今天下有一半人反叛，皇帝還不知改悔，反而以趙高為輔佐。我看盜賊一定會打到咸陽，宮室成為丘墟。」趙高嚴刑拷打李斯，逼他承認謀反。李斯想自己有功於秦，又能言善辯，以後可以上書自辯，就服罪了。隨後他從獄中上書二世，自陳無罪。趙高說：「囚犯怎能上書？」將李斯上書丟棄不奏。趙高怕李斯翻供，派門客冒充御史、謁者、侍中，反覆審訊李斯。李斯一說自己絕無反心，就遭到嚴刑拷打。後來，秦二世派人審驗李斯之罪，李斯以為還是那些冒充者，不敢翻供。看了奏書，秦二世高興地說：「如果不是趙君，我差一點兒被丞相賣掉。」這時，李由已被項羽所殺。二世二年（前二〇八）七月，李斯被押赴刑場，臨死前，他看着被縛在一起的二兒子，說：「我再也不能和你一起牽了黃狗到上蔡東門外追兔子了。」父子倆抱頭痛哭，李斯被腰斬，三族都被夷滅。

【傳記　第五十二】

秦始皇

秦始皇（前二五九－前二一〇），嬴姓，幼年以趙為氏，名政，秦朝皇帝，他最終完成了統一六國的大業，建立了統一的多民族的專制主義中央集權政權，是中國歷史上影響最大的人物之一。

趙政是其父莊襄王在趙國為質子時，於秦昭王四十八年（前二五九）正月出生。古代「正」與「政」通，所以名為政。十三歲（前二四七）時，父親去世，他繼位為秦王，國事由相國呂不韋主持。呂不韋前後為相國十三年，為秦統一進行了政治的、輿論的、外交的和軍事的準備。但與此同時，假閹人嫪毒也憑藉其與趙太后的特殊關係，被封為長信侯，並掌握了相當的權力。本來，男子二十歲行冠禮，結髮加冠佩劍，表示其已經成人，但秦王政二十歲時，呂不韋和嫪毒都無意讓權，因而也不為他舉行冠禮。秦王政九年（前二三八），二十二歲的秦王政政治上已經成熟，還團結了一批忠實的謀臣、將領，於是他來到先公舊都雍（今陝西鳳翔）蘄年宮，於四月己酉自己行冠禮、佩劍，表示要親自執政了。嫪毒見自己末日來臨，盜用秦王和太后的玉璽，調發各縣卒、衞卒、官騎、戎狄君公、舍人，向蘄年宮發動進攻，想殺死秦王政，以他與趙太后生的兒子繼承王位。秦王政下令相國、昌平君、昌文君調動軍隊鎮壓。雙方的軍隊大戰於咸陽，反叛被平定，嫪毒和參與反叛的衞尉竭、內史肆、佐弋竭、中大夫令齊等人都被梟首滅宗。牽連而被奪爵、遷蜀的數千家。接着，他又以與嫪毒案的牽連，將相國呂不韋免官。這時，發現韓國水工鄭國來秦修渠，原來是在進行間諜活動，在宗室貴族的要求下，秦王政下令搜捕驅逐所有客卿官員。李斯上《諫逐客書》，秦王政這才停止逐客。從此，秦王政大權獨攬，重用李斯、尉繚、王翦、桓齮等文臣武將，集中全力進行統一戰爭。

這時的秦國，南邊兼併了巴、蜀、漢中，越過宛、郢，設置了南郡，北邊佔有了上郡往東，設有河東、太原、上黨諸郡，東邊到長平、山陽、雍丘一線，設有三川郡和東郡。三分天下有其二，東方六國與秦比起來，不過猶如其郡縣一般，已經不再有多大的反抗能力。根據李斯和尉繚的建議，秦統一戰爭採取了軍事、外交雙管齊下的策略。軍事上由近及遠，各個擊破。外交上用重金賄賂，以離間六國君臣，破壞各諸侯國之間的關係，使其合縱不成，內部紛擾。秦的矛頭首先集中於近鄰的三晉，於十六年（前二三〇）滅韓，俘韓王安，設潁川郡。接着，乘趙國災荒，派王翦、羌瘣、楊端和分路率兵攻趙，於十九年（前二二八）俘趙王遷，滅趙，設邯鄲郡。趙公子嘉逃至代，自立為代王。二十一年（前二二六），因太子丹派荊軻行刺，派王翦等將領攻取薊城，燕王喜逃至遼東。二十二年（前二二五），秦將王賁滅魏，然後向南邊的楚和北邊的燕殺去。二十四年（前二二三），老將王翦率兵滅楚，在其地設楚、九江、長沙三郡。二十五年（前二二二），王賁率兵俘獲燕王喜，滅燕。還攻代，虜代王嘉，滅趙之殘餘勢力。王翦克江南地，設會稽郡。齊相后勝被秦收賣，一直不加防範，秦軍於二十六年（前二二一）從北部向齊發動進攻，俘齊王建，滅齊。這樣，秦軍只用了十年時間，就勢如破竹地消滅了東方六國。後來，秦軍又北驅匈奴，設九原郡，南伐百越，設桂林、南海、象三郡。至此。秦的版圖，東至大海和朝鮮，西到臨洮和九原，南至北向戶，北迄遼東，成為中國歷史上第一個統一的幅員遼闊的大帝國。

秦王政統一六國，躊躇滿志，自以為德兼三皇，功過五帝，定統一政權最高首腦的名號為皇帝。他稱始皇帝，後代按世系計算，稱二世、三世，直至萬世皇帝。規定國家的一切大事都由皇帝裁決，皇帝關於制度的命令稱為制，一般的命令稱為詔，自稱為朕。在皇帝之下，設三公九卿的中央官制。三公指丞相、御史大夫、太尉，九卿指奉常、郎中令、衞尉、太僕、廷尉、典客、宗正、治粟內史、少府。此外，設博士備顧問，設前後左右將軍掌征伐。

按照鄒衍的五德終始說，秦始皇認為秦是水德，規定以十月為歲首，崇尚黑色，改稱民為黔首，各種成數都以六為約數，符節、法冠都是六寸，車寬六尺，六尺為一步，車駕六馬，更改河水的名稱為德水。他主持制定了一系列法律條文，如《田律》、《廄苑律》、《倉律》、《金布律》、《關市律》、《工律》、《徭律》、《軍爵律》、《置吏律》等，一切都以貫徹法令為要務，而不講仁恩和義。還推廣商鞅制定的重農抑商政策，崇尚農業，壓制商賈，於三十一年（前二一六）令黔首自實田，就是申報土地數字，確認土地私有，便於國家徵稅。於三十三年（前二一四）徵發曾經逃亡過的人、贅婿和商賈去攻略和戍守五嶺以南。

吸取春秋戰國諸侯紛爭天下分裂的教訓，秦始皇肯定李斯的意見，堅決廢除分封制，在全國推行郡縣制度，將天下分為三十六郡（最後增至四十一郡），每個郡設守、尉、監。郡下設縣，大縣設令，小縣設長。郡縣官吏由皇帝直接任免，不得世襲。同時，在咸陽至各郡之間修築統一標準的馳道，以加強中央對地方的控制。沒收銷毀民間的所有兵器，鑄成由十二枚銅人為柱的巨型帝王編鐘樂器——宮懸，以示天下一統，不再用兵。下令拆毀各諸侯國修建的關塞、城郭、川防。還在全國推行統一的度量衡標準，統一的文字、統一的圓形方孔錢，促進了各地區的經濟文化交流。

為了加強思想控制，根據李斯的建議，秦始皇於三十四年（前二一三）下詔，將《秦記》以外的諸侯史書，不是博士官收藏的《詩》、《書》、百家語，全部銷毀。禁止私下談論《詩》、《書》，以古非今。只有醫藥、卜筮、種樹的書不燒。有人想讀書就以吏為師。次年，由於對方士的欺騙不滿，下令對諸生進行審處，將誹謗皇帝的和以妖言惑亂黔首的四百六十人全部坑殺。他的長子扶蘇恐怕此舉將引起天下不安，加以勸諫，秦始皇將其派到上郡，去當蒙恬的監軍。

還在統一戰爭期間，秦始皇就仿照六國宮室的圖樣，在渭水北岸，從咸陽到雍之間，修築了大片宮殿，以容納從各諸侯國搜羅來的美人、鐘鼓。統一的次年，更大規模地進行營建，在渭水南岸，修建信宮和甘泉前殿。三十五年（前二一二），在渭水南上林苑修建了規模宏大的阿房宮。到後來，秦始皇的離宮別館多達七百餘處，其中僅咸陽周圍二百里內就有二百七十多處。與此同時，他還下令以一百多萬人築長城、修馳道、建驪山陵。他將天下豪富十二萬戶遷到咸陽，既充實都城，又便於控制。

為了顯揚威德、統一政教習俗，秦始皇在統一後的十一年中曾五次巡幸各地。第一次在二十七年（前二二〇），他向西巡幸，出雞頭山（今大隴山），到隴西、北地二郡，由回中（今陝西隴縣）返回。這顯然與匈奴在西部的活動有關。第二次在二十八年（前二一九），他到泰山和梁父山舉行封禪儀式，並在泰山刻石紀念。然後沿渤海向東，登上成山角和之罘。再到琅邪（今山東膠南南），住了三個月，造琅邪臺，又立石刻頌秦功德，以表明其心情的得意。繼而向南行，過彭城（今江蘇徐州），渡淮水，到衡山（今湖北黃岡），巡視南郡。由於湘江風大波湧，幾乎失事，他下令將湘山（今湖南岳陽境）上的樹木全部砍光。最後由武關返回。第三次在二十九年（前二一八），他東行到陽武（今河南原陽）

博浪沙，張良派力士持鐵椎伏擊，誤中副車，秦始皇令天下大索十日。登上之罘山，刻石紀念，經琅邪，取道上黨返回。第四次在三十二年（前二一五），北至碣石（今河北昌黎海中），進而巡視北部邊境地區，從上郡返回。

隨着權勢的發展，秦始皇越來越迷信方士，幻想求得不死之藥。還在第二次巡幸到琅邪時，齊地的方士徐市上書說，海中有蓬萊、方丈、瀛洲三座神山，住着仙人。秦始皇就派遣徐市率童男女數千人到海中去尋找仙人。第四次巡幸到碣石時，派燕人盧生尋找羡門、高誓兩位仙人，又派韓終、侯生、石生去尋找仙人不死之藥。盧生等求仙藥不得，對秦始皇說：「臣等求三神山之奇藥和神仙，卻總遇不到，好像有什麼惡鬼作怪。」因而勸秦始皇要微行，以避惡鬼。住的宮室不能讓羣臣知道，然後才能得到仙人神藥。從此，秦始皇自稱真人，並下令用複道、甬道將咸陽附近二百里內的宮觀連接起來，每個宮觀內都備有全套的帷帳、鐘鼓、美人。誰若透露秦始皇的行蹤和意圖，就是死罪。只在咸陽宮與大臣們議事。還讓博士制《仙真人詩》，每到一處，都讓樂人彈奏歌唱。秦始皇花費了萬萬錢財，既沒有見到仙人，也沒有得到不死之藥。盧生、侯生等人最後以秦始皇剛戾自用、貪於權勢、專任獄吏為名，聲言不可為其求仙藥，而一起逃走。

三十六年（前二一一），在東郡的一塊隕石上，有人刻了「始皇帝死而地分」七字，御史調查，毫無結果，秦始皇下令將隕石附近的居民全部處死。秋天，有使者夜過華陰時，有人持璧對使者說：「明年祖龍死。」祖龍就是第一個皇帝，暗指秦始皇。秦始皇聽到此話，自我安慰說：「山鬼只知道一年的事。」讓卜官占卜，卦得遊徙吉。於是秦始皇在三十七年（前二一〇）十月，開始了他第五次，也是最後一次巡遊。這次巡遊由左丞相李斯、宦官趙高和秦始皇的小兒子胡亥陪同。先向南，到雲夢，登九疑山（今湖南藍山境）。再折向北，沿大江東下，過丹陽（今安徽當塗東），經錢唐（今浙江杭州），渡過浙江，登會稽山，祭大禹，立石頌德。轉向北，過吳中（今江蘇蘇州），渡江後，沿東海向北，到琅邪、榮成、之罘，沿海邊向西，至平原津（今山東德州南）生病。於七月丙寅日在沙丘（今河北平鄉東北）平臺死去。由於事前沒有立太子，李斯怕皇帝的死訊引起大亂，於是秘不發喪，將秦始皇的屍體置於轀涼車中，繼續北巡，經井陘，到九原。時值盛夏，屍體腐爛發臭，就裝了一車鮑魚，以遮掩屍臭。再從直道回到咸陽，這才發喪，以胡亥繼位為秦二世皇帝。

秦始皇的陵墓在驪山腳下，稱驪山陵。還在秦始皇繼位初，就開始修治該陵。統一以後，更經常役使七十萬刑徒從事這項工程。墓室深達地下水層，煉了銅水澆灌，然後才下椁於內。墓中建造了宮室，塑造了百官殉葬俑，裝滿了各種珍奇寶貴的陪葬品。墓室內，頂上用明珠裝飾成天穹中的日月星辰，底下佈置成全國的地形圖案，用水銀做成的江河海洋，在機械的轉動下流動不息。用鯢魚油做成的燭，將墓室照耀得通明，還希望永遠不要熄滅。為了防盜，在墓道中安裝了弓弩，有人走近就自動發射。九月，秦始皇下葬後，二世皇帝下令，將沒有孩子的秦始皇宮妃全部殉葬。又怕洩露墓中的機關，將工匠全都封閉於墓中。顯赫一時的秦始皇就這樣走完了他的人生旅程。

評：在中國歷史上，很少有可以與秦始皇的影響相提並論的人物，他功大過亦大。是他領導的戰爭，結束了春秋戰國五百餘年諸侯割據混戰的局面，在中國歷史上第一次實現了真正的疆域遼闊的統一，加強了各地區政治、經濟、文化聯繫，為中國長期的統一奠定了基礎。是他建立的封建專制國家制度和採取的一系列措施，奠定了以後歷代王朝統治的基本模式，對中華民族風俗的統一和共同心理的形成，產生了深遠的影響。但是他又實行愚民政策，殘酷統治和橫徵暴斂，使人民喪失了起碼的生存條件，不得不起而造反。

【傳記 第五十三】

秦二世 趙高

秦二世（前二二九—前二〇七）胡亥，是秦始皇的小兒子，秦朝皇帝。

趙高（？—前二〇七），秦朝宦官，秦始皇死後，他主謀以胡亥篡位，擅權亂政，為丞相，後又逼死秦二世，被秦王子嬰殺死。

趙高本是趙王室的疏族，其父犯法被處以宮刑，母親被罰沒為官奴婢，趙高兄弟皆為官奴婢所生，自幼閹割，為宦者。趙高身材高大強健，很有力氣，精通法律和書法，長期在秦宮中任宦官，後被秦始皇拔為管理皇帝車輛的中車府令，並負責教皇子胡亥書法和獄律法令，很受秦始皇和胡亥寵信。趙高曾犯大罪，秦始皇讓蒙毅以法審處，蒙毅判其死刑，除宦籍。秦始皇卻因其能幹，赦免，復其官爵。從此，趙高在宮中地位更加穩固。

三十七年（前二一〇）十月，秦始皇出巡，左丞相李斯、趙高和胡亥隨行。這時，趙高任中車府令兼行符璽令事。皇帝的符璽本由符璽郎掌管，詔書要加蓋璽印才能發出，趙高大概是在出巡中臨時代理此職。秦始皇在平原津患病，由於他一向忌諱說死，所以隨行大臣都不敢提死後的皇位繼承問題。七月丙寅，秦始皇在沙丘臨死前，給公子扶蘇一封璽書，寫道：「參與我的喪事，到咸陽會齊後再安葬。」璽書已經封好，留在趙高行符璽所，沒有交使者發出。秦始皇死後，由於事前未立太子，李斯怕引起大亂，秘不發喪，繼續北巡。趙高陰謀立公子胡亥為帝，對胡亥說：「皇上逝世，不下詔分封諸子，只給長子扶蘇璽書。扶蘇到咸陽，就會立為皇帝，而您卻無尺寸之地，怎麼辦？」胡亥無言以對。趙高又說：「如今天下大權在您、我和丞相手裏，先下手為強，後下手遭殃，希望您認真考慮。」胡亥說：「廢兄立弟，是大不義之事。」趙高說：「商湯、周武殺其主，不為不忠；衞君殺其父，不為不孝。顧小而忘大，後必有害；猶豫不決，後必有悔。決斷而敢行，鬼神避之，必能成功。」胡亥問：「丞相那裏怎麼辦？」趙高說：「由我去辦。」趙高軟硬兼施，威逼利誘，迫李斯贊同。然後三人合謀，篡改秦始皇給扶蘇的遺詔為：「你扶蘇與將軍蒙恬將兵數十萬，十多年了，竟無尺寸之功，反而多次上書直言誹謗我，由於不能當太子而心懷怨恨。扶蘇不孝，賜劍自裁。蒙恬不忠，賜死，把軍隊交給裨將王離。」派遣胡亥的門客攜假璽書到上郡，迫令扶蘇自殺，蒙恬對璽書產生懷疑，拒絕自殺，被囚於陽周獄中。

回到咸陽以後，胡亥為太子，欲誅蒙恬、蒙毅弟兄。子嬰勸太子不要謀殺忠臣而立不義之人，太子不聽，蒙毅被殺，蒙恬被迫吞藥而死。九月，秦始皇安葬，胡亥繼位為秦二世皇帝，趙高任郎中令，經常侍奉在二世身邊，處理國家大事。二世元年（前二〇九）春，為了威服海內，在趙高的勸說下，二世由李斯隨行出巡，先到碣石，又南下會稽。四月回到咸陽。二世深感人生如白駒過隙，要窮耳目所好、心志所樂。趙高提醒道：「沙丘的謀劃，諸公子和大臣們都有懷疑。這些人心裏不服，總想變亂，陛下能安心享樂嗎？」二世問：「那怎麼辦？」趙高說：「嚴刑峻法，讓有罪的人互相連坐，將諸公子和先帝大臣全部除去，換成陛下的親信，除去了禍害，陛下就可以高枕無憂、盡情享樂了。」

於是更改法律，實行嚴酷政策，大臣諸公子動輒得罪，由趙高進行審治，將十二名公子在咸陽處死，十位公主在杜縣處死，財產沒收，株連而死的大小官員不計其數，大臣人人自危，黔首個個驚恐。

二世下令重新開工進行阿房宮、馳道和直道的修建。又徵調五萬材士（步兵）屯衞咸陽，教練射箭。二世還從各地搜羅來許多狗、馬、禽獸，供他玩樂。京師的用度不足，下令從各郡縣調運來大量豆粟芻藁，運輸者必須自帶口糧，在咸陽三百里之內不許就地買糧吃。賦斂加重，徭役繁興，實行法律更加嚴厲苛刻，萬民欲反。七月，戍卒陳勝在大澤鄉發動反秦起事，各地羣起響應。謁者從東方回京師，帶來黔首造反的消息，二世將其交司法官處置。不久，使者從東方回來，二世詢問情況，使者吸取謁者的教訓，回答道：「出來了些盜賊，郡守、郡尉已經將他們全部追逐捕獲，不值得擔憂。」二世很高興。陳勝派將軍周文率兵西進，一直打到戲（今陝西臨潼東），有兵數十萬。二世這才大驚失色，根據少府章邯的建議，赦免驪山刑徒，給以兵器，由章邯率領，鎮壓農民起事軍。

二世二年（前二〇八），各地義軍洶湧發展，二世多次斥責李斯：「你居於丞相之位，為何令羣盜如此？」李斯為了保住爵祿，遂建議二世實行更加嚴酷的刑法，行督責之術以獨斷於上，輕罪重罰，以使人們不敢反抗。於是，凡殺人多的就是忠臣，刻民深的就是明吏，以致刑者相伴於道，而死人日日成積於市，更多的人加入到反秦的行列。趙高大肆殺戮宗室和功臣，害怕有人上朝奏事彈劾他，就設法隔斷二世與大臣的聯繫，對二世說：「天子之所以尊貴，在於人們只聞其聲而不見其面。陛下還很年輕，在朝廷上處理政事，萬一有所不當，就會讓大臣發現短處。不如陛下深居宮中，由臣和侍中等幾個熟悉法令的人處理大臣們的奏章，天下人都會稱天子聖明的。」自此以後，二世不再上朝，政務都由趙高處理。李斯見關東的起事日益發展，而二世卻沉醉於聲色狗馬之中，不問朝政，多次想進諫，卻沒有機會。趙高為了除去李斯，進一步專權，故意在二世玩得高興時，讓李斯去勸諫，使二世十分不滿。趙高乘機進讒言，將李斯處死，夷三族。右丞相馮去疾、將軍馮劫上書，請求二世減輕賦役，停止修建阿房宮。二世反而責備他們身為朝廷重臣，為何不能禁止盜賊，還想廢棄先帝開始修建的宮殿，將他倆及屬吏囚禁。馮去疾和馮劫不願受侮辱，一起自殺。除去這幾位朝中重臣以後，趙高以宦官任丞相，稱中丞相，大小政事都由其一人處理。

二世三年（前二〇七）八月，趙高野心更大，陰謀篡權，又怕羣臣反對，就設法掃除障礙。他將一頭鹿獻給二世，說是一匹好馬。二世笑道：「這不是鹿嗎，怎麼說是馬呢？」就問左右的人，有的人沉默，有的人說是馬，有的人說是鹿。事後，趙高將所有說是馬的人全都送法官懲治，從此，大臣們都害怕趙高，不敢再說真話。這時，反秦起事取得決定性勝利，鉅鹿之戰，項羽消滅了秦軍的主力，劉邦率大軍已攻破武關。趙高恐怕被誅，就與其女婿咸陽令閻樂、弟弟郎中令趙成商量除去二世，以公子嬰為帝。趙高先讓二世避鬼神降禍，出居望夷宮。過了三天，就聲稱有盜賊至望夷宮，派閻樂帶吏卒千餘人到望夷宮門，將衞令僕射綁起來，責問他：「賊入此，為何不阻止？」衞令僕射說：「防衞這麼嚴密，哪裏有賊入宮！」閻樂將衞令僕射殺死，衝進宮，一路見人就殺。郎中令趙成與閻樂一起來到寢殿，對二世說：「足下驕橫放肆，隨意殺人，天下都反叛了，你自己看怎麼辦吧！」二世想見丞相，不准；想當一個郡王，也不准；想做個萬戶侯，還不准；想與妻子一起當個黔首，仍然不准。閻樂厲聲喝道：「臣受命於丞相，為天下誅足下！」揮兵進逼，二世只得自殺。

趙高取來皇帝玉璽自己佩上，百官無人跟從；三次要走上殿去，殿都好像要坍塌一樣。趙高見自己終究不能當皇帝，就派人將公子嬰找來，要立他為秦王，讓他齋戒五天，然後在祖廟接受玉璽。子嬰在齋戒期間與兩個兒子商量說：「丞相趙高假稱立我，其實是要趁廟見時殺我。我不如裝病不去，在丞相來看我時，將他殺死。」到第六天，趙高幾次派人來請子嬰，子嬰都裝病不去。趙高只得親自來齋宮見子嬰，問道：「國家大事，王為何不行？」子嬰抽出劍來，將趙高刺死，誅滅趙高三族。

子嬰於九月立為秦王。四十六天以後，劉邦率兵進至霸上（今陝西西安東），子嬰和妻子、孩子的脖子上都套了繩子，帶了白馬喪車，到軹道旁，向劉邦投降。秦朝至此滅亡。十二月，項羽入關中，將子嬰及秦諸公子宗族全部殺死。

評：子嬰的身份如何，司馬遷的說法並不一致。在《秦始皇本紀》中說是二世兄子，在《李斯列傳》中說是始皇弟，在《六國年表》中說是二世兄。以年齒考之，子嬰與二子謀刺趙高，則其子應在二十歲上下，子嬰應在四十歲左右。秦始皇如果不死，至此為五十三歲，不可能有四十歲的兒子。因此，子嬰當為始皇之弟，其他說法都是錯的。

【傳記　第五十四】

陳勝　吳廣

陳勝（？—前二〇八），字涉，陽城（今河南登封東南）人；吳廣（？—前二〇八），字叔，陽夏（今河南太康）人。他倆發動並領導了中國歷史上第一次農民起事，是反抗暴政的英雄。

陳勝自幼家境貧窮，破甕作窗，草繩繫門。他受僱為人耕種，在田埂休息時，憤恨世道不平，壯志難酬，對同伴說：「如果有一天富貴了，希望大家彼此不要忘記！」同伴們笑道：「你不過是被人僱來種田的，富貴從何而來？」陳勝歎息道：「燕雀怎能知道鴻鵠的志向？」

秦二世元年（前二〇九）七月，徵發關東居住於閭門之左的窮人九百名去戍守漁陽（今北京密雲），陳勝、吳廣也在其中，且任屯長。戍卒們在兩名軍尉的監押下，長途跋涉，走到蘄縣大澤鄉（今安徽宿縣劉村集），遇到連綿大雨，道路不通，只得暫時駐紮下來。計算行期，他們無論怎麼走，也不能按時到達漁陽了。秦法規定，誤期者全部斬首。陳勝、吳廣商量道：「現在的情況是，大家逃跑，被抓住要處死；舉義旗幹大事，也是死罪。同樣是死，不如幹大事為國家而死！」陳勝說：「天下人被秦朝的嚴刑峻法所苦已經很長時間了。我聽說，二世是小兒子，不該當皇帝，應當立的是公子扶蘇。扶蘇由於多次向始皇帝進諫，被派到外地將兵。現在又有人說，他已經被二世殺死了。百姓都聽說他很賢明，卻不知道他已經死了。項燕任楚將，屢建軍功，又愛護士卒，楚人都很愛戴他，有人以為他還活着。我們如果藉他們的名義首倡反秦，一定會得到天下人的響應。」吳廣覺得此言有理。他倆就找卜者占卜，占卜的人看出他倆的心思，說：「你們的事能夠成功，但是你們向鬼神問這件事了嗎？」兩人反覆念叨卜者說的要問鬼神，終於明白，這是教他倆利用鬼神在眾人中樹立威望。於是他們在一塊絹帛上用紅丹寫了「陳勝王」三字，放到別人捕到的一條魚的肚子裏。戍卒買魚回來吃，從魚腹中發現丹書，都感到很神奇。陳勝又乘人們不注意時，讓吳廣夜裏到駐地附近的破祠廟中，點起篝火，學狐狸叫道：「大楚興，陳勝王！」戍卒們整夜惶恐不安，第二天早晨，紛紛議論此事，有的人還暗地對陳勝指指點點。

吳廣一向愛護別人，戍卒們都願意聽他使喚。這一天，帶隊的軍尉喝醉了酒，吳廣故意幾次在其面前說要逃跑，想惹惱軍尉侮辱自己，激怒大家。一名軍尉果然鞭笞吳廣，吳廣奪過軍尉的劍就將其砍死。陳勝幫助吳廣將另一軍尉殺死。陳勝召集眾人，說道：「諸位遇到大雨，已經誤期。誤期就要殺頭，即使不被殺，戍守而死的也有十分之六七。況且大丈夫不死則已，要死就要留個大名聲。王侯將相難道是天生的嗎？」大家齊聲贊同道：「我們都願意聽你的命令。」他們決定冒充公子扶蘇和楚將項燕起事，起事者都露出右臂，作為標誌，築起高臺，用軍尉的頭顱祭祀，進行盟誓，號稱大楚。陳勝自稱將軍，吳廣為都尉。起事就這樣開始了。

起事軍斬木為兵，揭竿為旗，很快就攻克大澤鄉和蘄縣城。然後由符離人葛嬰率兵向東進軍，陸續攻克銍（今安徽宿縣南）、酇（今河南永城西南）、苦（今河南鹿邑東）、柘（今河南柘城北）、譙（今安徽亳縣）等縣，一路擴大隊伍，當到達陳縣（今河南淮陽）時，已經有六七百輛戰車，一千多騎兵，數萬步卒。起事軍攻入陳縣，召請當地的三老和豪傑會聚議事，大家一致擁戴陳勝為王。正逃亡在陳的魏國名士張耳、陳餘，建議陳勝不要稱王，而是派兵向西攻秦，同時派人立六國諸侯的後代，樹立黨羽，使秦人敵人更多。陳勝不聽，自立為王，建國號張楚，並以吳廣為假王，蔡賜為軍事主官上柱國，孔鮒為博士，參議政事。葛嬰軍至東城，立襄彊為楚王，後得知陳勝稱王，殺襄彊還報，陳勝將葛嬰誅殺。

各郡縣民眾聽到陳勝起事的消息，紛紛殺了地方官，起事響應，形成了許多支數千人的隊伍。陳勝以吳廣監督起事諸將進攻滎陽（今河南滎陽東北），派武臣、張耳、陳餘率軍進擊趙地，派鄧宗進擊九江郡（今安徽壽春），派周文率軍向西進擊關中，派宋留率軍迂迴南陽進攻武關。

各路大軍進展迅速。周文曾在項燕和春申君手下任職，陳勝授以將軍之印，令其直搗咸陽。他一路擴充隊伍，至函谷關時已有兵車千乘，士卒數十萬。周文一直進軍至距咸陽不遠的戲（今陝西臨潼東）駐紮。武臣自白馬津渡河，一路擴充軍隊，得數萬人，稱武信君。到邯鄲以後，自立為趙王，然後遣韓廣率軍向燕地發展。韓廣到燕，自立為燕王。吳廣軍一路獲勝，至三川要地滎陽，郡守李由率兵頑強抵抗，義軍久攻不下。宋留軍攻佔南陽。周市率兵向北，進至狄（今山東高苑西北）。狄人田儋起兵殺狄令，自立為齊王，反攻周市。周市率軍退至魏地，經陳勝同意立魏王之後魏咎為魏王，周市為魏相。

陳勝為王以後，許多故人都來投奔。其中有他妻子的父親，陳勝將他與一般賓客一樣對待，見面時作一個很深的揖卻不拜。妻父生氣地說：「你僭稱王號，倨傲長者，一定不能長久！」說完不辭而別。有個當年陳勝傭耕的同伴，聽到陳勝為王的消息，趕到陳縣，敲王宮門喊道：「吾欲見涉。」宮門令將他綁起來，他反覆申辯，才被放。這人等陳勝出宮時，攔住車駕，大喊：「陳涉！」陳勝聽到呼喊，帶他回宮。在宮中，這人見殿屋壯麗，陳設豪華，歎道：「好闊氣呀！你陳涉為王有這麼大的宮殿呀！」後來這人越來越隨便，竟向人們講起陳勝當傭工時的事。手下人對陳王說：「客人太不懂事，到處亂講，損害大王的威望。」陳勝於是將這個傭工同伴殺死。這件事，使不少故人心寒，紛紛悄然隱去。陳勝對文臣武將不信任，派朱防為中正，胡武為司過，專門監察羣臣。將領攻城略地後來陳稟報，朱防、胡武對不聽從其命令的，就捕送監獄治罪，有的甚至由他們親自處罰。陳王很信任這兩人，所以，諸將都不親附陳王。

九月，沛人劉邦、下相人項梁起兵響應。秦將章邯把驪山刑徒武裝起來，進攻周文軍。周文兵敗退出關中，章邯緊追不捨。二世二年（前二〇八）十一月，周文在澠池兵敗自殺。吳廣部將田臧等人聽到此消息，估計章邯軍將向他們殺來，決定留部分兵力繼續圍攻滎陽，以主力迎擊秦軍。又考慮到吳廣不懂軍事，卻很驕橫，無法與他商量，就假稱陳王的命令，將吳廣殺死，獻其首級給陳勝。陳勝派使者賜給田臧楚令尹之印，任其為上將軍。田臧留下部將李歸圍滎陽城，自己率領精兵西進，與秦軍戰於敖倉（今河南鄭州西北），兵敗而死，章邯乘勝攻殺李歸。章邯別將進擊郯（今河南郯縣），敗義軍鄧說部。鄧說兵敗至陳，陳勝誅之。章邯率兵攻許（今河南許昌東南），義軍將領伍徐兵敗。秦二世增派長史司馬欣、董翳率兵助章邯鎮壓起事軍。章邯兵臨陳，上柱國蔡賜率義軍迎戰，被殺。義軍將領張賀出戰，又敗死。十二月，陳勝退至汝陰，又還至下城父（今安徽蒙城西北），車夫莊賈殺害陳勝，向章邯投降。起事軍首領呂臣率蒼頭軍收復陳，將叛徒莊賈殺死，為陳王報仇，將陳勝安葬於碭（今安徽碭山），謚號隱王。陳勝死後，起事軍繼續進行反秦鬥爭，且力量不斷擴大，最後消滅秦王朝，劉邦建立漢朝。

評：陳勝出身傭農，才能平平，起事僅僅六個月就被殺害，但他在歷史上卻寫下了重重的一筆，因為他是第一位敢於拿起武器反抗專制統治並自立為王的農民，還因為他振臂一呼，天下羣起響應，終於推翻了殘暴的秦王朝。當然，陳勝起事中也暴露出農民自私、狹隘、散漫的致命弱點。而這，正是歷史上農民起事最終都要失敗的基本原因。

【傳記　第五十五】

項羽

項羽（前二三二—前二〇二），名籍，字羽，下相（今江蘇宿遷西南）人，秦末農民戰爭著名領袖。

項羽出生於貴族世家，祖父項燕是楚國著名將領，楚王負芻三年（前二二五）曾率兵大敗秦將李信部，又於次年立昌文君為楚王，反秦於淮南，最後被秦將王翦擊敗自殺。項羽早年喪父，被叔叔項梁帶到吳縣（今江蘇蘇州）撫養成人。叔叔要他學習認字寫字，他坐不住；教他學習擊劍，他淺嘗輒止。項梁看着虎背熊腰的姪子，埋怨他不爭氣。項羽解釋道：「學字能寫名字即可，學劍術只是為了與一人鬥，我要學與千萬人作戰的本領。」項梁很讚賞他的豪情壯志，就悉心教他兵法。項羽才氣過人，用了不長的時間，就對佈陣領兵的知識有了大略的了解，覺得打仗也不過如此，就又不肯深入學習下去。不過因為他力能扛鼎，又聰明豪爽，當地青年都畏敬他。秦始皇三十七年（前二一〇）初，秦始皇南巡會稽山，返經吳縣，吳中百姓都擠在沿路觀看。項羽看見秦始皇威嚴華貴的儀容，情不自禁地說：「總有一天我要取代他！」項梁急忙捂住他的嘴，呵斥道：「別胡說，要滅族的！」不過，從此對姪兒更加看重。

秦二世元年（前二〇九）七月，陳勝、吳廣起兵大澤鄉，天下豪傑紛紛響應。會稽郡守殷通一向看重項梁，召請他商議道：「江西各地皆已反叛，這大概是老天滅亡秦朝的時候了。我聽說先動手的制人，後動手的受人制。我想動手，請公和桓楚為將軍。」當時桓楚正逃亡在大澤之中，項梁說：「桓楚躲藏的地方，只有項籍知道。」於是召項羽進屋，在殷通交代項羽去尋找桓楚時，項梁使眼色，說：「可以了！」項羽拔出劍，就砍下了郡守的頭顱。郡府中的屬官、差役和衞兵亂作一團，項羽揮劍格鬥，一下子就砍殺了好幾十人，其他人嚇得都乖乖地趴下了。項梁召集賓客子弟和過去聯絡的豪傑，正式起事，自稱會稽郡守、將軍，以項羽為裨將，下設校尉、候、司馬等軍職，很快就將江東各縣收撫。

二世二年（前二〇八）初，廣陵（今江蘇揚州）人召平受陳勝派遣進攻廣陵，卻一直攻不下來。聽到陳王從陳敗逃、秦軍即將南下的消息，召平渡江至吳，以陳王的名義拜項梁為楚王上柱國，說：「江東已定，請將軍立即帶兵向西去進擊秦軍。」項梁率八千將士渡江，東陽（今安徽天長西北）起事首領陳嬰以二萬蒼頭軍歸屬。渡過淮河，黥布、蒲將軍帶兵歸屬。項梁的軍隊擴充至六七萬人，駐下邳（今江蘇邳縣西南）。這時，在彭城東駐有一支由陳人秦嘉率領的反秦武裝，以景駒為楚王。項梁認為在陳王兵敗不知去向時，另立楚王是大逆不道之事，遂以兵進擊該軍，殺秦嘉。項梁隨即領兵向西，轉戰胡陵（今山東魚臺南）、薛（今山東滕縣東南），項羽攻克襄城（今河南襄城），屠城。此時，劉邦也在沛縣起事，前來相投。項梁增益他卒五千人、五大夫將十人，沛公以此兵攻豐邑，拔之。六月，項梁證實陳勝死亡的消息，召集諸將前來議事。居鄛（今安徽居巢東南）縣七十歲的老人范增對項梁說道：「秦滅六國，楚最無罪。陳勝不立楚王之後卻自立，固當敗。楚南公說過，『楚雖三戶，亡秦必楚』。君家世代為楚將，宜立楚王之後。」項梁於是從民間找到正在為人牧羊的楚懷王的孫子心，立為楚懷王，以盱臺（今江蘇盱眙東北）為都城，陳嬰為上柱國，項梁自號武信君。七月，項羽與劉邦屢屢受命出戰，進攻城陽（今山東鄄城南），屠城，西破秦軍於濮陽東，再攻定陶（今山東定陶西北），未下，轉而西進。八月，在雍丘（今河南杞縣）大敗秦軍，斬三川守李由。連連獲勝使項梁驕傲輕敵，這時得到增援的秦將章邯，領兵偷襲攻進定陶的項梁，項梁猝不及防，兵敗身死。正在圍攻陳留（今河南陳留）的劉邦、項羽、呂臣退兵，保護楚懷王遷都彭城。

章邯滅項梁後移師河北擊趙，將趙王歇包圍於鉅鹿（今河北平鄉西南）城中，趙王歇多次向楚求援。楚懷王在彭城召集軍事會議，決定兵分兩路。一路北上鉅鹿，救援趙王歇，與秦軍主力決戰。另一路西進入關，直搗秦都咸陽。楚懷王與諸將約定，誰先打入並平定關中，封為關中王。當時，秦的兵力仍很強大，諸路將領都不敢領受西路進軍的任務。只有項羽為了替項梁報仇，要求擔此重任。楚懷王跟前的老將們覺得關中百姓受秦朝殘暴之苦最深，派往關中的將領只能是忠厚長者，而不能是驃悍殘暴的項羽。於是，正式任命宋義為上將軍，項羽為次將，范增為末將，率軍北上，而派劉邦西進。

二世三年（前二〇七）十月，北上大軍行至安陽（今山東曹縣東南），宋義畏懼章邯，滯留四十六日不進。項羽憤而擊殺宋義，自稱假上將軍，率大軍趕往鉅鹿前線，於十二月到達漳河南岸。當時，包圍鉅鹿的是秦將王離率領的二十萬軍隊，章邯另率二十餘萬軍隊保護糧道，聲援王離。陳餘、魏豹、韓廣、張敖等反秦武裝震懾於秦軍的威勢，築壘於鉅鹿之北，不敢交鋒。項羽首先派遣黥布、蒲將軍率二萬士卒渡過漳河，佔領河北岸陣地。然後指揮大軍全部渡河，沉沒渡船，砸碎釜甑，燒掉軍營，僅帶三天乾糧，表示了義無反顧的決心。十幾萬將士以雷霆萬鈞之勢，以一當十，與秦軍王離部決戰，九戰九捷，大獲全勝，殺其將蘇角，俘王離。章邯率部向南撤退，同時遣長史司馬欣回咸陽求援。戰鬥結束，項羽召見築壘於城北的諸侯將領，諸將無不膝行而入，不敢仰視。項羽會合各支武裝，成為諸侯上將軍，率四十萬大軍，追擊章邯部。兩軍在殷墟一帶相持七個月。司馬欣從咸陽回來，沒有得到一兵一卒的援助，反而告訴章邯，趙高可能很快要發動政變，並要殺章邯以推卸戰敗的責任。章邯見大勢已去，在司馬欣的勸說下，派人向項羽約降。七月，項羽敗秦軍於汙水之上（今河北臨漳西），章邯率軍投降。項羽立章邯為雍王，司馬欣為上將軍，向西進軍。由於諸侯吏卒多趁機凌辱降卒，降卒頗有怨言。項羽怕其反叛，將二十萬降卒全部坑殺於新安（今河南新安）城南。

劉邦於二世三年八月攻入武關，在藍田（今陝西藍田西）大敗秦軍，於漢王元年（前二〇六）十月進軍霸上，秦王子嬰投降。為了稱王關中，劉邦遣將守函谷關。項羽率四十萬大軍西進，於十二月破關而入，進駐新豐鴻門（今陝西臨潼），厲兵秣馬，饗宴士卒，準備一舉殲滅劉邦及其十萬軍隊。劉邦用張良之計，親自到鴻門大營，卑躬屈膝，花言巧語，哄騙項羽，終於虎口脫險。鴻門宴後，項羽進兵咸陽，屠城，殺秦王子嬰，焚燒秦宮室，火三月不滅。韓生建議項羽都關中為霸，項羽回答道：「富貴不歸故鄉，猶如穿繡花衣夜行，有誰知道！」搶了秦宮的珍寶、婦女，準備向東撤退。

項羽認為天下已定，於正月尊楚懷王為義帝，分封各路起事軍首領、豪傑和秦降將為十八諸侯，自稱西楚霸王。為了防備劉邦與自己爭奪天下，項羽將劉邦封為漢王，給以漢中和巴蜀地區，都南鄭（今陝西漢中）。再將關中一分為三：以章邯為雍王，有咸陽以西；司馬欣為塞王，有咸陽以東；董翳為翟王，在今陝北。用這三位秦降將來阻塞漢王的出路。劉邦聽從蕭何之計，前往南鄭，並燒毀沿途的棧道，給項羽造成其無意東向的假象。四月，項羽和諸侯離關中各歸封國。由於分封未能妥善處理好各支反秦武裝集團的關係，齊地的割據勢力田榮和未被分封的陳餘、彭越於六月起兵反叛。項羽不得不帶兵前往討伐。八月，劉邦還定三秦。項羽分封諸侯前，曾派人到彭城詢問將關中封給誰。懷王的回答是「如約」，就是要將關中封給劉邦。項羽當然不能答應，並由此對懷王產生不滿，將其遷至郴縣。漢王二年（前二〇五）十月，又派人將義帝殺死。十二月，項羽在城陽擊敗田榮，田榮走至平原，被當地人殺死。劉邦聽到義帝被害的消息，率師出關，為義帝服喪，號召諸侯同心戮力討伐項羽，為義帝報仇，從此拉開了楚漢戰爭的序幕。

四月，劉邦會合諸侯五十六萬大軍，向東挺進，到外黃（今河南蘭考東）時，彭越以三萬眾歸附。大軍隨即攻克彭城。劉邦以為佔領項羽王都則大功告成，搜羅了項王宮中的美人、珍寶，整天擺宴喝酒。正在齊地苦戰的項羽得訊，帶領三萬精兵揮師南下，在一個清晨，從西邊向彭城漢軍的側翼發動進攻，漢軍死傷十萬餘人，向南逃跑。項羽在後緊追，節節敗退的漢軍受擠壓，掉進靈壁（今安徽濉溪西）東邊睢水的，又有十餘萬人。劉邦在幾十名騎兵的護衞下逃了出來。從沛縣家中出來想與劉邦會合的其父劉太公、妻呂雉被楚軍俘獲，成為項羽手中的人質。五月，劉邦退守滎陽（今河南滎陽），楚漢雙方開始了曠日持久的爭奪戰。漢軍修築了從滎陽至北邊糧倉敖倉的甬道，以保證糧食供給。漢王三年（前二〇四）十二月，項羽的軍隊攻佔漢軍甬道，劉邦為了贏得喘息之機，派人與項羽談判，要求將滎陽以西劃給漢王。項羽準備同意，范增告誡道：「滅亡漢王並不困難。但現在不去打，將來後悔就晚了。」劉邦拿出四百金讓陳平施反間計，使項羽對范增產生了疑心。范增失望地回家，途中疽病發作而死。五月，楚軍加緊圍攻，滎陽危在旦夕。漢軍乘黑夜打開東城門，兩千餘名穿着盔甲的婦女湧出。楚軍以為漢軍突圍，都趕來追殺這些婦女。隨之，城門中推出了黃綢蓋的漢王車輦，面貌酷似劉邦的紀信端坐其間，隨從侍衞高叫：「城裏斷糧，漢王出來投降！」楚軍高興地擁來觀看。這時，西門打開，劉邦在幾十名騎兵護衞下逃了出去。紀信被項羽燒死。

劉邦逃回關中，補充兵員，出武關，進軍宛（今河南南陽）、葉（今河南葉縣）之間，與黥布一路擴大隊伍。項羽得到情報，馬上帶兵向南追去，劉邦堅守壁壘，不與交戰。六月，項羽北上伐彭越，收復梁地。劉邦乘機帶兵北上，漢王四年（前二〇三）十月攻入成皋。項羽返軍來救，兩軍隔一深澗，分駐於廣武（今河南滎陽東北）東、西城。數月後，項羽急於結束戰鬥，擺出一副肉案子，將劉太公綁在上邊，威脅劉邦道：「你若不馬上投降，我就將劉太公殺了煮肉汁！」劉邦回話說：「當初在楚懷王手下，我倆曾結拜為兄弟，我的父親就是你的父親。如果將老太公煮了，別忘記給我分一杯肉汁。」項羽又約劉邦出來決鬥，以定勝負。劉邦答道：「我寧可與你鬥智，不與你鬥力。」項羽親自到陣前挑戰，劉邦站在城頭，歷數項羽十大罪狀。項羽大怒，命令埋伏的弩機發射，一箭射中劉邦的胸部。劉邦怕影響軍心，馬上彎下身子用手摸腳，大叫：「狗賊射傷了我的腳趾！」劉邦率軍退入成皋，忍着劇痛，巡視軍營，鼓舞士氣。這時，韓信已將楚將龍且軍殲滅於濰水，俘齊王廣，平定齊地。而彭越又起兵擾亂楚後方，奪梁地，斷絕了楚軍的糧道。項羽不得不再一次帶兵前往平梁。漢軍趁項羽離開，大破楚軍於汜水。項羽聞訊還軍，漢軍退守。這時，項羽軍兵疲糧絕，孤立無援，而劉邦也為太公和妻子的安全擔心。九月，項羽派人將劉太公和呂雉送還漢軍，楚漢議和，約定平分天下，以滎陽北邊的古運河鴻溝為界，西屬於漢，東歸於楚。

鴻溝分界之後，項羽率兵東撤。根據張良、陳平的建議，為不養虎貽患，漢兵追擊楚軍，以乘機消滅項羽。漢王五年（前二〇二）十月，劉邦追至陽夏，派人通知韓信和彭越前來會戰。到了約定時間，劉邦趕到固陵（今河南睢陽北），迫近楚軍，韓、彭二將軍卻沒有到來。項羽率軍反擊，漢軍大敗，劉邦令部下築壁挖溝堅守。同時，聽從張良的意見，派使者告知韓、彭二將道：「二位與我合力滅楚以後，從陳以東封予齊王韓信，睢陽以北到穀城封予彭相國。」二人接信，馬上爽快地帶兵前來會戰。十一月，楚大司馬馬殷降漢，隨漢將劉賈趕來會戰。十二月，項羽退至垓下（今安徽靈璧東南），雙方擺開陣勢，準備決戰。這時楚軍僅餘十萬人，且糧草已盡。韓信率三十萬大軍發動進攻，項羽還擊。韓信佯裝不勝，退卻，項羽揮師追擊。漢孔將軍、費將軍從兩翼夾擊楚軍，韓信回身殺來，楚軍在三面夾攻下敗退，築壘固守。漢軍將楚軍包圍，夜裏漢軍唱起了楚地的民歌。又凍又餓的楚軍聽到親切的鄉音，思家心切，不願再戰。項羽聽到歌聲，大驚道：「漢軍難道已全部佔領楚國了嗎？為什麼漢軍裏有那麼多楚人！」項羽無法再睡，起身與美人虞姬在帳中飲酒澆愁。看見帳外拴着的名叫騅的乘騎，他慷慨悲歌道：

力拔山兮氣蓋世，（我力能拔山呵，豪情獨步當世。）
時不利兮騅不逝。（時運不濟呵，連烏騅馬也不奔馳。）
騅不逝兮可奈何，（烏騅不奔馳呵，又有什麼辦法！）
虞兮虞兮奈若何！（虞姬呵，虞姬，我們怎麼辦？）

項羽反覆吟誦，虞姬泣聲唱和數闋後自殺而死。

項羽帶領八百精騎，在夜幕掩護下衝出重圍，向南逃去。凌晨，漢軍才發覺項羽逃逸，騎將灌嬰奉命率五千騎追蹤而去。項羽一路策馬飛奔，逃到東城（今安徽定遠東南）的一座小山上，只剩下二十八名騎士隨從。而追上來的漢軍騎兵卻有好幾千人。項羽眼看難以脫身，對部下說：「我起兵至今已經八年，身經七十餘戰，攻必克，戰必勝，從來沒有吃過敗仗，由此才得稱霸天下。可現在卻被圍困於此，這是老天亡我。我要最後痛痛快快地打一仗，讓你們看看我不是不會打仗！」項羽大吼一聲馳下山坡，對面的漢軍嚇得抱頭鼠竄，項羽手起刀落，一員漢將的首級飛下馬來。漢郎中騎將楊喜策馬來追，項羽怒目圓瞪，厲聲呵斥，楊喜和他的坐騎嚇得連連倒退。項羽和他的騎士衝出重圍，在山的東邊分三處集結。漢軍不知道哪一處有項羽，將三處都予包圍。項羽又一次衝出重圍，斬了一名漢軍校尉和近百名士卒。項羽手下只損失了兩名騎士。項羽和二十六名騎士退到烏江亭（今安徽和縣東烏江鎮），準備過江東去，回吳縣重振旗鼓。烏江亭長將船靠岸，對項羽說：「江東雖小，也有方圓千里之地和數十萬人口，足夠為王了。請大王趕快上船過江。這沿江僅有此船，漢軍追上來也過不了江。」項羽猛地改變主意，說：「當初我帶了江東八千子弟渡江西進，如今無一人生還，我有什麼臉面見江東父老！」說着將烏騅馬送給亭長，帶領騎士們徒步用短兵器向包抄過來的漢軍騎兵殺去，項羽殺死幾百漢騎後，身受十餘處傷。猛一回頭，見漢軍騎司馬呂馬童是老熟人，便泰然說：「聽說漢王以千金和萬戶邑的賞格，要我的腦袋。我就給你做個好事吧！」說完自刎而死。一個多月以後，劉邦在洛陽正式稱帝，建立漢朝。

評：項羽英勇無畏，能征善戰，不愧是一位叱咤風雲的英雄。他的失敗，最根本的原因在於他逆歷史潮流而動，要恢復分封制。至於他殘暴焚掠，打仗缺乏戰略考慮，不能任賢用將，又有婦人之仁，幾次讓劉邦死裏逃生，則是他最後失敗的個人因素。他的英雄氣概和悲劇結局，引起無數文人的詠歎。但是，作為最後一個貴族的代表，他的滅亡是必然的。

【傳記 第五十六】

張耳 陳餘

張耳（？－前二〇二），陳餘（？－前二〇四），皆為大梁（今河南開封）人，秦末農民戰爭中的兩位著名首領。

張耳曾經為魏公子無忌門客。後來，因事逃到外黃（今河南民權），被當地一富人招為女婿。從此定居下來，召致賓客，名聲大振，官至外黃縣令。陳餘，少好儒術，遊歷至外黃後，與張耳成為莫逆之交，因他年輕，故對待張耳像對待父親一樣。劉邦年輕時也曾為張耳之客數月。秦朝滅魏以後，以重金購求張耳、陳餘。二人只得隱名埋姓，逃到陳縣，當了里監門，靠看守里門來維持生計。

秦二世元年（前二〇九）七月，陳勝、吳廣起事，不久攻佔陳縣，張耳、陳餘當即投奔。里中父老豪傑勸陳勝稱王，張耳、陳餘建議陳勝不要稱王，而是派兵西進攻秦，同時派人立六國諸侯的後代，樹立黨羽，增加秦的敵人。陳勝不聽，自立為王，建國號張楚。隨後就派陳人武臣為將軍，張耳、陳餘為左右校尉，率軍三千進擊趙地。武臣一行自白馬津（今河南滑縣）渡河，一路擴充軍隊，得數萬人，佔十餘縣，稱武信君。但其餘諸城皆堅守不下。范陽（今河北定興南）人蒯通說服范陽令投降，又建議武臣賜范陽令侯印。范陽令帶了侯印，到各縣現身說法，很快趙地三十餘城皆降。八月，武臣軍進駐邯鄲，張耳、陳餘聽到周文軍在戲被秦將章邯擊退，又聽說攻城略地的將領回陳時往往因讒言而得罪被誅殺，於是勸武臣自立為趙王。武臣以陳餘為大將軍，張耳、召騷為左右丞相，並遣使至陳稟報。陳勝極為惱怒，想盡族武臣諸家，並出兵討伐。上柱國蔡賜勸諫說：「秦國還沒有滅掉，就誅武臣家，就是新增加一個敵國。不如就着祝賀他，讓他帶兵去攻打秦國。」陳勝聽從了蔡賜的建議，將武臣等人的家屬羈於宮中為質，封張耳之子張敖為成都君，遣使者督促武臣軍儘快入關。張耳、陳餘知道陳勝並無誠意，勸武臣不聽其號令，而是派軍隊向周圍擴大地盤。於是派遣韓廣攻燕地，李良攻常山（今河北正定南），張黶攻上黨。

韓廣到燕後，自立為燕王。李良攻下常山以後，又被派進攻太原。二世二年（前二〇八）初，李良兵至石邑（今石家莊南），秦將以秦二世名義招降李良。李良率兵返襲邯鄲，殺武臣、召騷。張耳、陳餘逃出，一路收兵，得數萬人，打敗李良，李良逃歸章邯。正月，張耳、陳餘在信都（今河北衡水東）立趙歇為趙王。後九月，章邯滅項梁後，帶兵北擊趙，大敗趙軍，將邯鄲夷為平地。張耳與趙王歇逃入鉅鹿城，被秦將王離包圍。陳餘帶數萬軍隊駐於鉅鹿城北，而章邯率軍駐鉅鹿城南的棘原，負責保證王離軍的糧食供給。王離軍一再發動進攻，鉅鹿城內兵少糧缺，張耳多次派使者要求陳餘進兵解救。陳餘知道自己絕非秦軍對手，不敢出戰。燕、齊二王派兵來救，都懾於秦軍威勢，築壘於陳餘軍壘之旁，不敢與秦軍交戰。二世三年（前二〇七）十二月，鉅鹿城中糧食已盡，王離加緊進攻，張耳忍無可忍，派張黶、陳澤責備陳餘道：「當初我倆是刎頸之交，現在我和趙王眼看就要城破人亡，你擁兵數萬，竟然不肯援救，算什麼生死之交！你若帶兵去進擊秦軍，說不定還有一線獲勝的可能。」陳餘道：「我若以兵攻擊秦軍，就好像以肉投虎一般，沒有任何益處。」張黶、陳澤說：「現在情況緊急，已經顧不了那麼多了。」陳餘於是撥出五千士卒，由張黶、陳澤率領出擊秦軍，全軍覆沒，二將身亡。不久，項羽率軍來到，首戰告捷，陳餘及諸侯軍隊才敢出動配合楚軍作戰，俘王離，敗秦軍，解鉅鹿之圍。

趙王歇和張耳從鉅鹿城中出來，感謝諸侯相救之恩，同時責備陳餘未曾救之。張耳問：「張黶、陳澤二人何在？」陳餘道：「二人已與秦軍戰死。」張耳不信，認為是被陳餘殺害。陳餘怒不可遏地說：「想不到你竟如此責備我！你以為我是捨不得這兵權嗎？」於是解開將軍印綬就推給張耳，張耳驚愕之餘，未敢接印。陳餘起身上廁所，一位門客對張耳說：「古語說『天與不取，反受其咎』。主君就收下他的印綬吧！」張耳佩上印綬，收了兵權。從此，這兩個多年的朋友產生了隔閡。項羽追擊章邯，陳餘隨之，並致書章邯，促其投降。項羽進兵關中，張耳帶兵同往，陳餘留守南皮。漢王元年（前二〇六）二月，項羽分封天下諸侯，將趙地分出，以張耳為常山王，治襄國（原名信都）。陳餘僅封以南皮之旁三縣，為侯，又將趙王歇遷為代王。

四月，張耳離關中，至國為王。陳餘憤怒地說：「張耳和我功勞相當，如今他封王我為侯，項羽也太不公平了！」於是派遣夏說向田榮借兵，加上他原有的三縣兵，進襲襄國，張耳兵敗，聽甘公之說，投奔漢王劉邦，受到重視。陳餘收復趙地，迎回趙王歇。趙王歇立陳餘為代王，陳餘遣夏說以相國守代，自己留下輔佐趙王。

漢王二年（前二〇五），劉邦聯絡諸侯反楚，陳餘對使者說：「漢王殺了張耳，趙就從漢擊楚。」劉邦殺了一個長相與張耳相似的人，將頭顱送給陳餘，趙發兵隨漢擊楚。彭城兵敗，陳餘發覺張耳並沒有死，背漢回兵。年底，劉邦遣韓信與張耳出兵擊趙、代，於後九月破代兵，生擒夏說。漢王三年（前二〇四）十月，趙王歇得到韓、張即將來襲的消息，聚兵井陘口。廣武君李左車向陳餘建議，給他三萬士卒，從小道切斷漢軍糧道，而陳餘只要深溝高壘，堅守不出，必將取勝。陳餘答道：「如今韓信號稱擁兵數萬，其實只有數千。我避而不擊，會使諸侯笑我怯懦。」韓信、張耳知廣武君計不為陳餘所用，大喜，即領兵至距井陘口三十里處宿營。夜裏，派二千輕騎每人帶一赤旗，從小道到山上隱蔽，另派萬人前進至綿蔓水東岸，背水而陣。天明，韓信、張耳率軍大張旗鼓出戰，陳餘軍出壘迎擊，大戰良久。漢軍佯敗，退至水上軍陣，陳餘以全軍追擊。漢軍輕騎急馳入趙軍空壁，遍插赤旗。趙軍久戰不勝，欲退返壁，見壁中已盡為漢軍赤旗，大驚，紛紛逃散。漢軍趁勢夾擊，大敗趙軍，斬陳餘，俘趙王歇及李左車。根據韓信的建議，劉邦於四年（前二〇三）十一月立張耳為趙王，以張蒼為趙相。五年（前二〇二）九月，張耳死，謚景王，其子敖嗣立為王。

評：在秦末農民起事中，張耳、陳餘是最早立諸侯王的，這無疑對起事隊伍有分裂作用。至於張、陳二人由刎頸之交到相互攻殺，古人認為是勢利使然，應該說是切中要害的。

【傳記 第五十七】

魏豹 田橫

魏豹（？—前二〇四），原魏王室公子，參加秦末農民戰爭，立為魏王，最後被劉邦所滅。

魏豹之兄魏咎，在魏國時封為寧陵君。秦滅魏，遷為庶人。秦二世元年（前二〇九）七月，陳勝起事稱王，魏咎、魏豹前往參加。魏人周市奉陳勝之命，帶兵攻佔魏地，眾人都擁立其為魏王。周市堅決不肯，提出要立原魏王之後為王。經周市多次請求，陳勝於二世二年（前二〇八）十二月立魏咎為魏王，遣至國。秦將章邯滅陳以後，就移師魏地，圍魏咎於臨濟（今河南封丘東）。周市戰死，魏咎與章邯約降後，自殺。魏豹逃至楚，從楚懷王處要得數千士卒，進克魏地二十餘城，於九月立為魏王。隨後帶領精兵救趙，參與鉅鹿之戰，又跟從項羽入關。項羽分封天下諸侯，改封魏豹為西魏王，都平陽（今山西臨汾南），而將魏地併入楚。魏豹由此對項羽不滿。

漢王二年（前二〇五）三月，劉邦出關號召諸侯攻滅項羽，魏豹歸附，帶兵隨劉邦伐楚。彭城兵敗，魏豹隨劉邦退至滎陽，不滿劉邦傲慢無禮，以探視父親之病為藉口，脫身回國。善相者許負為魏豹宮妃薄姬相面，言其當生天子。魏豹聞此言，大喜，隨即封鎖黃河渡口，反叛漢王，與楚約和，想在楚漢相爭中，發展壯大自己，終成帝業。劉邦因忙於對付項羽，無法抽兵擊之，遂派酈食其前往勸說其歸漢，魏豹不從。八月，劉邦以韓信為左丞相，令其與張耳、曹參等率兵開闢河北戰場，首先伐魏。魏豹派重兵把守蒲坂（今山西永濟西），封鎖臨晉關（今陝西大荔東），不讓漢軍渡河。韓信將船隻陳列於臨晉關對岸，造成欲由此渡河的假象，而將重兵從上游的夏陽（今陝西韓城南）用木桶渡過黃河，進襲安邑（今山西夏縣）。魏豹急忙抽兵迎戰，在曲陽被韓信打敗，逃至武垣被俘虜。漢軍進至平陽，擄魏豹母親及妻子，平定魏地，設河東、太原、上黨郡。魏豹被送至成皋，劉邦為了爭取其他諸侯，極為大度地將魏豹釋放，命其協助周苛守衛滎陽。漢王三年（前二〇四）八月，楚軍加緊了對滎陽的進攻，周苛與樅公商議說：「魏豹是反國之主，不能與他一起守城。」將魏豹殺死。不久，項羽攻克滎陽，周苛、樅公被俘殺害。薄姬入漢王宮中織室為婢，後得劉邦所幸，生子劉恆，竟終於繼承帝位，為漢文帝。

田橫

田橫（？—前二〇二），狄（今山東高苑西北）人，戰國齊王室族人。秦末農民戰爭首領，繼其伯兄田儋、姪田市、兄田榮之後稱齊王，因不願事漢自刎而死。

秦二世元年（前二〇九），陳勝起事稱王，派周市攻佔魏地，即向狄邑進軍。狄縣令帶兵固守城池。田儋弟兄在當地一向稱為豪族，很得人心。這時，田儋捆綁住一個奴僕，帶了幾個青年，假稱要報官殺奴，來到縣庭謁見縣令，乘機將縣令殺死。隨即召集縣人，說道：「現在天下大亂，諸侯反秦自立。齊是古之大國，我田儋是齊王子孫，當然應該立為齊王。」田儋自立為齊王以後，將周市趕走，向東收復齊地。二世二年（前二〇八）六月，田儋率軍援魏，被秦將章邯殺死。齊人聽說田儋戰死，遂立故齊王建之弟田假為齊王，田角為相，田閒為將。田儋叔弟田榮收兵逃至東阿（今山東東阿南），被章邯追迫。項梁領兵來救，追章邯軍西去。田榮領兵回擊狄，田假逃至楚，田角、田閒逃至趙。田榮立田儋之子田市為齊王，自己任相國，田橫為將，重又安定齊地。項梁要求田榮派兵援助共戰章邯，田榮因楚收留田假而拒絕出兵。項梁戰死，項羽由此怨田榮，分封諸侯時，將齊地一分為三；田市為膠東王，治即墨（今山東平度東）；田都為齊王，治臨淄（今山東淄博東）；故齊王建之孫田安為濟北王，治博陽（今山東泰安南）。田榮拒奉項羽之命，勸田市不去就國，田市不聽，田榮將其追殺，又擊走田都，擊殺田安，盡併三齊之地，自立為齊王，並派兵助陳餘反楚。高帝二年（前二〇五）初，項羽帶兵伐齊，田榮兵敗，逃到平原（今山東平原南），被當地人殺死。項羽立田假為齊王，焚燒齊地城郭室屋，坑殺田榮降卒，擄其老弱、婦女，引起齊人的極大憤慨，紛紛聚集反抗。田橫收集殘兵敗卒，得數萬人，起兵城陽，立田榮子田廣為齊王。項羽率兵攻田橫，不勝。此時，劉邦率諸侯軍攻入彭城，項羽不得不留兵與田橫相拒，自己回師救彭城。田橫乘虛擊田假，田假逃往楚，被殺。田橫定三齊，為齊相國。

漢王三年（前二〇四）秋，劉邦遣韓信出擊齊地，田橫聞訊，派華無傷、田解率軍二十萬駐歷下（今山東濟南西），以禦漢軍。酈食其又自告奮勇至齊，向齊王分析天下大勢，勸其歸附漢王，言：「先降漢王，齊可得保存；否則，危亡立至。」田廣、田橫採納酈食其之言，擬派使者與漢講和，並放鬆歷下軍的戒備，與酈食其日夜縱酒為樂。韓信兵至平原，得知酈食其已說齊歸漢，欲止兵。辯士蒯徹以「將軍為將數歲，反不如豎儒三寸不爛之舌的功勞」相激，韓信遂渡河襲齊，破歷下軍，進兵臨淄。田廣、田橫大怒，認為酈食其是有意欺騙齊人，對酈說：「你如能勸止漢軍，我就放你一命；否則，我就殺了你！」酈食其回答道：「幹大事的人不拘泥於細節，有大德的人不推託禍害。我老漢絕不去為你游說！」田廣、田橫將酈食其烹死，逃出臨淄。田廣東走高密（今山東高密西），遣使向楚求救。田橫走博陽，守相田光走城陽，將軍田既走膠東。項羽遣大將龍且率二十萬大軍來救，於漢王四年（前二〇三）十一月，與漢軍相拒於濰水。韓信夜間令人以沙袋築堤阻水於上游，派軍隊佯攻楚軍，假裝敗退。當龍且率先頭部隊追擊至河西時，韓信令上游決開沙袋河堤，大水瀉下，將大部分楚軍阻於河東。然後，向龍且發動進攻，將其擊殺，河東楚軍潰散。韓信率軍追擊，在城陽俘齊王廣。漢將灌嬰追獲田光。田橫得知齊王廣死，即自立為齊王，發兵攻灌嬰軍，在嬴下（今山東萊蕪西北）兵敗，逃依彭越。齊地盡歸於漢，以韓信為齊假王。

漢王五年（前二〇二）十二月，項羽兵敗自刎。正月，劉邦用張良策，封彭越為梁王，都定陶。田橫懼誅，與其部屬五百餘人逃到東海邊的島上。二月，劉邦即皇帝位於汜水之陽，旋以洛陽為都城。劉邦以為：田橫弟兄歷稱齊王，在齊地很有威望。讓田橫流落於海島，將來會為亂齊地。於是派使者赦免田橫的罪過，召他來見。田橫對使者說：「臣烹死了陛下的使者酈食其，聽說其弟酈商是漢朝的一位賢將軍，臣恐懼而不敢奉詔。請允許臣作為平民，住在島上。」使者回朝稟報，劉邦專門給衞尉酈商下詔道：「齊王田橫就要來朝，誰要敢動他人馬和隨從的一根毫毛，滅族！」又派使者持節告訴田橫皇帝所下特詔，並宣佈：「田橫率眾來朝，大則封王，小則封侯。如果還不來，就要派大軍伐滅！」田橫帶了兩位賓客乘驛傳之車往洛陽。車到洛陽東三十里的屍鄉驛，田橫對使者說：「人臣見天子必須洗沐。」停了下來。使者離開時，田橫對賓客說：「當初我田橫與劉邦都南面稱王。現在，他成了天子，我成了罪人，要站在南面事奉他，這本來已是夠令人羞恥的了！何況，我烹了酈商的兄長卻要與他一起做漢帝的臣子，即使他畏懼天子的詔令不敢動手，我難道不問心有愧嗎？其實，皇上之所以召我，不過是要看看我的相貌罷了。這裏離洛陽不遠，斬了我的頭馳馬送去，容貌還不會改變。」說完持劍自殺。賓客遵命奉田橫的頭顱，隨使者馳奏漢皇帝。劉邦傷感地歎道：「唉，真有這樣的人啊！以平民起家，兄弟三人相繼稱王，難道不是很賢哲的嗎？」拜二位賓客為都尉，派了二千士卒，以王的禮節安葬了田橫。二位賓客在其墓冢旁挖了兩個坑，自刎隨葬。劉邦聽到消息，大驚，認為田橫的賓客都是賢者，聽說還有五百人在海島上，就派使者去召他們來。使者來到島上，這些人得知田橫自盡，全都自殺而死。

評：當初燕將樂毅攻進齊國時，要招請晝邑賢人王蠋受封，王蠋拒絕道：「忠臣不事二君，貞女不更二夫。」遂在樹上上吊自殺。田橫及其部下，與王蠋是一樣的觀點、一般的行為。他們「不事二君」的氣節，表現了對故國的忠貞不渝。

志

【志　第一】

政治制度

政治制度，指國家政權的組織及其有關制度，主要是職官、考選、兵制、刑法等的規定。

中國古代政權組織和職官制度萌芽於傳說的三皇五帝時。傳說，伏羲氏時官都以龍為名，稱青龍、赤龍、白龍、黑龍、黃龍。後來的神農氏以火名其官，黃帝以雲名其官。這些情況說明，一直到黃帝時，其政權組織都極為簡陋，實際上是部落頭領議事會。傳說，帝顓頊時，設置五行之官，以及負責祭天的南正之官和負責治民的北正之官，這才有了政權組織的雛形。帝堯時，傳說已有三公六卿百執事的中朝官制，分管各方諸侯的四嶽，以及州、師、都、邑、里、朋、鄰的各級地方組織劃分和州牧、侯伯的地方長官。帝舜時，有司空、司徒、士、共工、虞、秩宗、典樂、納言等中朝職官。顯然，堯、舜時職官體制的傳說，有許多後人附加的內容。但從另一角度說，堯、舜當為中國古代早期政權組織形成的關鍵時刻，已經有了相對成型的職官體制。

夏朝最高首腦稱為王或后，父子或兄弟世代相傳，是古人所謂的「家天下」的開始。從傳世文獻看，夏朝的政權機構相當龐大。在夏王之下有掌政事的三正，有為天子輔臣的疑、丞、輔、弼四鄰，有為國君親近左右官員的六事（即六史、六卿），有掌曆法的羲和（又稱太史），掌訴訟的大理，掌音樂的瞽，掌教育貴族子弟的官師、國老，掌出使的遒人，掌收取貢賦的嗇夫，掌山澤的虞人，掌畜牧的牧正，掌養「龍」的御龍，掌夏王膳食的庖正，掌夏王車輛的車正，守衛宮門的守門者，掌王室家族事務的臣。夏朝九州的劃分和甸、侯、綏、要、荒五服的存在，說明，夏朝對地方的管理是以各部族首領為諸侯，稱伯或牧。諸侯必須服從夏王的政令，對王朝承擔貢納、朝見、服役和隨從征伐的義務。諸侯之下，有大夫，即各個大家族的族長。所以，古人說，夏王有天下，諸侯有國，大夫有家。

商代的職官有在中朝任職的內服官和被封於王畿以外的外服官之別。內服官中又分外廷政務官和內廷事務官兩部分。最高政務官，是協助商王決策的相，又稱阿、保、尹。王朝高級官吏統稱卿士。三公，則是因人而設的一種尊貴的職稱，並不常設。另外有：掌占卜、祭祀、記載的史，掌占卜的卜，掌祈禱鬼神的祝，掌記載和保管典籍的作冊（又稱守藏史、內史），武官之長的師長，樂工之長的太師、少師。內廷事務官是專為王室服務的官員，主要是總管的宰和親信的臣。臣管理王室各項具體事務，有百工之長的司工，掌糧食收藏的嗇，掌畜牧的牧正，掌狩獵的獸正，掌酒的酒正，掌王車的車正，為商王御車的服（又稱僕、御），侍衛武官亞，衛士亞旅，掌教育貴族子弟的國老，掌外地籍田的畋老。外服官主要有方國首領的侯、伯，有為王朝服役的男，有守衛邊境的衛。

西周的官制，更為繁雜。周王左右的輔佐為太師、太傅、太保，合稱三公。三公之下有三事官（政務官、事務官和地方官）及四方（諸侯和方國、部族）和卿事寮。王朝官員為：總攬朝政的太宰、掌祭祠禮儀的太宗、掌曆法記事的太史、掌祈禱的太祝、掌神事的太士、掌占卜的太卜，合稱六卿，六卿的僚屬，總稱為卿事寮。王朝還有掌土地和農人的司徒、掌百工職事的司空、掌軍賦軍政的司馬、掌版籍爵祿的司士、掌刑罰的司寇，合稱五官。為王室服務的內廷事務官，有三公之佐的三少（少師、少傅、少保），有道、輔、弼、承四輔，有膳夫、綴衣、小臣、寺人、內豎、閽者、門尹、司宥、火師、水師、大酋、太僕、御、右、萃車、趣馬、師氏、虎賁、輿人、醫、藝人、隸人、太子宮尹等。在王畿外服的封國，稱為四方，包括侯、甸、男等諸侯。王朝有時派使臣到諸侯國任監國。諸侯在自己的封國內仿照王室設置百官有司，成為相對獨立的政權，主要有三事官，即司徒、司馬、司空，分掌政務、司法和民事。周的各級主要官吏，都是在宗法制度基礎上世襲，而且文武不分，平時治民，戰時就是各級將領。周朝的地方制度，有國、都、邑、野、鄙。周王和諸侯的都城為國，諸侯國中的大城為都，小城為邑，此外的地方稱為野或鄙。

春秋時期，諸侯國君稱公、稱侯，只有楚、吳、越稱王，國君之下設諸卿，二卿、三卿或六卿，其中主持政務的稱正卿或上卿，楚國稱令尹，亦稱相，秦又曾稱庶長、不更。卿出征時為三軍之將佐。卿之官職，有司徒、司馬、司空、司寇等，分掌民事、軍事、工事、法事。春秋初期，晉、楚等國開始在新兼併的地方設縣，或聚若干小邑為縣，或將私家之田分置縣。而在邊境地區則設郡。郡縣之間沒有隸屬關係，其長官由國君直接任命，只有少數作為采邑賞給貴族。

戰國時，各諸侯國陸續形成國君之下將相分職、文武分權的中央官僚體制。相，又稱相邦、宰相，是百官之長。將，又稱將軍，是武官之長。秦國於武王二年（前三〇九）開始設丞相一職，丞相中最尊貴者稱相邦，最高武職初為大良造，到秦昭王時才設將軍。楚國一直以令尹為最高官職，柱國或上柱國為地位稍次的最高武官。各國次一級的武官為尉，或稱國尉、都尉。國君的秘書稱御史，並有監察之任。郡縣的設置更為普遍，逐漸形成以郡統縣的格局。原來，官吏世襲，各有封地；戰國中期開始，國君對各級官吏改為給以一定糧食作為俸祿，或賞給黃金、錢幣。同時形成璽符制度，任免官吏以璽為憑，調動軍隊以兵符為據，從而將一切權力集中於國君之手。縣以下，有鄉、里、聚的組織。鄉有三老、廷掾，里有里正。聚是村落，其下有伍、什的編制，五家為一伍，有伍長；十家為一什，有什長。

秦統一六國，確定了一套完整的專制國家職官制度。定統一政權最高首腦的名號為皇帝，國家的一切大事都由皇帝裁決，皇帝關於制度的命令稱為制，一般的命令稱為詔，自稱為朕。在皇帝之下，設三公、九卿、列將軍、列卿的中央官制。三公指丞相、太尉、御史大夫。丞相為協助皇帝處理國家大政的最高政務官。太尉是最高軍事長官。御史大夫為副丞相、最高監察官。九卿，指掌宗廟禮儀的奉常、掌宮廷警衞的郎中令、掌皇宮保衞的衞尉、掌宮廷輿馬的太僕、掌司法的廷尉、掌民族事務與外交禮儀的典客、掌皇族的宗正、掌財政稅收的治粟內史、掌山海池澤之稅和官府手工業製造以供皇室消費的少府。列將軍，有前、後、左、右將軍，掌軍隊及少數民族。還有護軍都尉、城門校尉、中壘校尉、屯騎校尉、步兵校尉等分掌各項兵事。列卿分掌各行政機關和宮廷事務，有掌宮廷修建工程的將作少府，掌皇后及太子家事的詹事，掌治京師的內史，掌列侯的主爵中尉等。此外，設博士備顧問。地方官職有：郡設郡守，掌郡政；郡尉，掌軍事；郡丞，郡守之副；監御史，掌監察；邊郡無丞、尉，只設長史，掌軍事並郡佐。縣一級，萬戶以上設縣令，萬戶以下設縣長，掌治民；縣尉，主軍事捕盜賊；縣丞，署文書典知倉獄。縣以下，十里一亭，有亭長；十亭一鄉，有三老掌教化，有秩或嗇夫掌聽訟收賦稅，游徼掌巡禁賊盜。秦的官制，對以後兩千年的專制社會影響很大，各個專制王朝的統治機構，基本都是秦朝制度的演變和發展。

古代職官制度中，有爵位制度，即封賞以計秩次的名號。分封制相傳開始於夏，殷、周時普遍施行。從殷、周甲骨文看，只有侯、伯、男、田（甸）四種封號，而且四種之間並無嚴格的等級區別。而公和子都非爵位，公是諸侯的尊稱，子是不成君之稱。秦商鞅變法，廢除世卿世祿制度，設二十級爵，來賞給耕戰有功者。秦爵列表如下：

一	公士	六	官大夫	十一	右庶長	十六	大上造
二	上造	七	公大夫	十二	左更	十七	駟車庶長
三	簪裊	八	公乘	十三	中更	十八	大庶長
四	不更	九	五大夫	十四	右更	十九	關內侯
五	大夫	十	左庶長	十五	少上造	二十	徹侯

秦爵與三代爵的不同，主要是與分封、職官、食祿脫節。其中一至八級是民爵，五級以上才賞給少量田宅，八級公乘不過是可以乘公家的車而已。而且規定吏民爵不得過公乘。九級至二十級才是官爵，商鞅時，五大夫有賜邑，徹侯可以上通天子，有較多的封邑。秦統一以後，廢除封建制，實行郡縣制，地方一律為郡縣，封邑相應取消。這時連官爵也只是榮譽了。

官吏的考核，以前主要依業績考評，到戰國時才確立了年終考績制度。其中，最主要的考核方法叫作上計。計指計書，就是統計的簿冊，其內容包括倉庫存糧數、墾田和賦稅數、戶口數，以及治安情況。年初，中央的重要官吏和地方的主官，將一年中各種預算數字寫在木券上，上報國君。年終，將實際達到的數字、情況寫成計書，到國君處報核。若成績不佳，可能當場收璽免職。高級官吏對下級的考核，也用同樣的辦法。秦朝的考核稱為課，還是以上計之法，看其實績，不再詳述。

官吏的選拔，古代叫作選舉。五帝時選賢舉能是最早的選拔辦法。夏商周主要實行分封制度下的世卿世祿制度，大夫以上世代襲官任職。同時，對士實行鄉選舉之法，即由受封食祿的諸侯、卿、大夫在自己的封地範圍內，選取賢善之士貢於上級直至天子，由上級或天子任以官職。另外，偶爾也有國君或大臣直接從社會各階層人士中選任賢能的。如商湯舉伊尹、武丁用傅說之類。戰國時，由於人才的需求大增，故選舉之法，也變得多樣化。主要有：一是臣下推薦，如王斗見齊宣王舉士五人任官。二是通過游說和上書自薦，如商鞅、張儀、李斯皆如此，實際上類似後代的策問之法。三是按軍功選拔，其中尤以商鞅變法制定之軍功爵制度為典型。四是從侍從官和所養賓客中選拔。五是從下級官吏中選拔升職，包括經考績優等而提拔的。此外，秦王政四年（前二四三）因大災而下令「百姓納粟千石，拜爵一級」，則是最早的鬻官爵法。秦朝選拔任官亦不外以上諸法，尤重用有實際功績者，「宰相必起於州部，猛將必發於卒伍」。兵制的產生與演變是和經濟、政治與戰爭形式的變化聯繫在一起的。黃帝時的涿鹿之戰和阪泉之戰，調集了各諸侯的軍隊，而且排出不同的方陣，打出各種動物圖像的旗幟。看來，當時實行的是徵集兵員制，即所有非奴隸的部族成員，都有自備武器，隨時聽從徵調參與作戰的義務，其部族首領則是軍隊的首領。

商周實行的是在分封制度基礎上的徵集制。據說，當時實行井田之制，每四井為邑，十六井為丘，每丘出戎馬一匹，牛三頭。四丘（六十四井）為甸，出戎馬四匹，兵車一乘，牛十二頭，甲士三人，卒七十二人，干戈自備。卿大夫采邑方百里，有三千六百井，定出賦六千四百井，戎馬四百匹，兵車一百乘，稱為百乘之家。大的諸侯一封三百六十里，定出賦六萬四千井，戎馬四千匹，兵車一千乘，稱為千乘之國。天子王畿方千里，定出賦六十四萬井，戎馬四萬匹，兵車萬乘，稱為萬乘之主。當時能奉調出征的只有鄉人，野鄙之人只保衞鄉里。軍隊的核心是王族與多子族，即貴族子弟，基幹力量是由貴族組成的三甲士，包括駕車、持干戈和拿弓矢者，在車上作戰。由平民組成的七十二卒，為徒（步）兵。商周時戰爭規模不大，從甲骨等文獻記載看，商代參戰人數最多的一次是一萬五千人，周人伐紂出動的是兵車三百乘、虎賁三千人、甲士四萬五千人，因而並不是每次作戰都從所有諸侯國徵調軍隊。

商王朝軍隊分為左、中、右三部分，此外還有馬、戍、旅，也分左、右或左、中、右。基層編制為什，即以十人為單位。周朝軍隊實行軍、師、旅、卒、兩、伍的編制。王六軍，大國三軍，次國二軍、小國一軍，軍將皆為卿，每軍一萬二千五百人。二千五百人為一師，師帥皆中大夫。五百人為一旅，旅帥皆下大夫。一百人為一卒，卒長皆上士。二十五人為兩，兩司馬皆中士。五人為一伍，伍有長。西周時，周王室武力獨盛，諸侯皆弱小。春秋之初，王室力量削弱，周、齊、魯、宋、衞等皆千乘之國。其後，齊、晉、秦、楚、吳、越陸續興起，兵力分別發展至數千乘。

春秋晚期，隨着社會的變化，貴族勢力的衰退，農民成為主要兵員，諸侯的軍權逐漸被卿大夫所奪取，隨之產生了徵兵制和常備兵制。到戰國時，由於許多諸侯國設立郡縣，徵兵制度遂陸續推行。郡縣成為徵兵的地區單位，齊僅臨淄就可徵發兵卒二十一萬人，魏之百縣其兵員不下三十萬。當時男子大體從十五歲到六十歲服兵役，國家隨時可以徵調其入伍，根據戰役和需要決定服役的長短。而遇到大戰時，則徵調全國壯丁服役，如長平之戰，趙國即徵發兵員四十多萬。同時各國還實行常備兵制度。如越王句踐曾訓練有勇士三千。魏國建立名為武卒的常備軍隊，嚴格選拔，要求穿三層的甲衣，拉開十二石的弩，背上弩和五十枝矢，扛着戈，戴盔佩劍，攜帶三日之糧，在半天之內行軍百里。凡能當上武卒的人就給上等的田宅，並免除其全家的賦役。楚國的常備軍稱為選練之士。這時，各國軍隊的編制不同。秦國五人為一伍，五十人設一屯長，一百人設一百將，五百人設一五百主。隨着武器的進步、戰術的發展和戰爭規模的擴大，各國的兵員大增。到戰國後期，大國的軍隊在三十萬至一百萬之間。戰爭的形式，從三代到春秋一直是車陣和正面衝擊戰。春秋後期，隨着鐵製兵器和威力強大的弩的出現，殺傷力大增。戰場也從平緩的中原擴大到北方的山林和南方的河網地區，車戰愈來愈不適應，於是步兵在戰爭中發揮的作用增大。但步兵運動慢，殺傷力也不強。趙武靈王向北方的胡人學習，改甲兵為騎兵，變車戰為運動戰和包圍戰，此後各國陸續實行步兵與騎兵混合作戰。

秦統一後，有中央常備軍，負責駐守京師和邊疆，有地方軍，由郡尉統領，負責地方治安。當時，徵兵制仍然實行，規定男子不論貴賤，二十歲就要到郡縣官府登記，從二十三歲開始至五十六歲止，總共要服兩次兵役，每次一年。一次在地方上，為正卒；一次到邊境或京師，稱戍卒或衞士。但隨着北伐匈奴、南開五嶺，這種徵兵制已不能適應需要，尤其是戍卒僅服役一年，來回的路途又要耗去大半年，況且這種兵員缺乏與強悍的少數民族作戰的能力，弊病很多。於是出現了謫發制，就是將罪人、奴隸、贅婿、商人、曾經逃亡過的人和犯法的官員等，謫發去戍邊，最後還不敷用，只得謫發閭左之民。秦二世時屯戍京師的五萬材士，則是一部分最精銳的常備軍。秦的軍官，最高級的是將軍和校尉，其下為尉，尉之下地方軍為士吏、尉吏，衞、戍軍為君子、屯長、僕射。

刑法的產生很早，傳說舜時的司法官皋陶創制五刑，大刑出動軍隊征討，其次為斬刑，中刑為割刖，其次為臏黥，薄刑用鞭杖。割是割閉生殖器的宮刑，刖是割腳，臏是截去臏骨，黥是在臉上刺字塗磬。當時死刑只用於異族，而同族犯罪，則以鞭撲、象、流、贖代替。象就是穿上特別的衣服，實行象徵性的懲罰。流是流放，最遠的流放至四裔，其次流放至九州之外，最輕的流於千里之外。贖就是以錢物贖罪。

夏朝繼承舜時的五刑，但肉刑已用於同族，允許贖刑。所定《禹刑》，正刑有五，科條三千，有大辟（殺頭）罪二百條，臏辟罪三百條，宮辟罪五百條，墨、劓罪各一千條，並設有名為夏臺的監獄。商朝有經過多次修訂的《湯刑》，從文獻看，其死刑有：將人剁為肉醬的醢刑，做成肉乾的脯刑，一人有罪刑及全家的族刑，在市上處死並陳列屍體的棄市，以及殷紂所作的炮烙之刑。肉刑有：斷手足的刖刑，有宮、劓、墨刑。徒刑有罰作胥靡的奴役。還有流刑、宮刑。其監獄名圜土。當時，審判制度已初具規模，定罪行刑都要比照以往的案例，再占卜決定。重大案件，要經過司法官直至三公討論，報商王批准。周朝仍設五刑，據說有墨刑一千條，劓刑一千條，刖刑五百條，宮刑三百條，大辟刑二百條。穆王時又規定有贖刑之法。以後又制定《九刑》，即上述五刑加上流、贖、鞭、撲。其死刑有：絞縊、棄市、屋誅（在室內處死）、腰斬、磔（碎屍）、火焚、車裂等。王之同族不可施宮刑的，將其頭髮剪掉，名為髡刑。還有一種奴刑，即將犯罪者男的沒入官府為奴隸，女的充作舂糧食的女奴。

三代的法律秘不示人，統治者可以隨心所欲。春秋中，楚文王作僕區之法；鄭簡公三十年（前五三六），子產鑄刑書，將法律條文鑄在鼎上。不久，晉鑄刑鼎，鄧析編竹刑，都是公佈成文法的舉動，改變了過去無法可依，受害者無處申冤的狀況。孔子將逆天地、誣鬼神、逆人倫、亂教化、手殺人視為最大之罪，最重的罰及五代，最輕的罰及自身。

戰國初，各國變法進一步使法律系統化。魏國李悝所編《法經》，包括盜法、賊法、囚法、捕法、雜法和具法。盜法治偷竊，賊法治殺人。囚法和捕法是對盜賊偵查和逮捕的處理程序。雜法是對盜、賊以外犯罪的懲罰規定。具法是根據情況對犯罪予以減輕或加重處罰的規定。秦國本來就有族誅之刑。商鞅變法，設連坐之法，更制定了嚴厲的法律，增加肉刑、大辟，有鑿頂、抽肋、鑊烹之刑。其他各國也競相制定嚴刑酷法。如齊有烹、殺、醢、金刀等刑，楚國有戮、肢解、烹、貫耳、鞭、笞、刖、宮、梏、磔、滅家、夷宗、三族等刑，燕有截、刳腹、繫獄、劓等刑。

秦國陸續制定了繁雜的法律，並在統一以後推行於全國，僅見於睡虎地秦簡的，就有《秦律十八種》、《秦律雜抄》、《法律答問》、《封診式（治獄程式）》等，在重刑思想的指導下，規定了殘酷的刑罰和若干重要的定性量刑的原則。規定：為奸邪盜賊者處以死刑，死刑有梟首、棄市、腰斬、剖腹、車裂、殺戮、鑊烹等，肉刑有黥、劓、刖、斬左趾、宮等，徒刑有流放、司寇、白粲、鬼薪、城旦、舂等，還有罰作官奴婢等，極為殘酷。秦始皇按照法家的主張治國，一切都由法來決定，信用獄吏，刻削嚴厲地執行法律，不管犯法多久，也要追究。後來，焚書坑儒，竟規定談論《詩》、《書》的處以棄市，以古非今的族滅。以致穿赭衣（囚衣）的人阻塞了道路，監獄（囹圄）多得連成大片。秦二世繼位後，趙高更改法律，且將有罪者相連坐收族，大臣諸公子動輒被處死，財產沒收，株連而死的大小官員不計其數。陳勝起事以後，李斯擔心被誅，建議二世嚴厲地督責大臣，以嚴刑處罰百姓，使他們不敢有其他想法。二世於是實行更加恐怖的政策，以致路上刑徒相伴，每天處死的人成堆，大臣人人自危，黔首個個驚恐，終於導致秦王朝的滅亡。

【志 第二】

經濟

農業。考古發現，距今約一萬年的湖南道縣玉蟾巖遺址有人工栽培的稻，而距今七千年前的河南新鄭裴李崗文化遺址中有很多農業生產工具和糧食加工工具，河北武安磁山遺址發現有十八個粟窖，浙江餘姚河姆渡遺址出土了很多稻穀、穀殼、稻葉、稻稈。這些材料證明，中國農業的產生，大約在距今一萬年以上，是世界上最早進入農業文明的國家之一。新石器時代晚期，南方和北方分別普遍種植稻、粟等糧食作物，大麻、苧麻、花生、芝麻、蠶豆、葫蘆、菱角、蓮荷和一些豆類、瓜類作物都已開始種植。

炎帝神農氏的傳說表明，在距今四千五六百年前，中原地區的農業已經脫離原始生荒耕作制，進入鋤耕階段。周人的始祖后稷，在堯舜時任農官，是最早種稷的人。

夏代遺址出土的農業生產工具，包括數量較多的石鐮、石刀等收割工具。莊稼以畎畝法進行種植，就是在兩壟之間留一條溝，莊稼種於壟上。夏代農業生產已經發展到一定的水平，產量迅速提高，飲酒之風從側面證明了這一點。

商人從一開始就是以農業為主的民族，商湯曾派亳人幫助葛人種地。甲骨卜辭中屢見「其受年」

（能獲得豐收嗎？）的問語，反映商朝統治者對農業的重視。農作物的品種繁多，中原地區也開始了水稻的種植。農業生產技術提高，知道整治土地，施用糞肥，培土除草，並將田地劃分為規整的方塊，用劦田的方式進行集體耕作，可能已經發明了牛耕。產量增加，糧窖到處都有發現。

西周時，鋒利的青銅農具得到較普遍的使用，進行了規模較大的墾殖和耕耘；原來的拋荒制被休耕制代替，土地利用率提高；漚治和施用綠肥，以火燒法防治病蟲害，標誌了田間管理的新水平。王朝中擔任司稼的官員必須熟悉作物的不同品種及其適應地區，從而更好地指導農業生產。農作物品種增加，穀類有黍、稷、粟、禾、穀、粱、麥、稻等，豆類有菽、荏菽、藿等，麻類有麻、苴、苧等。王朝特設場人，專管園圃，從事蔬菜、瓜果的生產。

春秋時期，鐵農具較多地使用和牛耕的推廣，極大地提高了農業生產力。許多荒地被開墾為良田，耕作技術由粗放轉向精耕細作，農業產量大增。私田增加，井田制崩潰，土地關係向私有化發展。諸侯們不得不陸續實行改革，承認土地私有，允許土地買賣，而向土地所有者徵收田稅，自耕農的生產積極性高漲。

戰國時，鐵製農具已排斥木、石農具普遍用於生產中，便利了砍伐樹林、興修水利、開墾荒地和深耕細作，促進了農業生產的大發展。在深耕除草的同時，農民們注意識別土壤性質，因地制宜地選擇不同的作物進行種植。施肥技術提高，懂得用肥汁拌種，糞便、綠肥和灰肥被普遍施用。開始注意選擇籽種，防治病蟲害，實行畦種法，播種疏密得宜，便於通風排澇，善於培根、除草、間苗和掌握農時季節。普遍推廣一年兩熟制，大大提高了單位面積的年產量。魏國李悝曾對當時的糧食產量估計說，一畝地（約當今三分之一畝）在平常年景，可以產粟一石半（約合今四十一公斤），大、中、小豐收時可以達到六石、四石半、三石，小、中、大欠收時則只能打一石、七斗、三斗。農民平均每人每月需口糧一石半，五口之家，一年食用九十石，則平常年景一家種地百畝所產糧食，夠全家一年半食用。

秦始皇實行重農政策，宣稱：「上農除末，黔首是富。」要求農民們男耕女織，勤勞農事，按時耕作、收穫，使諸產繁殖。據說有許多逃亡已久的人都返還故鄉，從事農業生產。然而，由於秦賦役過重，終致男子力耕不足糧餉，女子紡織不足衣服，農業生產遭受到巨大破壞。

水利與農業緊密聯繫在一起。夏人有重視水利的傳統，大禹治水，便致力於疏通河道，開鑿溝渠，排水灌溉。與大禹一起治水的伯益還發明了鑿井技術。在洛陽矬李遺址發現有水渠和水井，在邯鄲澗溝遺址發現有兩眼深約七米、口徑二米的水井。商代和西周的方塊田之間，溝洫縱橫，有比較進步的排灌系統。春秋時開始進行大型水利工程的建設。吳國開鑿的邗溝，溝通了淮河和長江水系。楚國在今安徽壽縣修建的芍陂，經歷代擴修，至唐代可以灌溉一萬多頃土地。桔槔汲水灌田法普遍推廣，既省力又提高了效率。戰國時的統治者更加重視大型水利工程的建設。魏國西門豹擔任鄴縣（今河北臨漳）令時，就組織百姓開鑿了十二條渠道，引漳水灌田。魏國還在黃河與圃田澤之間開鑿運河，引水灌溉，是鴻溝最早開鑿的一段。秦昭王五十一年（前二五六），蜀郡守李冰領導修建的都江堰，以魚嘴、飛沙堰和寶瓶口三大工程，將岷江水流分散，既免除了水患，又便利了運輸和灌溉，還能天然排沙，使成都平原成為天府之國。水工鄭國在秦國主持修建了鄭國渠，自中山西瓠口（今陝西涇陽西北）引涇水東流，經今三原、富平等縣，至今大荔縣再注入洛水，全長三百多里，灌溉土地約等於現在二百八十萬畝。中原各國還修建了許多堤防，以防止水災，保護農田，並擴大耕地。位於今廣西興安縣境的靈渠，又稱興安運河，由史祿主持，開鑿於秦始皇二十八年（前二一九），貫通湘水和漓水，方便了長江流域至珠江流域的水運，促進了嶺南地區的開發。

畜牧業是原始狩獵經濟發展的結果。廣西甑皮巖遺址發現的家豬骨骼，將先民養豬的歷史上溯到近萬年前。距今七八千年的中原新石器時代遺址中發現有豬骨、狗骨、雞骨和羊骨，南方還發現有水牛骨。傳說伏羲氏服牛乘馬，取犧牲以充庖，被視為畜牧業的始祖。五千年前的墓葬中，豬、狗、牛、羊、馬、雞這六畜的骨頭都有發現，說明畜牧業至此時已基本定型。夏代普遍使用豬、牛之骨進行占卜，數量較大。商代遺址中，除六畜的遺骸外，還有象骨，說明當時北方還有馴象。商人已經掌握了豬的閹割技術，開始了人工養育淡水魚。商代的家畜，在食用和作動力的同時，大量用作祭祀的犧牲和隨葬，每次少則數頭，多則幾百上千頭。周代畜牧業的規模又有發展，一般畜禽的餵養分散到農家，而馬的飼養則由行伍負責。許多貴族擁有牧羣，周宣王時一位貴族自稱無羊，然而王室考查發現，他僅成羣的羊就有三百隻，成羣的牛就有九十頭。春秋戰國時，由於戰爭的需要，馬的數量增多。中原地區的畜牧業則基本上變成了農業的附庸，專門從事畜牧業生產的人很少。秦國畜牧業素稱發達，相馬的始祖伯樂就是秦人。戰國末年的烏氏倮畜養的馬牛數量很大，必須用山穀來估算。

手工業的產生，可以追溯到原始社會。最早是製造生產工具，包括由打製石器至磨製石器、骨器，發明和製造弓箭等。新石器時代發明的陶器、紡織紵布和利用蠶絲織絹，則開始了生活用品的生產，並發現有少量的銅器。

夏代有了製石、製陶、製銅、製玉、製骨、造車、造酒、建築等部門的分工。青銅冶鑄業技術達到一定水平，有純熟的鑲嵌工藝和合範澆鑄法。陶器種類繁多、花紋考究，昆吾（今河南許昌）是著名的製陶中心。有專司製作車輛的官職——車正。骨、角、蚌和玉、石產品，加工精細，有較高的工藝水平。有了漆器。能紡織出比較貴重的繒和大量的麻織物。

商代手工業全部由官府管理，分工細，規模巨，產量大，種類多，工藝水平高，尤以青銅器的鑄造技術發展到高峰。那些雄渾厚重、造型奇巧、紋飾繁縟的青銅器，成為商代文明的象徵。重達八百七十五公斤的司母戊鼎，需要同時由二三百人操作七八十個坩堝，密切配合，才能完成。青銅器有禮器、兵器、工具和生活用具等，以禮器為主，已經開始鑄造銅鏡。在河北藁城臺西村發現的鐵刃銅鉞，將中國用鐵的歷史提前到商代。商人已經發明了原始的瓷器，潔白細膩的白陶頗具水平，造型逼真、刻工精細的玉石器表現了商代玉工的高超技藝。絲織物有平紋的紈、絞紗組織的紗羅、平紋縐紗的縠，說明商人已經掌握了提花技術。

西周比較重要的手工業都由王室和諸侯控制，眾多的百工在司空的領導下負責管理各項手工業，其中最重要的仍然是青銅鑄造業。其分佈地區很廣，生產能力擴大，效率和水平提高，鑄造工藝改進。發明了一模翻製數範和焊接的技術。陶器業已逐漸採用快輪法，產品走向規格化。原始瓷片的燒成溫度已達一千二百度以上，胎質更為細膩，施以青、黃綠二色釉，礦物組成已接近瓷器。能夠生產石灰石——矽石琉璃。漆器製作逐漸普遍，器表夾苧，施以紅、黑兩種彩繪，顏色鮮艷，花紋精美。家蠶的飼養十分普遍，紡織成為農家的一項重要副業。絲織物有斜紋提花織品和刺繡品。已經掌握池水漚麻的微生物脫膠法，以便將纖維分離出來。

春秋時期，青銅器上的雕鏤紋飾趨向細緻工整，造型輕巧靈便，出現了錯金銘文。存世的吳、越青銅劍，其冶鑄淬煉之精，合金技術之巧，外鍍之精良，花紋之鑄造，皆世所罕見。煮鹽、冶鐵、漆器等部門發展起來。鐵器主要為手工業工具和農具。齊國的絲織品、楚國的漆器等水平很高。一部分工匠成為個體生產和經營者，聚居於城中的「肆」裏，邊生產邊銷售。被稱為匠師之祖的公輸般（魯班），就生活於春秋末年。

戰國時，手工業大發展，冶鐵、青銅器鑄造、漆器、絲織業的生產水平都有顯著的提高。已經較好地掌握了高溫液體還原法的生鐵冶鑄技術，能鍛打出用於劍身的高碳鋼，鑄鐵柔化術開始出現。青銅器的製作普遍使用熔鑄、焊接、失蠟法和金銀嵌錯工藝，產生了在銅器表面塗金、鎏金和刻紋工藝，器型輕薄靈巧，花紋細緻繁複，具有高超的技術和藝術水平。已經能生產鉛鋇琉璃。漆器製造業成為獨立的手工業部門，所造漆器以木為胎，有黑、紅、黃、藍、紫、白等十多種顏色的漆，在器物上繪出各種光澤美麗的花紋，並發明了催乾劑。有了結構和花紋都較複雜的織錦以及手工針編織物。出現了一些私營大手工業主，如魯國煮鹽的猗頓，秦國巴地開採丹砂的寡婦清，趙國冶鐵的郭縱等。

秦時的冶鐵業十分發達。青銅兵器都進行過鉻鹽氧化處理，以增強其防鏽能力。出土的秦陵二號銅車馬，總重一千二百四十一公斤，由三千四百六十二個銅、金、銀零部件組成，表現了當時金屬鑄造和造型藝術的高度水平。絲織物有錦、綺、絹等，一件出土的絹衣，其平紋絹的經緯密度達到每平方釐米一百六十乘五十六根。秦時，仍有許多大手工業主，如蜀卓氏、程鄭、宛孔氏、曹邴氏都從事冶鐵，富擬人君。建築水平甚高，萬里長城多以夯土築成，五里一燧，十里一墩，卅里一堡，百里一城，極為壯觀。

商業起源於原始社會的以物易物。傳說，在神農氏時，就已定時、定地為市。帝嚳時，已經有了商人販運物品出售的事。商先祖王亥到有易地區從事牛羊買賣被殺，是第一位見於史冊的夏代商人。

商代農業和手工業的進步促進了商品交換的發展，出現了許多牽着牛車和乘船從事長途販運的商賈。到商代後期，都邑裏出現了專門從事各種交易的商販，呂尚就曾在朝歌以宰牛為業，又曾在孟津賣飯。西周時，商業已成為社會經濟不可缺少的部門，由官府壟斷，設有質人之官作為市場的管理者。商貿的品種有奴隸、牛馬、兵器、珍異等。春秋時的商業打破了官府壟斷的局面，商人的足跡遍佈各地。鄭國商人弦高智退秦軍的故事，說明商人政治潛力之大。晉都絳城（今山西翼城）的商人極為富裕，能以金玉裝飾乘車，穿花紋考究的華麗服裝。孔子的弟子子貢和越國的范蠡都是遊歷各國，買賤賣貴，既發了大財又貴為卿相的商人。商業的繁榮，促進了各地經濟、文化的交流和社會的變革。戰國時，雖然《管子》書和商鞅、韓非等已經提出重農抑商的思想，但尚未對商業產生實際的影響，商品交換活動進一步擴大，不僅有農副產品的交易，奢侈品的經營獲利更多。一些著名的商人，如魏國的白圭、韓國的呂不韋，人棄我取，人取我予，買賤賣貴，樂觀時變，發了大財，富比君侯。秦時的大商人，如齊地的刀間、周地的師史，往往擁有數百輛車子，僱傭多人為其四處販運買賣，坐收巨利。而從事販脂、賣漿、羊胃加工，都有成為大富的。但秦實行「上農除末」的國策，將一般商賈視同賤民，隨意徵發，使商業活動受到抑制。

貨幣和物價。最早的貨幣是貝。夏文化遺址中出土有海貝，以及模仿海貝製作的骨貝和石貝，說明貝可能已成為交換的媒介。商代作為貨幣使用的主要是海貝和玉，同時還有仿製的石貝、骨貝、蚌貝、銅貝等，用於流通。每五枚貝穿為一串，兩串（十枚）稱為一朋，用作計算單位。從青銅器銘文看，當時一件青銅器的價值，大體是二朋、五朋、十朋貝，一隻卜龜值十朋貝。西周的貨幣除貝以外，已開始使用青銅，其單位是「寽」。鑄造金屬貨幣產生於春秋時期，晉國是最早鑄造和使用鑄幣的地區之一。春秋後期，越國的穀價，每石最貴時六十錢，最賤時三十錢。為了適應商業發展的需要，戰國時貨幣的種類多，流通數量大。各國銅幣的樣式不同，齊、燕主要是刀形的刀幣，三晉主要是剷形的布幣，秦、周主要是圓形有孔的圜錢，楚國主要是形似貝殼的蟻鼻錢。金幣有楚國壓成方塊的郢爰、陳爰。戰國初年，魏國每石粟賣三十錢，農民每戶種一百畝地在平常年景的收穫，除去吃飯和交稅，餘四十五石粟，可賣一千三百五十錢，每戶除社閭嘗新春秋之祠要用三百錢，每人一年穿衣要花三百錢，全家要花一千五百錢，還不足四百五十錢。秦始皇統一六國，下令在全國使用統一的貨幣，上幣是以鎰為名的黃金，下幣是半兩銅錢。珠、玉、貝、銀等都被排斥於貨幣之外。圓形方孔的銅錢加工方便，不易磨損，又可貫穿起來攜帶使用，從而完成了貨幣形態的改革和定型，通行了二千多年。《秦律》規定，長八尺寬二尺五寸的布帛價十一錢，中等的褐衣用枲十四斤，價四十六錢，禾（小米）每石價三十錢。

人口在這一階段沒有統計資料，難以說清。晉人皇甫謐在《帝王世紀》中說：夏禹時，有民口一千三百五十五萬三千九百二十三人。周成王時，有民口一千三百七十一萬四千九百二十三人。春秋周莊王十三年（前六八四），有一千一百八十四萬七千人。戰國末年，有一千餘萬。現代學者估計，戰國至秦時，總人口約兩千萬。

賦稅制度是與國家一起產生的。五帝時的任土作貢，是賦稅制度的萌芽。所貢物品，為各地土特產和財物。夏禹規劃九州，制定各州貢物品種，規定各地按三等九類交納貢賦。商代在實行貢納制度的同時，還有勞役租「助」，就是要求農人助耕公田（籍田），收穫皆為統治者所得，其比例約佔農人收穫的十分之一。殷紂王加徵賦稅，用以充實鹿臺和鉅橋。周朝對各地進貢物品進行了具體的規定，包括祀貢、嬪貢、器貢、幣貢、材貢、貨貢、服貢、斿貢、物貢，合稱九貢。同時，助法更為普遍。遇有戰事，又要徵用牛、馬、兵車和其他軍用物品，稱為賦。

春秋時，產生了新的賦稅制度。魯宣公十五年（前五九四）實行初稅畝，國家根據土地面積向田主徵收一定的實物稅。這是古代田稅的開始。魯成公元年（前五九〇），作丘甲，按土地面積徵收一定量的軍賦（甲），從而使稅和賦合而為一。春秋戰國之際，地稅的徵收已很普遍。秦國於簡公七年（前四〇八）實行「初稅禾」的實物地稅制度。戰國時，各國稅制不一。秦國首先實行戶口登記制，並據以徵收田地租稅和按人頭徵收「頭會」（人口稅）。統一後的秦少府還徵收山澤之稅、鹽鐵之稅和市稅，即手工業稅和商業稅，專供皇室花費。楚國還徵收販運牲畜的稅和過關卡的稅。齊國則是按土地的好壞規定租稅的等級，並按地區徵收軍賦，還按戶徵收戶籍稅，按人頭徵收人口稅。秦王朝徵收賦稅的數額達到農戶收入的大半，迫使農民起而造反。

【志 第三】

文化

文化的範疇說法不一，本文將學術、宗教信仰、教育、文學、藝術、科學技術，都包括於其中。

先秦與秦的學術，主要可包容於文字學、思想史和史學史範圍。

文字是記錄思想和語言的符號，文明的載體。作為漢字前身的先秦文字，孕育於六七千年前原始圖畫和陶器上的刻劃符號。伏羲氏造書契的傳說，表明在五千年前，圖像已經由逼真向線條化演變，並有了表意文字。黃帝時的倉頡對文字予以改進，出現了假借字。商代甲骨文兼有象形、會意、形聲、假借、指事等多種造字方法，已經是成熟的文字。在出土的甲骨卜辭中，總共發現有四千六百七十二字，學者認識的已有一千零七十二字。甲骨文因刻寫材料堅硬，故字體為方形。而同時的金文，因係鑄造，故字體為圓形。西周初年，字體從圓形向整齊方正演變，逐漸線條化、平直化。戰國時期文字劇烈變化，各國寫法不盡相同，逐漸形成了工整和草率兩種字體。工整的一種是篆書的起源，草率的一種是從篆書向隸書過渡的草篆。秦滅六國以後，統一文字，廣泛地推行小篆，劃一了文字的形體。同時，隸書在日常生活中已經佔據了統治地位。中國古文字這樣早就擺脫單純的象形，成為一種與語言相統一，又與方言相區別，兼有表音、表意，可以互相搭配為無數詞的文字，這是世界上最具智能、簡約性和穩定性的文字，對古代文明的發展和華夏民族的凝聚起了無比巨大的作用，有着旺盛的生命力。

中華思想文化的源泉是《易》。作為儒家六經之一的《易經》，有很長的形成和發展過程。被後人稱為河圖、洛書的東西，是燒灼卜骨的表現，是遠古先民在長期生活和占卜的實踐中感悟出的理性思維和形象思維互相串連、互相滲透的反映。相傳伏羲氏將其歸納總結，對蓍草反覆排列，而畫為八卦，將天地間萬物的現象都包括於其中，這是原始的易。後來，據說經過周文王的悉心鑽研，將其規範化、條理化，演繹成六十四卦和三百八十四爻，有了卦辭、爻辭，人稱《周易》。它以簡單的圖像和數字，以陰和陽的對立變化，來闡述紛紜繁複的社會現象，顯示成千上萬直至無窮的數字，具有以少示多，以簡示繁，充滿變化的特點。其所以稱為「易」，鄭玄解釋有三義：一是簡易，二是變易，三是不易。就是講萬物之理有變有不變，現象在不斷變化，而一些最基本的原則又是不會變的，這就從客觀世界的辯證發展中抽象出了理論上十分豐富的樸素的辯證法。舊說到春秋後期，孔子對《周易》進行解釋和論說，完成十翼，即《易傳》。這樣，《周易》就發展成為一部內容博大精深的闡述宇宙變化的哲學著作。

孔子以《周易》中人與人、人與自然的和合關係為出發點，綜合三代以來思想文化的精髓，尋求挽救世風頹廢、禮樂崩壞的方法，創立了以仁為核心的儒家學說。在孔子看來，仁就是愛人，孝悌是仁的根本，禮是仁的規範，提倡為了實現仁的最高道德境界而獻身。仁的思想推行於政治上，就是行德治、禮治。整頓政治的方法是正名。人們應該修身、齊家，然後才可以治國、平天下。比孔子稍前的老子，創立了以道為宇宙本體論的哲學體系，從道出發，主張人要順應自然，無爭於世，返璞歸真，培養個人崇高的精神境界，對自然、社會和人本身，都有許多深入準確的洞察，蘊涵了許多理論生長點。孔子和老子的思想，經過孟子、荀子和莊子的闡發，形成儒家和道家學說，構成中華傳統文化的主體，奠定了中國思想文化發展的基礎。戰國時代，社會的劇烈變革對學術文化提出了一系列要求，加上士階層的形成和統治者的提倡，許多學派紛紛出現，形成了百家爭鳴的局面。當時，最有影響的，除了儒道二家以外，還有以墨翟為代表的墨家，以韓非為代表的法家，以鄒衍為代表的陰陽家，以公孫龍子為代表的名家，以孫臏為代表的兵家，以許行為代表的農家，以張儀、公孫衍、蘇秦為代表的縱橫家，以呂不韋為代表的雜家等。各派各家都著書立說，廣授弟子，參與政治，互相批判，又互相滲透，學術思想極為繁榮。秦統一六國，崇尚法家，兼用陰陽家，焚書坑儒，迷信暴力，將法家學說過分誇大君權的一面發揮到極致。

史學是對人類歷史和經驗的紀錄與總結。人們最早的歷史意識是與氏族制度和原始宗教密切相關的。對氏族圖騰和祖先的了解，是氏族成員最早的歷史知識，口耳相傳，是這一時期歷史傳遞的方式。傳說，從黃帝時開始，就有司文字工作的史官。他們保管檔案，記錄君王的言行和當代的歷史，以作為施政的借鑑。史官制度至周代成熟，設有大史、內史、小史、外史、御史、柱下史、女史等，分掌各項文書工作。大史又稱右史，內史又稱左史，他們主要負責記錄君主的言論和事跡。編年史體產生於西周共和元年（前八四一）前，它以事繫日，以日繫月，以月繫時，以時繫年，使歷史記載系統可靠，是一項重大的發明。春秋時期，各諸侯國都有史官，史官編纂的編年體史書稱為《春秋》、《乘》、《檮杌》等，編纂的記言體史書稱為《語》。孔子晚年參考各國史書，按照自己的歷史觀，將魯國編年史予以筆削，整理成《春秋》，對史事進行嚴格的褒貶，開創了私人修史之風，標誌着褒貶史學的誕生。戰國時，激烈的政治鬥爭和百家爭鳴的局面，促進了史學的繁榮，出現了《左傳》、《國語》、《國策》、《世本》、《竹書紀年》、《穆天子傳》等多種體裁的歷史著作。諸子著作中，也有許多卓越的歷史見解。秦王朝在政治和文化上實行極端專制主義的統治，將《秦記》以外的諸侯國史書全部焚毀，阻礙了史學的發展。

宗教信仰，在新石器時代是自然崇拜和生殖崇拜。自然崇拜指的是對山川、日月、巨石、樹木、動物的崇拜，具體表現為圖騰崇拜和占卜的習俗。生殖崇拜指對人類自身繁衍能力的崇尚。在青海樂都柳灣出土的人形陶壺上，塑了一位有明顯乳房和生殖器的女性。遼寧喀左東山嘴紅山文化建築羣址，出土有一腹部突起，臀部肥大，有女陰標誌的孕婦塑像。至於形如男性生殖器的石祖、陶祖，則到處都有發現。許多原始巖畫表現有男女交媾的形象。夏商時，對天的崇拜演變成對帝（或上帝）的崇拜，對地的崇拜成為對名山大川的禮敬，生殖崇拜和祖先崇拜演變成正式的敬祖活動。人們認為，帝或上帝是有意志的人格神，是宇宙間的最高主宰。王為上帝之元子，受命於天，是人間的最高統治者。一切自然現象和人的生死病痛都是上帝左右和鬼神作祟的結果。因而，迷信很濃，遇事都要進行占卜，以了解上帝和鬼神的意願。並經常進行祭祀，以乞求神靈和祖先降福。而巫則是溝通人與神的橋樑。祭天在圜丘，祭地在社，祭穀在稷，祭祖在宗廟。西周的宗法制度，是祖先崇拜在政治和禮制上的反映。不同時代，人們對上帝的態度是有區別的，殷人是敬天殘民，周人是敬天保民，春秋時是重民輕天，戰國時是應天常、盡人事。春秋戰國時期，人們的思想得到一定的解放，許多進步的思想家從天命論中擺脫出來，而重視人的作用，認為吉凶由人，民是神的主宰。荀況甚至提出「制天命而用之」的主張。秦始皇企盼長生不老，迷信方士神仙，使其得以發展。

教育產生於原始社會部落酋長或巫史的言傳身教，主要是進行勞動經驗、原始禮儀和部落歷史的傳授。文字產生後，才有了萌芽的學校。傳說，五帝時有成均之學、米廩之庠。夏時王朝的學校稱為序，地方鄉學稱為校，都是教練射箭和教育倫理的場所。商代的學校，有瞽宗、大學和庠等名稱。庠教育書寫辨認日常用字，瞽宗和大學進行道德、音樂、軍事、禮儀和一般文化教育，培養統治人才。地方學校稱作序。西周時，已經有了比較完備的政教合一的官學體系。貴族子弟八歲入小學，進行道德行為準則和社會生活技能的基本訓練。十五歲以後入大學。王朝的大學名辟雍，諸侯的大學名泮宮。其教學內容逐漸形成為文武兼備的六藝教育，即以道德禮儀為主的禮，以詩歌、音樂、舞蹈為內容的樂，射箭的射，駕馭戰車的御，識字和書寫的書，計算的數。夏至周的官學，同時也是貴族養老之處。平王東遷以後，王朝勢力衰微，貴族官學衰落，文化下移，代之而起的是私人講學之風。那些熟悉六藝的縉紳先生逐漸帶徒授業，轉化為私學教師。鄭國的鄧析向學生講授他自著的《竹刑》。魯國的少正卯和孔子同時收徒講學，孔子的學生三盈三竭，競爭頗為激烈。孔子是古代最偉大的一位教育家，學生達三千人，其中身通六藝者七十二人。他分德行、言語、政事、文學四科對學生進行教育，設置了六藝的課程，有一整套教育理論和思想。戰國時期的諸子，同時都是私學的教師，他們傳授各自的研究心得，促進了學術的傳播發展。而齊國的稷下學宮，則是一所類似現代大學的著名官學。《管子·弟子職》，就是稷下學宮的學則。秦朝在中央設博士官七十人，負有教育諸生的責任。郡縣則設有學室，對各級官吏的子弟進行文字、書法、法令的教育。李斯《蒼頡篇》、趙高《爰歷篇》、胡毋敬《博學篇》，是統一的教科書。秦初的私學仍很盛行，他們向學生傳授自己的學派思想，對政治進行評論。李斯認為私學對政權危害甚大。秦始皇於三十四年（前二一三）下令禁私學，焚詩書，學子只能以吏為師，學習法令，使教育受到嚴酷的摧殘。

文學產生於原始社會人們的口頭創作，先秦典籍中上古神話傳說的片斷，是這些口頭創作的記錄，表現了一定的歷史真實和先民的想像力與藝術天才。商代的甲骨卜辭已略具文學意味，有的還匯集了民間的歌謠。如：「癸卯卜，今日雨？其自西來雨？其自東來雨？其自北來雨？其自南來雨？」猶若一首絕妙的唱辭。《尚書》匯集了虞、夏、商、周歷代統治者的部分談話記錄、講演詞、命令和宣言等，敘事井井有條，文字錯落有致，講究文采，是古代散文的開端。《詩經》是周代樂官歌辭的選編，包括地方民歌的風，貴族應酬歌曲的雅，廟堂唱詞的頌三種體裁。以賦、比、興等修辭手法，表達了各階層人們的生活和思想感情，在藝術上達到比較完美的境界。戰國時代的散文創作十分興盛，有各種歷史散文、諸子的散文和其他散文作品。這些散文都用接近口語的文字寫成，或汪洋恣肆，或娓娓動人，或激情橫溢，或絢爛多彩，或譬喻連珠，或剖析透徹，或邏輯嚴密。現實主義和浪漫主義的完美結合，使屈原的詩作具有極大的藝術感染力。宋玉的作品，在模仿屈原的同時，對楚辭有發展和創造，在騷體中變化出賦體，對後代的文學創作有很大影響。秦朝實行文化專制，留下的文學作品極少。李斯的散文善於排比，文風峭刻，碑文刻意模仿雅、頌，大肆阿諛頌德。秦代流傳下來的民歌，如「生男慎莫舉，生女哺用脯。不見長城下，屍骸相支柱」，對殘暴統治進行了血淚控訴。

藝術包括音樂、舞蹈和美術等。

音樂和舞蹈的起源很早，距今六千年前的新石器時代遺址中，就出土有骨哨、陶哨、陶塤等樂器，青海大通縣出土的陶盆上繪有三組五人一隊的舞蹈圖案，是文明以前舞蹈的物證。傳說，遠古葛天氏時的舞蹈，三人一組，手揮牛尾，踏足而歌。所唱之歌有《載民》、《玄鳥》、《遂草木》、《奮五穀》、《敬天常》、《達帝功》、《依地德》、《總萬物之極》八闋。這說明，上古的音樂，是人們對勞動、創造和天地祖宗情感的自然流露。據說伏羲氏發明了瑟，顓頊時有承雲樂。舜時的樂官名夔，他指揮人們裝扮成各種野獸，和着磬聲跳舞，稱為百獸率舞。用多種樂器演奏的韶樂，據說很美，孔子在齊聞韶樂，如癡如醉，竟三月不知肉味。夏代有石磬、陶塤、陶鈴等樂器，流行九辯、九歌。商代已經有了根據音程高低組成的編磬、編鐃，三至五枚一組，有了鼓、龠和五孔的塤，可以合奏出動聽的音樂，奠定了十二律的基本體系。樂師有大師、少師、播鼗、擊鼓、亞飯、三飯、四飯的分工。巫樂、巫舞也很流行。西周形成了注重等級的禮樂制度，不同等級、不同場合，都有規定的禮儀和音樂。天子享用八佾之舞，由八八六十四人演出。諸侯用六佾之舞。大夫用四佾之舞。士用二佾之舞。樂器的配制也有宮懸、曲懸（軒懸）、判懸、特懸的不同。隨縣出土的曾侯乙編鐘磬，就是一套難得的曲懸實物。西周的大武樂舞，分為六段，以音樂、歌唱，配合武士們粗獷的舞姿，代表了三代樂舞的最高水平。《詩經》中的風、雅、頌，都是配有樂譜（頌還配有舞蹈）的唱辭。大雅音調沉厚，小雅音調輕快，頌的節奏遲緩板滯，一唱三歎。春秋時，各諸侯國間常以女樂作為贈饋，師曠、師涓，是著名的宮廷樂師。孔子重視音樂對了解民情、陶冶情操、引導社會風氣的作用，大力搜集研究音樂，總結音樂的規律，以樂作為教育的課程之一，對先秦音樂的發展有重大貢獻。戰國時，屈原的《九歌》，是對楚地民間一場宏大祭祀歌舞的生動紀錄。秦青和韓娥是著名的民間歌手。琴師伯牙演奏的《高山》、《流水》兩首琴曲，一直流傳至今。當時，音樂的五聲、八音、十二律的理論已經形成，對以後的音樂產生了深遠的影響。秦統一六國，促進了各地樂舞文化的交流。朝廷設有專管樂舞的大樂令，有專任採集民歌的樂府令，有象徵天下一統的巨型天子樂器——宮懸。秦始皇和秦二世都極愛欣賞樂舞，秦始皇作有《祠水神歌》，博士作有《仙真人歌》等。

美術的歷史可以上溯到原始社會，人們將紅色塗於皮膚上，將石珠串起來掛在脖子上，在巖石和陶器上繪刻出各種形象和紋飾，表現了先民對美的追求。一九九五年，青海同德縣宗日遺址發現的一隻彩陶盆，上面繪有四組對稱的雙人抬物圖案，是一件五千六百多年前的珍貴藝術品。黃帝時曾繪有蚩尤的畫像到處張掛。青銅器流暢多樣的形態和美麗複雜的紋飾，各種玉石的動物和人形雕刻，代表了商周工藝美術的高度水平。武丁用畫像來尋找傅說，說明商代人物畫法已基本成熟。目前保存的最早的帛畫，是先後發現於湖南長沙戰國墓中的《人物龍鳳圖》和《御龍圖》。前者用墨線勾畫出一龍一鳳一婦人，後者畫一佩劍男子駕馭着一條巨龍。戰國銅器有水陸攻戰紋銅壺、燕樂射獵銅鑑、水陸攻戰紋銅鑑等圖案。自周至秦都盛行殿堂壁畫，孔子曾在明堂觀周代壁畫，屈原《天問》中反映了楚國宗廟壁畫的盛況。秦咸陽宮遺址中發現有殘存的壁畫車馬圖。驪山秦陵東側的兵馬俑坑，有約八千件真人大小的陶俑，造型生動逼真，被稱為世界第八大奇跡。

先秦和秦代的科學技術長期處於世界前列，尤其在天文、曆法、數學、力學、光學、化學、地學、醫藥等方面，成就突出。

天文曆法知識萌芽於新石器時代中期，為了農業的需要，人們觀測天象，並用以定方位、時間和節氣。傳說，神農氏制定了最初的曆法。黃帝時羲和與常儀分別負責觀測太陽和月亮，臾區觀測行星。顓頊時設有火正一職，專門觀察大火星（心宿二）的出沒，以制定曆法，指導農事。《大戴禮》中的《夏小正》，在一定程度上反映了夏人的天文曆法知識。夏人將一定的天象和物候糅合在一起，制定了夏曆，開始用干支記日，有了旬的概念，以月亮圓缺周期為一月。商代日曆已經有大小月之分，規定三百六十六天為一個周期，並用年終置閏來調整朔望月和回歸年的長度。商代甲骨文中有多次日食、月食和新星的記錄。周代用圭表測影的方法確定季節，並能定出朔日，用干支記時。春秋時已經確定了二十八宿的概念，將天球黃赤道帶附近的恆星分為二十八組，建立了便於描述天象變化情況的準確的參考系統。有世界上關於天琴星座流星雨和哈雷彗星的最早記錄。產生了古四分曆，取回歸年長度為三百六十五又四分之一日，並採用十九年七閏為閏周的曆法，閏年為三百八十三日，比歐洲同類曆法早五百年。當時各諸侯國使用的黃帝、顓頊、夏、殷、周、魯六種曆法，都是年首不同的四分曆。戰國時，傑出的天文學家齊人甘德著有《天文星占》，魏人石申著有《天文》。他們發現五大行星中的熒惑（火星）和金星（太白）有逆行現象，測定金星和木星的會合周期長度，並定火星的恆星周期為一點九年，木星為十二年，與現代科學測定極為相近。石申對二十八宿距度和其他一些恆星什宿度的測量，是早期恆星定量觀測的重大成果。戰國時，關於二十四節氣的劃分和安排大致齊備，對農業生產起了重要的作用。秦朝實行顓頊曆，以夏正十月為歲首，九月為歲尾。

數學萌芽於先民對事物數量和形狀的認識。傳說，黃帝時已經有了規、矩、準、繩等幾何工具。商代甲骨文中有大至三萬的數字，有明確的十進位制，有奇數、偶數和倍數的概念，有了初步的計算能力。周人掌握了自然數的四則運算方法，定圓周率為三，八卦圖像中有正負數和二進位制的萌芽。春秋時，九九乘法口訣已成為士人的普通知識，有了分數的概念。周人商高發現了勾股定理和以近似三角形原理為基礎的測量學理論，是見於著述的古代第一位數學家。戰國時的《墨經》中，有許多幾何命題，如兩條平行線之間等距、三點共一直線，同圓的半徑相等、矩形四角皆為直角等。發明了計算工具算籌，用十根小棍擺成不同的形狀來表示數字，進行計算，大大加快了計算的速度。《考工記》

中有分數的簡單運算法和特殊角度的概念與名稱。《周髀算經》的成書可能在漢初，但它是先秦測量學的經驗總結，其中使用了相當繁複的分數算法和開平方法。

力學知識在《墨經》中也有很好的闡述。書中認為，力是人體所具有的使運動發生轉移和變化的手段，指出槓桿平衡與兩端的重量和力臂的長短都有關係，發現船的形體大小與其在水中下沉深淺有一定的均衡關係，是關於浮力原理的樸素表述。

光學知識在很早就得到應用，商代出土的微凸面鏡，能在較小的鏡面上照出整個人面。陝西扶風黃堆村發現的一面西周陽燧，利用球面鏡聚焦的原理，在強陽光下，僅三五秒鐘就能點燃易燃物，產生明火，是迄今發現的時代最早的人工金屬取火用具。《墨經》中對針孔成像、影子的生成等光學現象，進行了實驗、觀察、分析和科學的說明。

化學知識的最早應用，是新石器時代人們從自然發酵現象中發明了釀酒技術。夏商時釀酒已很普遍，西周時發明了製作麴糵（酒藥）的技術，知道天然氣可以燃燒。染料和漆都是化學知識的應用。戰國時，《考工記》對青銅合金中各種成分比例（六齊）的記載，是世界上最早的關於合金化的規則。已經知道用草木灰浸液洗滌衣垢。秦朝時，從丹砂中煉製水銀（汞）的技術有很大發展。據測定和推算，秦始皇陵中大約有一萬六千二百五十五點二噸水銀，需從約一萬八千八百噸丹砂中煉出，不僅工藝複雜，規模之大，也是令人驚歎的。

地學知識由於人們活動範圍的擴大而增加。周人已經有了地圖，並知道地殼表面的情況不是靜止不變的，會出現高岸為谷、深谷為陵的現象。《山海經》記載了許多自然地理、經濟地理的內容。《禹貢》依自然條件，進行分區和區域對比，帶有自然區劃思想。《管子·地員》關於土壤分類的知識，有重大的地理價值。對於天地為何能不墜不陷，時人有水浮說、氣舉說、運動說等解釋。慎到提出渾圓的天的概念。《周髀算經》闡明了蓋天說。

醫藥的始祖，傳說是神農氏，他親自品嘗各種草木的滋味，以自己的身體做藥理試驗，採藥給人治病，知道了如何辨別色脈，發明了針石。夏商時，醫巫不分，貴族有病都要進行占卜，對許多疾病有所認識，也有一定的藥物治療。已經有了湯液，知道用砭石切割腫瘍和放血等。周時，巫、醫分途。王朝有專門的醫師，其下，有專司飯食的食醫，專治內科的疾醫，專治外科和傷科的瘍醫，專治牲畜的獸醫。有了病歷記錄和報告，並初步了解了某些疾病與季節變化的關係。《詩經》和《山海經》中記載的藥物達一百多種，在使用方法上，分為口服、沐浴、佩帶、塗抹等多種。春秋時，秦國名醫醫和提出六氣致病說，為醫藥學的發展開拓了道路。戰國名醫扁鵲精通婦科、五官科、小兒科等，用切脈、望色、聞聲、問病的四診法進行檢查，以砭石、針灸、按摩、湯液、熨貼、手術、吹耳、導引等法綜合治療，被視為神醫。戰國時已有了關於經脈、醫方和醫療體育的專門著作。《黃帝內經》重點論述人體解剖、生理、病理、病因、診斷等，兼述針灸、經絡、衞生、保健等多方面內容，為中國醫學理論體系的形成奠定了廣泛的基礎。

【志　第四】

社會生活

社會生活，指人們的衣食住行、婚喪禮俗和其他生活情況。

衣，來自人體保暖和裝飾的需要。用羽毛和獸皮披裹在身體上，是衣服的萌芽。五六千年前，先民已經開始以葛、蠶絲製成衣服。夏代有上衣下裳，衣是簡陋的套頭衫，裳是一種裙子。商代有了右衽交領上衣，而裳前正中，有類似圍裙的蔽膝，稱為韍、韠，腰間束以紳帶，頭戴扁帽。西周時的服裝面料，貴族為絲綢，一般人為麻布、葛布和毛褐。春秋戰國時，盛行上衣和下裳連在一起的深衣，其右邊衣襟接出斜三角形的一段布，穿時由身前繞至身後，束以腰帶。冬季所穿有袍與裘，袍為長衣，以絲綿絮裏。裘以獸皮毛面向外製成。最貴重的是以白狐腋皮製成的裘。當時胡人的服裝，上衣長不過膝，窄袖緊身，下穿長褲，腳登革靴，腰繫革帶，行動方便。自趙武靈王改革服飾，胡服在中原流行，以帶鈎繫革帶，既方便又有裝飾效果。先秦王公貴族頭上戴的有冕、冠、弁等。冕以木為骨架，上覆冕板，板兩端垂旒，用笄固定在髮髻上，帝王、諸侯及卿大夫祭祀時戴用。冠指以纓繫於頷下的帽子。爵弁以皮製成，形似無旒的冕。皮弁形似兩手相合，上小下大。韋弁是染成黑色的皮弁，為軍帽。平民頭上裹以布帛，稱為巾。黔首，即以黑巾裹頭。三代將鞋稱為屨，多數以麻、葛、草製成，冬季用皮屨，翹尖，有單底、雙底。

食為民之天。以火加熱熟食，促進了人類智力的發展。新石器時代的陶器，許多是用來加工和盛裝食物飲料的。先秦人的主食，是黍和稷，另外有菽豆、麥、稻等。食物加工用舂、煮、蒸、調、腌等法。春秋末發明了磨，能將糧食加工成粉，才有了麵食，做成蒸餅、烙餅和水煮的湯餅。最初的飲料是水，後來發明了造酒，有了以煮熟的菜葉加水發酵而成的漿水。簞食壺漿，是指用竹器裝乾糧，以瓦壺盛漿水，作為出行時的飲食。肉烹煮時，加上醯醢鹽梅等，用以調味。肉和菜多煮為羹食用。吃食時，一般都是以匕從食器中取出，再以手抓送納口中。貴族食不厭精，膾（切肉）不厭細，平民僅求果腹而已。平民一日兩餐，主要吃黍稷和蔬菜，只有在祭祀或節日時才有魚肉和酒；貴族則吃稻粱，列鼎食肉，並常常沉溺於酒中。所以，時人將貴族稱為肉食者，平民稱為素食者。

原始社會的先民為了避野獸、防寒暑，最早是穴居與巢居。穴居即以天然或挖掘的洞穴為居處，巢居即構木為架空的居處。新石器時代，穴居發展為中原的半地下夯土牆蓋頂的住宅，巢居發展為南方的杆欄式建築。秦以前，普通民居主要仍為上述兩種形式。商代在夯土板築牆壁的同時，有了土坯。室內地面經過火燒，光潔堅硬。屋頂蓋草。王侯修建了相當規模的宮室，在較高的臺基上構成堂、廡、門、庭。西周建築技術有了突破性的提高，牆表和地表抹有三合土，屋頂開始施繩紋瓦，包括板瓦、筒瓦和半瓦當。戰國時，有了兩層樓房，貴族的房屋往往用石灰石礎，木柱木架，頂上施瓦。柱頂有半拱承枋，枋上更有斗拱作平坐。有了磚。秦王朝龐大宮殿羣的建造，是戰國以來建築技術的集大成。阿房宮上可以坐萬人，下可以建五丈旗，以磁石作大門，周圍為閣道，自殿下直達南山。最早的家具是席，用以鋪墊在地上，供人坐臥。商代已經有了牀，上邊鋪席置枕。春秋戰國，几、案、屏風、箱等都有使用。人們席地而坐，起來時先要跪直上身。几用於放東西，或供人倚靠。案是一種矮桌，用以放置食物，或供看書寫字。

行是人類生活的一個重要方面。原始社會已發明了用於代步和運物的交通運輸工具——車、船。大體先有獨木舟，然後有竹木排、皮筏等。用木板造船始於商代，西周時已經能組織較大規模的水運。春秋戰國至秦，邗溝、鴻溝和靈渠的開鑿，使南北水運連成一片，直道和馳道的修成，便利了陸地交通，促進了全國各地經濟文化的交流。商周的車，都是雙輪，方形或長方形的車箱，獨輈，輈前端縛有一根橫木，叫衡，用以駕馬。貴族的車一般由四匹馬拉，稱為駟馬。一般為立乘的高車，也有坐乘的安車。戰國時，出現了駕一匹馬或牛的雙轅車，但直至秦時，都是以獨輈車為主。此外，三代就有在山區由一前一後兩人肩抬的輿轎，由轎身、轎杆、抬扛等部分組成。

古代的人生倫禮習俗，主要是冠、婚、喪葬的禮節和人倫親族關係。

冠，就是成人儀式，大約自西周已經形成。男子二十歲時在祖廟舉行隆重的冠禮，結髮加冠，表示成人。女子十五歲舉行笄禮，結髮加笄，可以許嫁。同時，根據其本名的含義，取一個表字，讓人稱呼，以表示尊重。從此，他們作為成年人，必須實施孝悌忠順的道德規範，承擔對社會和家庭的責任。

婚姻是人類生理和自身繁衍的需要。原始社會，人類經過亂婚、羣婚、對偶婚等階段，孩子只知其母不知其父。到父系氏族才產生了一夫一妻制，但統治者仍保留多妻的特權。從甲骨文中可以發現，商王武丁的配偶達六十四人之多。商、周、春秋的媵制，要求以妻之妹或姪女隨嫁為側室，是貴族的多妻制。周時，天子娶十二女，諸侯一聘九女，實際數目尚不止於此。非明媒正娶，如私奔、買賣之配偶，皆稱為妾。天子的正妻稱后，諸侯的正妻稱夫人，卿大夫的正妻稱孺人，士的正妻稱婦人，庶人之妻稱妻。古人早就認識到「男女同姓，其生不蕃」，而主張異姓結婚。娶親，最早實行假劫真婚的劫奪婚，其後就變成了聘娶制。聘娶先由媒氏溝通，然後行納采（向女家送禮求親），問名（詢問女子的名字與生辰），納吉（卜得吉兆後到女家報喜、送禮、定婚），納徵（訂婚後給女家送重禮），請期（選定完婚吉日，向女家徵求意見），親迎（新郎到女家迎親）「六禮」。女子許配人家以後，就要用一根絲繩（纓）束髮，成婚時，新郎親手將絲繩從新娘頭髮上解下，這就是所謂的結髮婚儀。結婚儀式時，新郎新娘各執一瓢喝酒嗽口，稱為合巹。妻子有無子、淫逸、不事姑舅（即公婆）、口舌、盜竊、嫉妒、惡疾等七種情況，方可以離棄。秦始皇時，為了穩定婚姻家庭，規定丈夫淫於他室的殺之無罪，妻子棄夫逃嫁於人的，兒子不許認她為母。

喪葬是人生的終結，與現實生活有密切關係。早在舊石器時代晚期，已經有了埋葬死者的習俗。新石器時代一般為仰身直肢葬，少數為屈肢葬，開始出現了木棺，有少量生產工具、生活用器或裝飾品隨葬。夏代墓葬的規模已經出現明顯的差別。商代大中型墓葬一般都有人殉，少則數十，多者一二百，殉葬者多為奴隸，也有平民、妻妾，甚至貴族。葬具有棺有槨。周代墓葬有貴族的公墓和萬民的邦墓，王侯公卿的墓盛行列鼎制度。各種人死的說法不同，天子為崩，諸侯為薨，士為不祿，庶人為死。戰國和秦代的平民墓，多為小型土坑的屈肢葬。貴族往往用蜃灰、白膏泥、木炭等保護棺槨，用金玉親體，用玉、石等遮蔽耳、目、口、鼻、前後陰，以期屍體永遠不朽。人殉至此逐漸減少。邊遠地區，有露天葬、火葬、洗骨葬等。秦始皇的驪山墓，墓高五十丈，周圍五里多，內部裝修極為豪侈，裝滿了各種珍奇寶貴的陪葬品，後宮無子者均被迫殉葬。

諱名和謚法。夏商時代，為了對逝去的先人表示尊重，有諱名的習俗，就是不再稱其名，而以另外一種稱呼代替，最初是稱日名、廟號，周代形成了給死者另取謚號的做法，據死者行跡予以褒貶，或給美謚或給醜謚。孔子將謚法納入其對貴族進行道德約束的禮制範疇，要求謚法嚴格褒貶。戰國時入假周公之名編定的《逸周書·謚法》，是謚法的經典。秦始皇曾禁謚法，秦滅以後，謚法即被恢復。

人倫宗法制度。傳說，帝堯曾派舜負責協調民間父義、母慈、兄友、弟恭、子孝的人倫關係。西周時，這種人倫規範演繹為以血緣關係為紐帶的宗法制度。宗法制度，根據血緣遠近區分嫡庶親疏的不同等級，同一始祖的嫡長子孫為大宗，周天子稱為天下之大宗，分封的同姓諸侯對天子來說是小宗。諸侯之位亦由嫡長子世襲，在其本國又為大宗，其餘諸子分封為卿大夫，是諸侯國的小宗。卿大夫在本族為大宗，其餘諸子為士，是小宗。大宗和小宗在宗族內部有不同的權力和義務。宗族中按照親疏關係規定不同的喪服。最重的是斬衰，穿生麻布做的不縫邊的喪服，服期三年；其次齊衰，穿熟麻布做的縫邊整齊的喪服，服期三年至三月；第三等大功，穿精細熟麻布做的喪服，服期九個月；第四等小功，服期五個月；最輕緦麻，服期三月。宗法制度的目的，是正父子兄弟之道，明長幼貴賤之序，嚴男女之別，使君臣父子夫妻兄弟朋友各守其道，以統攝全族。宗法人倫規範中最重要的是孝道。其內容：一是尊親，即愛戴和崇敬父母，立身行道以揚名顯親和傳宗接代；二是不辱，即不虧身體，不辱自身和為親復仇。三是養親，即養口體，侍疾病，順其意，樂其心，重其喪。在宗法制度下，男子稱氏，以明貴賤；女子稱姓，以別婚姻。周王朝就是姬姓與姜姓結成世為婚配的甥舅集團，將全國自上而下，都控制在這種宗法制度之內，以維護社會安定和等級制度。

貴族、平民和奴隸的生活差別很大。當時人一般日出而作，日落而息，但不同階層、不同季節情況不同。以周代為例，正月，天子諸侯要迎春於東郊，祈穀於上帝，躬耕於籍田。農民要修理耒耜，將鑿好的冰存入凌陰（冰窖）。二月，天子率三公九卿諸侯獻羔開冰，入薦寢廟，樂正入舞舍采，用圭璧、皮幣祭祀。農民下田耕種，用羔羊和韭菜祭祖。三月，天子薦鮪於寢廟，為麥祈實，勉諸侯，聘名士，禮賢者，觀賞大合樂的演出，后妃到東鄉採桑，以為表率。民女要採桑和蘩，開始養蠶，許多人家因青黃不接而捱餓，還要被徵調去築堤修路。四月，天子迎夏於南郊，封賞諸侯，合禮樂，嘗新麥，飲春酒。農民忙於收麥下種，收蠶繭繅絲，修剪桑樹。五月，天子士大夫登山陵升臺榭眺遠，祈祀山川百源。農民在烈日之下，忙於收黍，還要將冰送給天子貴族去降溫。六月，天子居大廟大室，命有關官員向各地徵收餵養犧牲的芻秣，染人染五色之綵。農民給莊稼施肥，進行田間管理，吃到新鮮的郁和薁。七月，天氣轉涼，天子率諸侯卿大夫迎秋於西郊，賞軍帥武人，出征討伐，有關官員審案斷獄，處決死刑犯。農民收穫穀物，為統治者修宮室，築城郭，吃到新成熟的葵和菽。八月，天子祭祀上帝，有關官員為王室準備越冬的衣服，農民被徵發挖窖穴，修倉庫，還要收穫莊稼，打棗，摘瓠瓜。民女忙於紡織和染布，給公子貴族做衣裳。九月，天子遍祭五帝羣神，出外田獵。百官忙於向農民徵收租稅，貢於天子。農家準備禦寒的衣服。築場圃，收麻，採茶，伐臭椿為薪。十月，天子率諸侯卿大夫迎冬於北郊，穿上裘衣，在太學與諸侯羣臣飲酒，祭祀天宗和先祖，將士講武習兵，有關官員徵收水泉山澤之賦。農民收穫稻子，打場揚穀，將糧食歸倉，打掃乾淨場地，接着就去為貴族和官府幹活，修繕房屋，稍有空閒，趕緊將自家破屋的窗洞和牆洞塞死，將老鼠熏跑，以便過冬。十一月，天寒地凍，天子命有關官員祭祀四海大川。農民外出打獵，以獵取狐狸，交給貴族做裘衣。十二月，氣候更加嚴寒，天子品嘗新魚，祭祠山川與天之神祇。農民因為寒衣不足，難以越冬，還要隨貴族外出圍獵，獵取的大動物交給貴族享用，並要到河裏鑿取冰塊，供貴族夏天使用。

先秦及秦有大量奴隸存在，男性奴隸稱為臣，女性奴隸稱為妾，他們處於社會的最底層，像牛馬一樣被買賣或賞賜予人。奴隸從事繁重的生產勞動或家內勞動，受盡主人的殘酷虐待，並隨時可能被送去官府懲治。不少奴隸為主人殉葬。

民風在不同時代不同。三皇五帝的所謂大同時代，大道施行，天下為公，賢能者被推舉，人際交往中講究信譽與和睦，大家不只親愛、養護自己的親人和孩子，還關心別人及其孩子，老人能安度晚年，壯年人有地方發揮智和力，小孩能順利成長，男人們有各自的職分，女人有好的歸屬，人們都努力做事，而不熱心聚斂財貨，不去算計別人，沒有盜賊，大門從來不用關。夏代以後，天下為家，在私有制度下，人們只親愛、養護自己的親人和孩子，有了錢財都收為己有。統治者用法制和禮義來約束和規範人們的行為。夏代的民風還比較淳樸，時俗尚忠尚儉尚勇，注意於節嗜欲，還能關心別人，而不是專一為己。殷商的民風質直純厚，勤勞敬慎，敢於對統治者直言指斥，使其不敢過於放逸。只是到殷紂時，其王酗酒亂德，民風才變得不講道德誠信，互相敵視，作奸使壞。周人重視才德，互相禮讓，尊老愛幼，終於得到天下。西周實施宗法制度，推行禮樂教化，使人們之間的關係蒙上了一層溫情脈脈的輕紗。春秋時，周朝的制度和禮儀一般還能得以遵行，如貴族重視祭祀和聘享，宴會時奏樂賦詩，諸侯國之間有事互相通報（赴告），治國講究禮義信譽。人們互相施禮，跪拜時，頭至地者叫作稽首，以頭叩地叫作頓首，頭至手者叫作空首。但已開始出現禮崩樂壞的情況，臣弒君，子弒父，父子兄弟相殘，國異政，家殊俗，嗜欲不制，僭差無極。齊桓、晉文以尊王攘夷為號召，稱為霸主，在一定程度上緩和了這種變化。其後，大夫世權，陪臣執國命，人心不古，宗法制度被破壞，等級秩序被打亂。孔子以救世為己任，提出恢復周禮，以仁義道德挽回世風。春秋戰國之際，適應生產力發展和新興階層的形成，社會風俗發生大轉變。諸侯們憑藉武力和欺詐，以強凌弱，互相兼併。宗姓氏族觀念削弱，諸侯網羅士人，不論貴賤，惟才是舉，使貴族再也不能獨霸政權。士人憑其口舌游說，由布衣可以驟至卿相。游俠興，信義衰。民眾的地位有所上升，民貴君輕思想出現。華夷之辨也有所鬆動，故趙武靈王能實行胡服騎射。各國風氣逐漸出現差異。秦人樸實畏順，尚武，重農，不敢私鬥；趙、燕人驃悍，好氣任俠，悲歌慷慨；齊人寬緩闊達，聰明而好議論，怯於眾鬥，卻有劫人者；魯人好儒，重禮，儉嗇，怕犯罪，遠奸邪；魏人重厚多君子，好稼穡，節儉；韓人敦忠，俗雜好事，多為商賈；越、楚民俗，西部剽輕，東部清刻講信譽，南部好言辭，巧說少信。秦始皇統一後，採納六國禮儀之善者，對風俗進行整頓，禁止男女淫逸，不許有孩子的寡婦改嫁，並遷移北方之民與南越人雜處，以改變其好相攻擊的舊習。但秦實行愚民政策和殘酷統治，使民眾與統治者的矛盾尖銳，其轉變社會風氣的目的也成為泡影。

表

【表　第一】

五帝世系

（前二五〇〇—二〇三四）*

（一）黃帝—昌意—（二）顓頊—窮蟬—敬康—句望—橋牛—瞽叟—（五）帝舜

顓頊—駱明—伯鯀—夏禹

黃帝—玄囂—蟜極—（三）帝嚳—（四）帝堯

*五帝世系、年代無定說，此為一家之說，僅供參考。

【表 第二】

夏王世系

（姒姓，前二〇三三—前一五六二）*

- （一）禹（文命）（前二〇三三—前一九八九）
- （二）啟（前一九八八—前一九七九）
- （三）太康（前一九七八—前一九五〇）
- （四）仲康（前一九四九—前一九三七）
- （五）相（前一九三六—前一九〇九）**
- （六）少康（前一八六八—前一八四八）
- （七）予（前一八四七—前一八三一）
- （八）槐（前一八三〇—前一八〇五）
- （九）芒（荒）（前一八〇四—前一七八七）
- （十）洩（前一七八六—前一七七一）
- （十一）不降（前一七七〇—前一七一二）
- （十四）孔甲（前一六六九—前一六三九）
- （十五）皋（昊）（前一六三八—前一六二八）
- （十六）發（前一六二七—前一六一五）
- （十七）履癸（桀）（前一六一四—前一五六二）

（十二）扃——（十三）廑
（前一七一一—前一六九一）　（前一六九〇—前一六七〇）
*夏各世年代無定說，此為一家之說，僅供參考。
**前一九〇八—前一八六九年為無王之世。

【表 第三】

商王世系

（子姓，前一五六二—前一〇六六）＊

- （一）湯（天乙）（前一五七九—前一五五一）
  - 太丁
    - （四）太甲（前一五四四—前一五三三）
      - （五）沃丁（前一五三二—前一五一四）
      - （六）太庚（前一五一三—前一五〇九）
        - （七）小甲（前一五〇八—前一四九二）
        - （八）雍己（前一四九一—前一四八〇）
        - （九）太戊（前一四七九—前一四〇五）
          - （十）中丁（前一四〇四—前一三九四）
          - （十一）外壬（前一三九三—前一三七九）
          - （十二）河亶甲（前一三七八—前一三七〇）
            - （十三）祖乙（前一三六九—前一三五一）
  - （二）外丙（前一五五〇—前一五四九）
  - （三）仲壬（前一五四八—前一五四五）

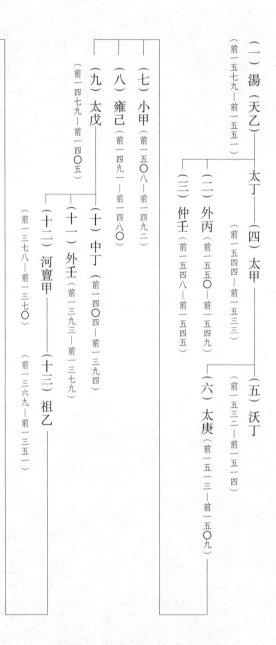

（十四）祖辛（前一三五〇—前一三三七）——（十六）祖丁（前一三三一—前一三二三）

- （十八）陽甲（前一三一六—前一三一三）
- （十九）盤庚（前一三一二—前一二八五）
- （二十）小辛（前一二八四—前一二八二）
- （二一）小乙（前一二八一—前一二七二）

（十五）沃甲（前一三三六—前一三三二）——（十七）南庚（前一三二二—前一三一七）

（二二）武丁（前一二七一—前一二一三）

- （二三）祖庚（前一二一二—前一二〇二）
- （二四）祖甲（前一二〇一—前一一六九）

（二五）廩辛（前一一六八—前一一六五）

（二六）康丁（前一一六四—前一一五七）——（二七）武乙（前一一五六—前一一二三）——（二八）文丁（前一一二二—前一一〇九）——（二九）帝乙（前一一〇八—前一一〇〇）

（三十）帝辛（紂）（前一〇九九—前一〇六六）

*商各世年代無定說，此為一家之說，僅供參考。

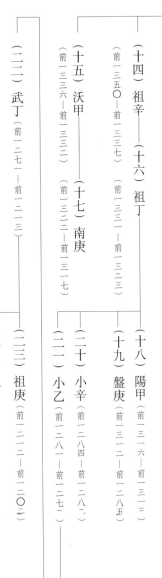

【表 第四】

周王世系

（姬姓，前一〇六六—前二五六。西周，前一〇六六—前七七一；東周，前七七〇—前二五六）*

昌——（一）武王發（前一〇六九—前一〇六四）——（二）成王誦（前一〇六三—前一〇二七）——（三）康王釗（前一〇二六—前一〇〇一）——（四）昭王瑕（前一〇〇〇—前九七七）——（五）穆王滿（前九七六—前九二二）

——（六）共王繄扈（前九二二—前九一〇）——（七）懿王堅（前九〇九—前八八五）——（九）夷王燮（前八六九—前八五八）

——（八）孝王辟方（前八八四—前八七〇）

（十）厲王胡（前八五七—前八四二）——（十一）宣王靜 **（前八二七—前七八二）——（十二）幽王宮涅（前七八一—前七七一）——（十三）平王宜臼（前七七〇—前七二〇）—洩父

* 西周共和元年（前八四一）以前年代無定說，此表所列為一家之說，僅供參考。

** 前八四一—前八二八年為「共和」年間。

（十四）桓王林（前七一九—前六九七）——（十五）莊王佗（前六九六—前六八二）——（十六）僖王胡齊（前六八一—前六七七）——（十七）惠王閬（前六七六—前六五二）——（十八）襄王鄭（前六五一—前六一九）

（十九）頃王壬臣（前六一八—前六一三）
- （二十）匡王班（前六一二—前六〇七）
- （二一）定王瑜（前六〇六—前五八六）——（二二）簡王夷（前五八五—前五七二）

（二三）靈王泄心（前五七一—前五四五）——（二四）景王貴（前五四四—前五二〇）
- （二五）悼王猛（前五二〇）
- （二六）敬王丏（前五一九—前四七六）

（二七）元王仁（前四七五—前四六九）——（二八）貞定王介（前四六八—前四四一）
- （二九）哀王去疾（前四四一）
- （三十）思王叔（前四四一）
- （三一）考王嵬（前四四〇—前四二六）

（三二）威烈王午（前四二五—前四〇二）——（三三）安王驕（前四〇一—前三七六）
- （三四）烈王喜（前三七五—前三六九）
- （三五）顯王扁（前三六八—前三二一）

（三六）慎靚王定（前三二〇—前三一五）——（三七）赧王延（前三一四—前二五六）

【表 第五】

春秋戰國君主世系

（前七二二—前二二一）

一、魯君世系

（姬姓，前七二二—前二四九）

惠公

（一）隱公息姑（前七二二—前七一二）

（二）桓公允（前七一一—前六九四）——（三）莊公同（前六九三—前六六二）——（四）閔公啟方（前六六一—前六六〇）

（五）僖公申（前六五九—前六二七）

（六）文公興（前六二六—前六〇九）——（七）宣公俀（前六〇八—前五九一）——（八）成公黑肱（前五九〇—前五七三）——（九）襄公午（前五七二—前五四二）——（十）昭公裯（前五四一—前五一〇）

（十一）定公宋（前五〇九—前四九五）

（十二）哀公將（前四九四—前四六七）——（十三）悼公寧（前四六六—前四二九）——（十四）元公嘉（前四二八—前四〇八）——（十五）穆公顯（前四〇七—前三七六）——（十六）共公備（前三七五—前三五三）

（十七）康公屯（前三五二—前三四四）——（十八）景公匽（前三四三—前三一五）——（十九）平公叔（前三一四—前二九六）——（二十）文公賈（前二九五—前二七三）——（二一）頃公讎（前二七二—前二四九）

二、宋君世系

（子姓，前七二八—前二八六）

武公司空——宣公力——（二）殤公與夷（前七一九—前七一一）

宣公力——（一）繆公和（前七二八—前七二〇）——（三）莊公馮（前七一〇—前六九二）

莊公馮——（四）閔公捷（前六九一—前六八二）

莊公馮——（五）桓公御説（前六八一—前六五一）

（六）襄公茲父（前六五〇—前六三七）——（七）成公王臣（前六三六—前六二〇）

成公王臣——（八）昭公杵臼（前六一九—前六一一）

成公王臣——（九）文公鮑（前六一〇—前五八九）——（十）共公瑕（前五八八—前五七六）

（十一）平公成（前五七五—前五三二）——（十二）元公佐（前五三一—前五一七）——（十三）景公頭曼（前五一六—前四五一）

元公佐——褍秦——糾——（十四）昭公特（前四五〇—前四〇四）

（十五）悼公購由（前四〇三—前三九六）——（十六）休公田（前三九五—前三七三）——（十七）辟公辟兵（前三七二—前三七〇）

辟公辟兵——（十八）公剔成（前三六九—前三二九）

辟公辟兵——（十九）康王偃（前三二八—前二八六）

三、鄭君世系

（姬姓，前七七〇—前三七七）

- （一）武公掘突（前七七〇—前七四四）—（二）莊公寤生（前七四三—前七〇一）
  - （四）昭公忽（前六九六—前六九五）
  - （三）厲公突（前七〇〇—前六七三）*—（七）文公踕（前六七二—前六二八）
    - （八）穆公蘭（前六二七—前六〇六）
      - （九）靈公夷（前六〇五）
      - （十）襄公堅（前六〇四—前五八七）
        - （十一）悼公濆（前五八六—前五八五）
        - （十二）成公睔（前五八四—前五七一）
          - （十三）僖公惲（前五七〇—前五六六）—（十四）簡公嘉（前五六五—前五三〇）—（十五）定公寧（前五二九—前五一四）
            - （十六）獻公蠆（前五一三—前五〇一）—（十七）聲公勝（前五〇〇—前四六四）—（十八）哀公易（前四六三—前四五六）
            - （十九）共公丑（前四五五—前四二六）
              - （二十）幽公已（前四二五）
              - （二一）繻公駘（前四二四—前三九八）
              - （二二）康公乙（前三九七—前三七七）
  - （五）公子亹（前六九四）
  - （六）鄭子（子嬰）（前六九三—前六八〇）

*前六九七—前六八〇年厲公被逐，先後有三位君主在位。

四、吳王世系

（姬姓，前五八五—前四七三）

- （一）壽夢（前五八五—前五六一）
  - （二）諸樊（前五六〇—前五四八）
    - （六）光（闔閭）（前五一四—前四九六）
      - （七）夫差（前四九五—前四七三）
  - （三）餘祭（前五四七—前五四四）
  - （四）夷昧（前五四三—前五二七）
    - （五）僚（前五二六—前五一五）

五、越王世系

（姒姓，前四九六—前三三三）

- （一）句踐（前四九六—前四六五）
  - （二）鹿郢（前四六四—前四五九）
    - （三）不壽（前四五八—前四四九）
      - （四）翁（朱勾）（前四四八—前四一二）
        - （五）翳（前四四一—前三七六）
          - （六）之侯（前三七五？—前三六五？）
            - （七）無彊（前三六四？—前三三三？）

六、晉君世系表

（姬姓，前七八〇—前三六九）

穆侯費王—（一）文侯仇（前七八〇—前七四六）—（二）昭侯伯（前七四五—前七四〇）—（三）孝侯平（前七三九—前七二四）

（四）鄂侯郄（前七二三—前七一八）—（五）哀侯光（前七一七—前七一〇）—（六）小子侯（前七〇九—前七〇七）

（七）侯緡（前七〇六—前六七九）

曲沃桓叔—曲沃莊伯—（八）武公稱（前七一五—前六七七）—（九）獻公詭諸（前六七六—前六五一）

（十二）文公重耳（前六三六—前六二八）—（十三）襄公歡（前六二七—前六二一）

（十五）成公黑臀（前六〇六—前六〇〇）

（十六）景公獳（前五九九—前五八一）—（十七）厲公州蒲（前五八〇—前五七三）

（十）惠公夷吾（前六五〇—前六三七）—（十一）懷公圉（前六三六）

（十四）靈公夷皋（前六二〇—前六〇七）

桓叔捷—惠伯談—（十八）悼公周（前五七二—前五五八）—（十九）平公彪（前五五七—前五三二）

（二十）昭公夷（前五三一—前五二六）—（二十一）頃公去疾（前五二五—前五一二）—（二十二）定公午（前五一一—前四七五）

戴子雍—忌—（二十四）敬公驕（前四五一—前四三四）

（二十三）出公鑿（前四七四—前四五二）

（二五）幽公柳（前四三三—前四一六）—（二六）烈公止（前四一五—前三八九）—（二七）桓公頎（前三八八—前三六九）

七、（姜）齊君世系

（姜姓，前七九四—前三七九）

（一）莊公購（前七九四—前七三一）—（二）僖公祿父（前七三〇—前六九八）
- （三）襄公諸兒（前六九七—前六八六）
- （四）桓公小白（前六八五—前六四三）
  - （五）孝公昭（前六四二—前六三三）
  - （六）昭公潘（前六三二—前六一三）
  - （七）懿公商人（前六一二—前六〇九）
  - （八）惠公元（前六〇八—前五九九）—（九）頃公無野（前五九八—前五八二）—（十）靈公環（前五八一—前五五四）
    - （十一）莊公光（前五五三—前五四八）
    - （十二）景公杵臼（前五四七—前四九〇）
      - （十四）悼公陽生（前四八八—前四八五）
        - （十五）簡公壬（前四八四—前四八一）
        - （十六）平公驁（前四八〇—前四五六）—（十七）宣公積（前四五五—前四〇五）—（十八）康公貸（前四〇四—前三七九）
      - （十三）晏孺子荼（前四八九）

八、(田)齊君世系

（嬀姓，前四〇四—前二二一）

(一)太公和（前四〇四—前三八四）
├(二)公剡（前三八三—前三七五）
└(三)桓公午（前三七四—前三五七）—(四)威王因齊（前三五六—前三二〇）

(五)宣王辟彊（前三一九—前三〇一）—(六)湣王地（前三〇〇—前二八四）—(七)襄王法章（前二八三—前二五六）

(八)王建（前二六四—前二二一）

九、趙君世系

（嬴姓，前四〇八—前二二二）

獻侯浣
├(一)烈侯籍（前四〇八—前四〇〇）—(三)敬侯章（前三八六—前三七五）—(四)成侯種（前三七四—前三五〇）
└(二)武侯×*（前三九九—前三八七）

(五)肅侯語（前三四九—前三二六）—(六)武靈王雍（前三二五—前二九九）—(七)惠文王何（前二九八—前二六六）

(八)孝成王丹（前二六五—前二四五）—(九)悼襄王偃（前二四四—前二三六）
├(十)幽穆王遷（前二三五—前二二八）
└(十一)代王嘉（前二二七—前二二二）

*×表示其名待考。下同。

十、魏（梁）君世系

（姬姓，前四四五—前二二五）

（一）文侯斯（都）（前四四五—前三九六）—（二）武侯擊（前三九五—前三七〇）—（三）惠王罃（前三六九—前三一九）

（四）襄王嗣（前三一八—前二九六）—（五）昭王遬（前二九五—前二七七）—（六）安僖王圉（前二七六—前二四三）

（七）景閔王增（前二四二—前二二八）—（八）王假（前二二七—前二二五）

十一、韓君世系

（姬姓，前四〇八—前二三〇）

（一）景侯虔（前四〇八—前四〇〇）—（二）烈侯取（前三九九—前三八七）—（三）文侯×（前三八六—前三七七）

（四）哀侯×（前三七六—前三七五）—（五）懿侯若山（前三七四—前三六三）—（六）昭侯×（前三六二—前三三三）

（七）宣惠王×（前三三二—前三一二）—（八）襄王倉（前三一一—前二九六）—（九）僖王咎（前二九五—前二七三）

（十）桓惠王×（前二七二—前二三九）—（十一）王安（前二三八—前二三〇）

十二、燕君世系

（姬姓，前八六四—前二二二）

（一）惠侯×（前八六四—前八二七）—（二）僖侯莊（前八二六—前七九一）—（三）頃侯×（前七九〇—前七六七）

（四）哀侯×（前七六六—前七六五）—（五）鄭侯×（前七六四—前七二九）—（六）穆侯×（前七二八—前七一一）

（七）宣侯×（前七一〇—前六九八）—（八）桓侯×（前六九七—前六九一）—（九）莊公×（前六九〇—前六五八）

（十）襄侯×（前六五七—前六一八）……＊（十一）桓公×（前六一七—前六〇二）……（十二）宣公×（前六〇一—前五八七）……

（十三）昭公×（前五八六—前五七四）—（十四）武公×（前五七三—前五五五）……（十五）文公×（前五五四—前五四九）……

（十六）懿公×（前五四八—前五四五）（十七）惠公款（前五四四—前五三六）……（十八）悼公×（前五三五—前五二九）……

（十九）共公×（前五二八—前五二四）……（二十）平公×（前五二三—前五〇五）……（二一）簡公×（前五〇四—前四九三）……

（二二）獻公×（前四九二—前四六五）—（二三）孝公×（前四六四—前四五〇）—（二四）成公載（前四四九—前四三四）……

（二五）閔公×（前四三三—前四〇三）—（二六）僖公×（前四〇二—前三七三）—（二七）桓公×（前三七二—前三六二）

（二八）文公×（前三六一—前三三三）—（二九）易王×（前三三二—前三二一）—（三十）王噲（前三二〇—前三一二）

（三一）昭王平（前三一一—前二七九）—（三二）惠王樂資（前二七八—前二七二）……

（三三）武成王×（前二七一—前二五八）—（三四）孝王×（前二五七—前二五五）—（三五）王喜（前二五四—前二二二）

＊……表示上下承接，但世系不明。

十三、楚君世系

（羋姓，前七四〇—前二二三）

（一）武王熊通（前七四〇—前六九〇）—（二）文王熊貲（前六八九—前六七七）—（三）堵敖熊艱（前六七六—前六七二）

　　　└（四）成王熊惲（前六七一—前六二六）

（五）穆王商臣（前六二五—前六一四）—（六）莊王侶（前六一三—前五九一）—（七）共王審（前五九〇—前五六〇）

（八）康王昭（前五五九—前五四五）—（九）郟敖員（前五四四—前五四一）

（十）靈王熊虔（圍）（前五四〇—前五二九）

（十一）初王比（前五二九）

（十二）平王熊居（棄疾）（前五二八—前五一六）—（十三）昭王軫（前五一五—前四八九）—（十四）惠王章（前四八八—前四三二）—（十五）簡王仲（前四三一—前四〇八）—（十六）聲王當（前四〇七—前四〇二）

（十七）悼王疑（前四〇一—前三八一）—（十八）肅王臧（前三八〇—前三七〇）

　　└（十九）宣王良夫（前三六九—前三四〇）—（二十）威王商（前三三九—前三二九）

（二一）懷王槐（前三二八—前二九九）—（二二）頃襄王橫（前二九八—前二六三）—（二三）考烈王完（前二六二—前二三八）

（二四）幽王悍（前二三七—前二二八）

（二六）王負芻（前二二七—前二二三）

（二五）哀王猶（前二二八）

十四、秦君世系

（嬴姓，前七六五—前二二一）

（一）文公×（前七六五—前七一六）—竫公×—（二）寧公×（前七一五—前七〇四）
- （四）武公×（前六九七—前六七八）
- （五）德公×（前六七七—前六七六）
- （三）出子×（前七〇三—前六九八）

（五）德公之子：
- （六）宣公×（前六七五—前六六四）
- （七）成公×（前六六三—前六六〇）
- （八）穆公任好（前六五九—前六二一）—（九）康公罃（前六二〇—前六〇九）—（十）共公和（猳）（前六〇八—前六〇四）

（十一）桓公榮（前六〇三—前五七七）—（十二）景公后（前五七六—前五三七）—（十三）哀公×（前五三六—前五〇一）

夷公—（十四）惠公×（前五〇〇—前四九一）—（十五）悼公×（前四九〇—前四七七）—（十六）厲共公×（前四七六—前四四三）
- （十七）躁公×（前四四二—前四二九）
- （十八）懷公×（前四二八—前四二五）

昭太子—（十九）靈公×（前四二四—前四一五）—（二三）獻公師隰（前三八四—前三六二）—（二四）孝公渠梁（前三六一—前三三八）

（二十）簡公悼子（前四一四—前四〇〇）—（二一）惠公×（前三九九—前三八七）—（二二）出子×（前三八六—前三八五）

（二五）惠文王駟（前三三七—前三一一）

- （二六）悼武王蕩（前三一〇—前三〇七）
- （二七）昭襄王則（前三〇六—前二五一）

（二八）孝文王柱（前二五〇）—（二九）莊襄王子楚（前二四九—前二四七）

【表　第六】

秦帝系

（嬴姓，前二二一—二〇六）

（莊襄王子楚）—（一）始皇帝政（前二四六—前二一〇）—（二）二世皇帝胡亥（前二〇九—前二〇七）

（莊襄王子楚）— ？—（三）王子嬰（前二〇六）*

*秦王子嬰在位僅四十六日，降劉邦時為十月，秦以十月為歲首，故標為前二〇六年。

【表 第七】

夏商周三正月份對照

月建	夏曆	殷曆	周曆
寅	一	二	三
卯	二	三	四
辰	三	四	五
巳	四	五	六
午	五	六	七
未	六	七	八
申	七	八	九
酉	八	九	十
戌	九	十	十一
亥	十	十一	十二
子	十一	十二	一
丑	十二	一	二

【表第八】

史前文化年代簡覽

距今年代	考古時代		人類及文化類型	社會組織	婚姻狀態
一百七十萬年 一百—七十五萬年 七十—二十萬年 二十—五萬年	舊石器時代	早期	元謀人及其文化 西侯度文化 藍田人及其文化 北京人及其文化 金牛山人及其文化	原始人羣·	亂婚·羣婚·
		中期	大荔人及其文化 許家窰人及其文化 丁村人及其文化 長陽人及其文化		
五—一萬年		晚期	柳江人及其文化 河套人及其文化 峙峪人及其文化 山頂洞人及其文化		

（續上表）

一萬—八千年	八千—四千年
中石器時代	新石器時代
靈井遺址 沙苑遺址 嘎查遺址 鵝毛口遺址 獨石仔遺址 黃石洞遺址	裴李崗文化 磁山文化 大地灣文化 仰韶文化 河姆渡文化 馬家浜文化 大汶口文化 大溪文化 紅山文化 廟底溝文化 馬家窰文化 屈家嶺文化 良渚文化 龍山文化 齊家文化
母系氏族•父系氏族	
族外對偶婚•一夫一妻制	

【表 第九】

國都

朝代		國都	今地	建都時間
五帝	黃帝	軒轅丘	河南新鄭西北	
	顓頊	帝丘	河南濮陽	
	帝嚳	亳	河南偃師	
	帝堯	平陽	山西臨汾西南	
	帝舜	蒲坂	山西永濟西蒲州	
夏朝		安邑	山西夏縣西北	禹
		陽城	河南登封東南告城鎮	
		陽翟	河南禹縣	
		斟鄩	河南鞏縣稍柴村	太康、仲康
		帝丘	河南濮陽西南	相
		原	河南濟源四里原	帝予
		老丘	河南開封陳留城北	

（續上表）

商朝		蕃		契
商朝		砥石		昭明
商朝		商	陝西商洛一帶	
商朝		商丘	河南商丘南	相土
商朝		亳	河南偃師一帶	湯
商朝		囂	河南滎陽北敖山南	中丁
商朝		相	河南內黃東南	河亶甲
商朝		邢	河南溫縣東	祖乙
商朝		殷	河南安陽小屯村	盤庚
商朝		朝歌	河南淇縣	帝乙
西周		豐	陝西西安西南灃河以西	文王
西周		鎬	陝西西安韋曲鄉西北	武王
西周		犬丘	陝西興平東南槐里城	懿王
東周		洛邑	河南洛陽	前七七〇—前二五六年
春秋戰國	曹	陶丘	山東定陶西南	前十一世紀—前四八七年
春秋戰國	燕	薊	北京市西南隅	前十一世紀—前二二二年
春秋戰國	許	許	河南許昌東	前十一世紀—前四七五年
春秋戰國	許	葉	河南葉縣西南	
春秋戰國	許	城父	安徽亳縣	
春秋戰國	吳	吳	江蘇蘇州	?—前四七三年

（續上表）

春秋戰國			
越	會稽	浙江紹興	?—前三三三年
宋	商丘	河南商丘南	前十一世紀—前二八六年
魯	曲阜	山東曲阜	前十一世紀—前二四九年
晉	唐	山西翼城西	前十一世紀—前三六九年
	曲沃	山西聞喜東北	
	絳	山西翼城東南	
	新田	山西曲沃西北	
韓	陽翟	河南禹縣	前四〇三—前三七五年
	新鄭	河南新鄭	前三七五—前二三〇年
魏	安邑	山西夏縣西北	前四〇三—前三六二年
	大梁	河南開封	前三六一—前二二五年
趙	晉陽	山西太原東南	前四〇三—前三八七年
	邯鄲	河北邯鄲	前三八六—前二二二年
齊	臨淄	山東淄博東北	前八五九—前二二一年
楚	丹陽	湖北秭歸東南	前一〇二四—前六九〇年
	郢	湖北江陵西北紀王城	前六八九—前五〇四年
	新郢	湖北宜城東南	前五〇四—前二七九年
	陳	河南淮陽	前二七八—前二四二年
	壽春	安徽壽縣	前二四一—前二二三年

（續上表）

秦	雍	陝西鳳翔東南	前六七七—前二〇七年
	櫟陽	陝西臨潼縣境	前三八三—前三五〇年
	咸陽	陝西咸陽東北	前三五〇—前二〇六年